STATUTS

Arrests Sentences servant de Reglement a la Communauté des Maitres Chandeliers et des Maitres Huillier &c de la Ville et Faubourg de Paris.

Imprimé du temps et à la Diligence de

Pierre Hudde.	Jacques Dosseur fils.
Marc Hautefeuille.	Pierre Isaac Hiard.
Nicolas la Forest.	Gabriel Houry
Etienne François Chebrié.	Leon Jean de l'Etoille

pour lors tous Jurés et Gardes en Charge.

et conjointement avec.

Louis Malo.	Nicolas le Jour.
Denis Louis Chaussé	Nicolas Bouché.

Dernier Sorti de Charge en l'Annee 1759.

Soleil quand ta Lumiere pure,
Cesse d'éclairer nos côteaux,
Notre Art, imitant la nature,
Fait naître mille Astres nouveaux.

RECUEIL
DES
STATUTS,
ARRÊTS
ET SENTENCES,

SERVANT de Réglement à la Communauté des Maîtres CHANDELIERS, & des Maîtres HUILIERS de la Ville & Fauxbourgs de Paris.

A PARIS,

De l'Imprimerie de J. CHARDON, rue Galande, vis-à-vis la rue du Fouare, à la Croix d'or.

M. DCC. LX.

TABLE

DES STATUTS, ARRESTS ET SENTENCES de Réglement, concernant la Communauté des Maîtres CHANDELIERS-HUILIERS de la Ville & Fauxbourgs de Paris.

CONSEIL.

PARLEMENT.

CHASTELET.

Ordonnance

TABLE

DES STATUTS, ARRESTS ET SENTENCES de Réglement, concernant le COIN ET L'ÉTALON ROYAL des Mesures à Huile, &c.

CONSEIL.

PARLEMENT.

CHASTELET.

Fin de la Table.

RECUEIL

DES STATUTS, ARRESTS ET SENTENCES de Réglement, concernant la Communauté des Maîtres CHANDELIERS-HUILIERS de la Ville & Fauxbourgs de Paris.

CONSEIL.

Lettres-Patentes de Philippes Premier.

Du mois de Juillet 1061.

PHILIPPES, par la grace de Dieu, Roy de France : A tous présent & advenir, Salut, honneur & dilection. Comme ainsi soit que nous ayons reconnu la grande affection, attache & ponctualité à notre service, des Maîtres Chandeliers, Huiliers de notre bonne & loyale Ville de Paris, & que nous penchons en cette considération à leur départir nos graces, affection & bonté paternelle: POUR CES CAUSES, Nous avons iceux mis en notre ſauvegarde & protection, deſirant leur bien faire, pour d'autant plus les obliger à nous continuer leurs obéiſſances & fidélités, iceux avons retenus, mis & agregés au nombre des ſept Métiers, que nous voulons & entendons jouir du bénéfice de Regrat; c'eſt à ſçavoir, qu'à chacun deſdits Maîtres Chandeliers-Huiliers, préſens & à venir, il ſoit donné en notre Nom des Rois nos Succeſſeurs, une Lettre ou Brevet de Regrat pour permiſſion avoir & jouir de la faculté de débiter & vendre en détail toutes denrées, comme beurre, graiſſes, légumes, foin, pailles, cotterests, fagots, oing, huiles à brûler, d'olives, grains, & autres généralement quelconques, denrées & marchandiſes ſujettes à Regrat & détail à petits poids & meſures ſeulement marquées & étalonnées. MANDONS pour cet effet à nos Juſticiers & Officiers de notre Châtelet de ladite Ville, y avoir égard de par Nous & notre autorité Royale, & aux Fermiers de notre Domaine de fournir à chacun deſdits Maîtres Chandeliers-Huiliers, les expéditions requiſes & néceſſaires, & que nous voulons utilement être diſtribués à cet égard, ſans qu'il ſoit beſoin d'autre mandement, ni permiſſion: Car tel eſt notre vouloir & franche volonté. DONNÉ à Louvre en Pariſis au mois de Juillet, l'an de grace mil ſoixante-un, & de notre Regnement le premier. Signé le Roy préſent, Baudoin, l'Evêque d'Orléans, Pierre, Abbé de S. Germain des Prez, & par commandement du Roy Sire, ROBERT DE JUILLIERS, ſcellé en plomb en lacs de cordons blancs.

Lûes & regiſtrées ont été ces préſentes en la Chambre, la Police tenant, en la préſence, & du conſentement des Gens du Roy nôtre Sire, en conformité de la Sentence de cejourd'hui. Fait au Châtelet, le 12 jour du préſent mois de Juillet, mil ſoixante-un.

Signé, LE RICHE.

ANCIEN STATUT.

EXTRAIT de la premiere partie du Reglement fait par Etienne Boileau, institué Prévôt de Paris en 1258.

Des CHANDELIERS de Suif.

ARTICLE PREMIER.

QUICONQUE veult estre Chandelier de suif à Paris, estre le peut pourtant qui ait esté au Mestier à Paris ou ailleurs six ans & plus, & qu'il le face aux us & aux coutumes du Mestier qui tels sont.

II.

Nuls Chandelier de suif ne peut avoir que un Aprentiz, se il ne sont si Enffant, mais il peu tavoir tant de Vallez comme il li pléra, pourtant que li Vallez aient esté au Mestier six ans à Paris, ou dehors Paris.

III.

Nuls Chandelier ne peut prendre Aprentiz, sois à argent ou senz argent, que il n'ait six ans de service.

IV.

Li Aprentiz est tenu de parfaire son service en tour la Dame, se li Sires meurt; & en tour le Seigneur, se la Dame meurt, tant que les six années soient accomplies.

V.

Nuls Chandelier de suif ne peut mettre sain ne oint avec son suif.

VI.

Nuls Chandelier de suif ne peut comporter ne faire comporter ses chandelles aval la Ville, par le Dimanche, ne dehors la Ville.

VII.

Quiconques mesprendra en ses establissemens dessus dévisés

fos Meftre, fos Vallet, il l'amendera de cinq fols au Roi; avec les fauces œuvres que il perdra.

VIII.

Nuls Chandélier de fuif ne dos de chafcune piéce de fuif qui poife fix livres, que obole au Roi & de moins moins, & de douze mefures un denier, & de vingt-quatre deux deniers, & du plus plus, & du moins moins à la valüe.

Le cent de piéce pefant de fuif que on ne peut affembler, dos deux deniers & auffi pour cent du plus plus & du moins moins; c'eft à fçavoir, de vingt-cinq livres pefant, obole; & de moins de vingt-cinq livres jufques à fix livres & demie pefant, obole; & de moins de fix livres & demie pefant, néent.

Quelque pois que la piéce de fuif poife, pourtant que elle fos en une piece, fe elle pefos dix cent, n'en doivent ils que obole. Cette couftume appellé ten le Tonlieu, & autant dos cil qui vent, comme cil qui achette.

Li Chandelier de fuif de Paris doivent toutes les autres couftumes, que li autres Bourgeois de Paris doivent au Roi, guet & taille.

Li preudhomme du Meftier des Chandeliers de Paris vous requierent Sire Prevos de Paris, que quatre preudeshommes que il vous nommeront, facent ferement que il garderont bien & loyaument le Meftier de par le Roi, & que il garderont la droiture le Roi, & la droiture à touz ceux aufquels ce appartiendra, & que y cil preudhomme, ou li uns de euls, ait pooir de par le Roi de prendre les mauvaifes euvres là où il les trouveront & apporter pardevant vous Sire Prevos de Paris, pour juger & pour jufticer.

Nuls Chandelier de fuif ne peut avoir que deux Comporteur par la Ville.

Li preudhomme des Chandeliers de fuif de Paris fe font affenti à ceft eftabliffement, fe il vous pleft Sire Prevos, & l'ont éftabli pour bien & pour loyauté & pour le prouffit commun à tous, car fauce euvre de chandelle de fuif eft trop dommacheufe chofe au povre & au riche, & trop villenie.

Nuls Vallez Chandeliers de fuif ne peut faire chandelles chiez

Regratier à Paris, pourceque li Regratier y mettent leuf suif de tripes & leurs remanens de leurs oins, & telle euvre n'est ne bone ne loyaux, & s'il étoit ainssi trouvé li Vallez, serons à cinq sols d'amende au Roy, & le Regratier perdros les chandelles & en feroient li Maistre du Mestier leur volenté.

Nuls Vallez Chandelier ne peut faire chandelles chiez Bourgeois de Paris, se il n'a esté au Mestier six ans ou plus, & s'il le fesos, il seroit à cinq sols d'amende au Roi.

Se li Maistre Chandelier envoie son Aprentiz faire chandelle chiez Bourgeois de Paris, il est à cinq sols d'amende au Roi, s'il n'est avecque son Aprentiz, tant qu'il a mis en euvre.

En tous ces establissemens ont ordené li commun du Mestier pour le prouffit du Mestier, & pour le prouffit de la Ville.

Nota. Ces Statuts tirés de la premiere partie du Réglement d'Etienne Boileau, ont été transcrits d'après le manuscrit du Livre des Mestiers, qui a appartenu au Commissaire Lamare, & est actuellement en la possession de M. le Clerc du Brillet, Lieutenant Général de la Prevôté de l'Hôtel. Comme ils sont vidimés dans les Lettres-Patentes du mois de Juillet 1392, ils se trouvent imprimés avec lesdites Lettres, dans le Recueil d'Ordonnance imprimé au Louvre, tom. 7, pag. 483.

EXTRAIT de la seconde partie du même Réglement.

Du Tonlieu, du Conduit d'oingt de Suif, de Sain, de Bacons, & de Panneaux de Bacons.

QUiconques vend sain, il doit de chacune piéce maille de tonlieu, si elle passe cinq livres ou plus; & de moins, néant.

Si sain est si menu qu'il ne se puisse conter par piéces, les cent livre pesant doivent deux deniers de tonlieu.

Sain en testées, les trois testées doivent maille de tonlieu & moins de trois testées ne doit neant de tonlieu.

Les six testées doivent maille de tonlieu.

Les sept ou les huit ne doivent que maille.

Les neuf teftées doivent trois mailles.

Les douze teftées doivent un denier de tonlieu, & ainfi de plus en plus en la maniere deffus dévifée.

Autant doit de tonlieu cil qui vent comme cil qui achette, s'il n'eft Boucher de Paris qui rien ne doit ni du vendre ni de l'achetter, car fon hauban l'aquitte, ou s'il ne demeure dedans les murs de Paris & l'ait achetté pour fon ufer.

Bourgeois de Paris, ni hommes demourans dedans les murs, ne doivent point de tonlieu de fain qu'ils vendent, qui vient de leurs beftes.

Chacun pain d'oingt s'il poife cinq livres ou plus, doit maille de tonlieu, de moins de cinq livres, néant. Et s'il eft fi menu qu'il ne poife cinq livres, les cent livres pefant doivent quatre deniers de tonlieu.

Oingt en penne, foit grand ou petit, doivent les cent livres pefants quatre deniers de tonlieu.

Autant doit de tonlieu cil qui vent comme cil qui achette, s'il n'eft Bourgeois de Paris qui rien ne doit ni du vendre ni de l'achetter, car fon hauban l'aquitte, ou s'il ne demeure dedans les murs de Paris, & s'il l'achette pour fon ufer.

Chacun bacon doit maille de tonlieu.

La moitié d'un bacon doit maille de tonlieu.

Le quart du bacon ne doit néant de tonlieu.

Si bacons viennent en panneaux en greffe, les quatre panneaux doivent fept deniers de tonlieu; on appelle panneaux en greffe, fliches de bacon fans os.

Autant doit cil qui vent comme cil qui achette, s'il n'eft Boucher de Paris, qui rien ne doivent, comme il a été dit devant, ou s'il n'eft eftagé dedans les murs de Paris, & l'achette pour fon ufer, ou s'il ne l'a fait nourrir & baconner en fon hoftel.

Sain, oingt & panneaux de bacons, s'ils paffent Paris outre les bornes & ne foient vendus ou achettés à Paris en la terre du Roi, ou en la terre de l'Evêque, ou en marché, parquoi le Roi n'en ait en fa couftume, ils doivent autant de conduict s'ils paffent les bornes, comme ils devroient de tonlieu, s'ils étoient vendus ès lieux devant dits. Et s'ils étoient vendus &

achettés ès lieux devant dits, ils ne devroient point de conduict, car le tonlieu les acquitte.

Nota. Ce chapitre est imprimé dans le Recueil des Ordonnances de la Ville, fol. 166, 8°. de l'édition de 1556; fol. 230 de l'édition de 1582; & pag. 281 de l'édition de 1644.

Quoique les deux parties du Réglement d'Etienne Boileau ci-dessus transcrites soient imprimées; l'on a jugé à propos de les copier ici l'une ensuite de l'autre, pour les réunir sous un même point de vue: ce Réglement n'est imprimé entier nulle part.

ANCIENS STATUTS de la Communauté des Maîtres Chandeliers-Huiliers, du mois de Décembre 1464, confirmés par les Roys Charles IX, & Henry IV, enregistrés au Parlement en Juillet 1599, & au Châtelet au mois d'Août de la même année.

Décembre 1464.

LOUIS par la grace de Dieu, Roy de France, sçavoir faisons à tous présens & advenir, nous avoir vus les Lettres contenant la forme qui s'ensuit: A tous ceulx qui ces présentes Lettres verront, Jacques de Villiers, Seigneur de l'Isle-Adam, Conseiller, Chambellan du Roi nostre Sire, & Garde de la Prevosté de Paris; Salut, sçavoir faisons, que oye la Requête à nous faicte par Jehan Fouques, Jehan Piete & Jacques Rogier, à présent Maîtres, Jurés & Gardes du Mestier & Marchandise de Chandelliers de suif en ceste Ville de Paris, disant que de tous temps y avoir Ordonnances faictes sur la police & entretennement dudit Mestier & Marchandises lesquelles par ci-devant avoient esté tenus & entretenus, en avons preint entre lesdits Maistres, Jurés & Gardes & aultres Maistres ouvrant marchandises, faisant l'opération & œuvres dudit Mestier & Marchandises de Chandelliers de suif à Paris & que néantmoings pour plus & mieulx entretenir ledit Mestier & Marchandises de bonne Police, y estre gardé au bien, utilité & profit de la chose publique, estoit nécessité desdites Ordonnances corriger aulcuns pointz & articles, & de y en adjouter aulcuns pour éviter aux fraudes, mesprensions & abuz qui chacun jour audict Mestier & Marchandises se pourroient faire par aulcuns desdits Maistres & Varletz de icelui Mestier, & mesmement les points & articles dont la teneur s'ensuit.

ARTICLE PREMIER.

PREMIEREMENT. Quiconque voudra estre Chandelliers de Suif à Paris, ouvrer, faire ouvrer, vendre & soy entremettre dudict Mestier de Marchandise, estre & faire le pourra, pourveu que préalablement il soit expérimenté & trouvé estre expert & suffisant Ouvrier en icelle par les Jurez & Gardes dudict Mestier, & tel rapporté à Justice, comme accoutumé est de faire & faict a esté par cy-devant, & qu'il ait esté Apprenty dudict Mestier & Marchandise à Paris, non ailleurs, six ans & plus, sur peine de soixante solz parisis d'amende à appliquer les deux parts au Roi nostredict Sire, & le tiers aux Jurez dudict Mestier.

I I.

ITEM. Que aulcun ne sera receu Maistre audict Mestier, s'il n'est quitte de ses services envers les Maistres & les Veufves des Maistres d'icelluy Mestier qu'il aura servi.

I I I.

ITEM. Un chacun qui sera receu audict Mestier, sera tenu de contribuer aux affaires dudict Mestier & Confrairies d'icelluy, ainsi que accoutumé est de faire par cy-devant.

I V.

ITEM. Chacun Maistres dudict Mestier qui aura print aulcuns Apprentys, sera tenu de lever & porter la Lettre de sondict Apprenty ausdits Jurez & Gardes dudict Mestier, dedans un mois après qu'il aura print ledict Apprenty, & que icelle Lettre sera passée pour icelle enregistrer devers eux, ainsi que par cy-devant il est accoutumé de faire, & pour éviter aux abus quy se y sont faicts & peuvent faire, sur semblables peines, à appliquer comme dessus.

V.

V.

Item. Si aulcun Maiſtre dudict Meſtier va de vie à treſpaſſement, la Veufve de luy, ſy aucuns en a ſurvivant, tant qu'elle ſera Veufve, pourra tenir, ouvrer & jouir dudict Meſtier, & meſme faire Marchandiſe avec ſon Apprenty ſy aucun luy en eſt demeuré après le treſpas de ſondict mari; & ſy elle ſe remarie à homme d'autre Meſtier, elle ne pourra plus faire ladicte Marchandiſe & ouvrer ni tenir Ouvrier dudict Meſtier, & ſy ne pourra aller beſogner durant ſondict veufvage dudict Meſtier hors ſon Ouvrouer, ains y pourra envoyer un Ouvrier ſuffiſant avec ſon Apprenty ſy aulcun elle en a, & non aultrement ſur ladicte peine à appliquer comme deſſus.

VI.

Item. Tous Chandelliers de Suif ſeront tenus de faire audict Meſtier & vendre bonnes Chandelles, loyalles & marchandes & de bon Suif, tant de bœuf comme mouton, ſans y mettre & miſtionner, ſain, flambart, ſuif de tripes, ni aultres mauvaiſes miſtions, & ſi ſeront tenuz, & ſeront icelles Chandelles de bonnes meſches, tant de cotton comme d'eſtoupes, & auſſi-bien & de meſme faictes & ouvrer & ſur peine de confiſcation deſdictes Chandelles, qui en ce cas ſeront forfaictes & diſtribuées pour Dieu ou Juſtice ordonnée, & deux ſolz pariſis d'amende à icelluy quy fera au contraire, à appliquer comme deſſus.

VII.

Item. Et pour ce que pluſieurs dudict Meſtier ont eſté repreins par cy-devant d'avoir faict & venduz en leurs hoſtelz, & ouvrouer Chandelles noires de mauvais ſuif & faictes de mauvaiſe greſſe, ſoubs ombre de ce qu'il en avoient faicts & faiſoient pour Bouchers & autres gens quy leur auroyent baillé & baillent ledict mauvais ſuif & mauvaiſes eſtoffes au préjudice de la choſe publique, doreſnavant aucun dudict Meſtier ne fera ou ſouffera faire & vendre en ſon hoſtel, & ouvrouer aucunes Chandelles faictes de ſuif noir, ſoict pour Bourgeois, Bouchers, ni autres; mais ſe aulcuns veullent faire Chandelle de telle matiere, & qu'ilz la baillent, leſdictz Chandelliers les pourront aller faire ès hostelz desdictz Bouchers & Bourgeois ou autres; & non en leurs hostelz, ou ouvrouer sur peine de confiscation desdictes matieres, & de ladicte amende de soixante solz parisis à applicquer comme dessus.

V I I I.

ITEM. Tous ceulx dudict Mestier de Chandellier qui voudront aller ou envoyer, vendre & debitter Chandelles en la rue au Foirs près des Halles à Paris, aux jours & comme il est accoutumé de faire; seront tenuz de y porter, vendre & debitter Chandelles faictes de bon suif de mouton, sans y en porter & vendre d'autre suif meslé avec ledict suif de mouton, sy ce n'estoit que par nécessité que on ne peult finir de suif de mouton, il y feult autrement pourveu & adjugé par Justice à rellation & rapport desdictz Jurez, sur peine de soixante solz parisis d'amende à applicquer comme dessus.

I X.

ITEM. Seront tenuz iceulx Chandelliers de peser leurs Chandelles & Marchandise dudict Mestier, à bon poix & loyale ballance; & sy aulcunes fausses ballances ou faux poix sont tenuz sur aulcun dudict Mestier, ils seront prins par lesdictz Jurez & apportez au Chastelet de Paris, pour en ordonner comme de raison, & l'amendra celluy quy vendra à faux poix & ballances, de soixante solz, à applicquer comme dessus.

X.

ITEM. Et pour ce que par lesdictz Jurez & aultres Maistres dudict Mestier, Justice a esté deument à obtenir & informer de plaintifs faicts le temps passé, & quy se font encore de jours à aultres par plusieurs Marchands Bourgeois & aultres menagers habitans à Paris & Fauxbourgs, de plusieurs Maistres, Varletz, Apprenty & aultres dudict Mestier, quy comportent & ont accoutumé de comporter en pagniers, vendre & distribuer parmy ladicte Ville & Fauxbourgs, Chandelles de suif, lesquels en pesant, vendant & livrant lesdictes Chandelles, font faux & mauvais poix à ceux à quil ils vendent, baillent, livrant & debittant icelles Chandelles; un chacun Maistre Chandellier à Paris ne pourra doresnavant envoyer que un seul pagnier, pour par ledict Maistre, son Varlet ou Apprenty porter vendre & debitter Chandelles par Paris, se autrement pour la nécessité & secourir aux habitans & populaire, ny est par Justice pourveu.

X I.

En nous requerant par lesdictz Jurez & Gardes dudict Mestier, que iceulx articles voullissions unir & incorporer esdictes Ordonnances anciennes, & les faire tenir, entretenir & garder selon leur contenu, ainsi qu'il appartiendra.

X I I.

Considerez. Laquelle Requeste & après iceulx articles veuz à meure délibération avec notre Lieutenant Civil & les Advocat & Procureurs du Roy notredict Sieur, & aulcuns des Conseillers d'icelluy Sieur ausdict Chastelet, & que d'iceux avons faict faire lecture & publication en présence de Jacques Lebret, Denis Villain, Pierre Ramborlles, Pierre Sahul, Ancillot Goyer, Jehan Gastelle, Arnoul Lallement, Jehan Lallement, Pierre Pajot, Guillaume Benard, Pierre Beauteil, Robin Morillon, Mahue Langlois, Nicolas Gangnon l'aysné, Philippe Doublez, Thomas Chaillon, Jehan le Maire, Collin Morillon, Jehan Giroult, Michel Hure, Denis Constantin, Guillaume du Four, Hugues Paillard, Guillaume Guiot, Jehan Pierre, Jean Fortis, Laurent Feissant, Guillaume Dupré & Thomas de Villoynon, faisant & représantent tous aux moings la plus grand partie des Maistres Chandelliers de Suif à Paris, qui tous d'un commun accord & consentement, ont dict & affirmé en leurs consiences lesdictz nouveaux Articles, ainsi que cy-dessus sont transcripts, estre utilles & proffitables à la chose publique de ladicte Ville de Paris, & à l'entretenement dudict Mestier & Marchandise de Chandelles : Voulans & consentans tous cordiallement ensemble, comme Maistres dudict Mestier, qu'ils fussent tenuz & entretenuz selon leur contenuz & consience, ce qui faisoit à considerer.

Nous avons dict, ordonné, disons & ordonnons, que lesdictz Articles dessus transcripts seront joings, admis & incorporez avec les aultres Articles & Ordonnances anciennes dudict Mestier & Marchandise de Chandelles de suif à Paris, & enregistrez ausdict Chastelet au Registre à ce ordonné, pour valloir estre tenuz, observez, gardez & entretenuz doresnavant, sans enfreindre ensemble & avec lesdictes Ordonnances anciennes, soubs les peines, amendes & conditions à plain cy-dessus esdictz Articles declarez ; en tesmoings de ce, nous avons faict mettre à ces presentes, le scel de ladicte Prevosté de Paris : ce fut faict le Samedy premier jour du mois de Décembre, l'an de grace mil quatre cens cinquante-quatre. Ainsy, signé Philippe, lesquelles Lettres dessus transcriptes, & tout le contenu en icelles, nous avons agréable & icelles l'avons, approuvons, ratiffions, & par les presentes de grace spécialle confirmons, & pour ce que ce soit ferme chose & stable à tousjours, nous avons faict mettre nostre scel à ces presentes Lettres, sauf en toutes choses nostre droict & l'autruy. Donnez à Tours au mois de Decembre, l'an de grace mil quatre cens soixante & quatre, & de nostre Regne le quatriesme, signé sur le replis par le Roy à la relation du Conseil, du Brueil, & scellé sur laps de soye du Grand Scel.

CHARLES, par la grace de Dieu, Roi de France; sçavoir faisons, à tous presens & advenir, nous avons receu l'humble supplication de nos chers & bien aymez les Maistres Jurez & Communaulté sur le faict du Mestier de Chandellier de suif en nostre Ville de Paris, contenant que par nos predesesseurs Roys, leur ont esté donnez, concedez & confirmez plusieurs belles Ordonnances faictes pour le bien, profict & utilité de nostre Republique, desquelles de tout temps ils ont par cy-devant joui & usé, jouissent & usent de present; ils doubtent que s'ils n'estoient par nous confirmez, que en la jouissance d'icelle leur feust au temps advenir donné empeschement, requerant sur & leur pourvoir. Nous, à ces causes, inclinant liberallement à la supplication & Requeste desdictz Supplians, à iceulx avons de nostre grace specialle, plaine puissance & autorité Royalle, confirmé, ratiffié & approuvé ; & par la teneur de ces presentes, confirmons, ratiffions & approuvons tous & chacuns lesdictes Ordonnances, franchises & libertez à eux données & octroyées par nosdictz predecesseurs Roys cy-attachez soubz nostre contre-scel, pour par lesdictz Supplians, jouir & user doresnavant plainement & paisiblement, tout & ainsi & par forme & maniere qu'il ont deument joui & usé, jouissent & ussent encore de present: Sy donnons en mandement par nosdictes presentes au Prevost de Paris ou son Lieutenant Civil, que nos presens confirmations, ratiffication & approbation, il faict jouir & laisse jouir & user plainement & paisiblement, sans en ce leur faire mettre ou donner ni souffrir estre faict, mis ou donné ores ne pour l'advenir aulcun trouble d'estourbier ou empeschement au contraire, lequel sy faict mis ou donnez leur auront esté faict ou estoit, se facent incontinent & sans delay, mestre à plaine & entiere delivrance & au premier estat & deu : Vous mandons en oultre faire deffenses à toutes personnes non estant dudict Mestier, de non eux meslez ne entremestre d'icelluy, & pareillement aux Jurez & Maistres de plus recepvoir aucuns à Maistres dudict quy ayent faict leurs apprentissages aillieurs que en nostre Ville de Paris, chez un Maistre dudict Mestier pour le temps de six ans, conteauz en leursdictes Ordonnances, pour évitter aux abus quy ce pourroient commettre, sur peine des amendes portées par icelles, & que tous fils de Maistres dudict Mestier quy seront experimentez en Chef-d'œuvre, ne seront tenuz faire aucun bancquet, ne fraiez, sinon de payer le droit des Jurez : car ainsi nous plaist il estre faict nonostant quelconques Ordonnances & Lettres à ce contraire; & afin que ce soit chose ferme & stable à tousjours, nous avons faict mettre nostre scel à cesdites presentes, sauf en aultres choses nostre droict & l'autruy, en tout. Donnez à Paris au mois de Janvier, l'an de grace mil cinq cens soixante & trois, & de nostre Regne le quatriesme, signé sur le replis par le Roy en son Conseil, donnez & scellez en laps de soye du Grand Scel, & sur ledict replis est escript ce quy s'ensuit.

Je consentz pour le Roy la publication de ces presentes,

à la charge que tous ayent faict apprentissage dudict Mestier en l'une des Villes Jurez de ce Royaulme, puissent estre receuz Maistres audict Mestier, en faisant les Chefs-d'œuvres & devoirs accoustumez. Fait ce vingt-septiesme jour de Mars mil cinq cens soixante & trois. Signé, Denully, Et au doz s'ensuit, leu & publié en Jugement au Parc Civil du Chastelet de Paris, en la presence & du consentement du Procureur du Roy, pour en jouir par les desnommez de l'autruy, suivent le contenu desdictes Lettres, à la charge touteffois que suyvant la Requeste dudict Procureur du Roy, tous ayent faict apprentissage du Mestier en l'une des Villes Jurez de ce Royaulme, pourront estre receuz Maistres dudict Mestier, en faisant les Chefx-d'œuvres & devoirs accoustumez & à estre ordonné; icelles estre enregistrées ès Registres ordinaires dudict Chastelet, seant en Siege, Noble homme & saige Maistre Martin de Bragelongue, Lieutenant-Particulier de la Prevosté de Paris, le Mecredy douzieme jour d'Avril, l'an mil cinq cens soixante & quatre, après Quasimodo. *Signé*, LE CHARON & GOYER.

HENRY, par la grace de Dieu, Roy de France & de Navarre: A tous presens & advenir; Salut, sçavoir faisons, que nous avons receu l'humble supplication de nos chers & bien aymés les Maistres & Jurez & Gardes de la Communauté du Mestier de Chandelliers en Suif en notre bonne Ville de Paris, contenant que nos predecesseurs Roys, pour bonne consideration, leur ont donné & accordé plusieurs belles Ordonnances pour le bien & utilité du publicque, desquelles ils ont bien & deument joui & jouissent encore à present, & lesquelles Suppliant à l'advenement de ceste Couronne, ont satisfait & payé le droict de finance; à quoi ils ont esté taxez pour le droict de confirmation dudict Mestier de Chandelles en suif, comme il a part par quittance cy-attachée soubs le contresel de nostre Chancelleryе, & d'aultant qu'ilz craignent qu'à l'advenir aulcuns leur voulussent donner ou faire donner quelque empeschement en la jouissance dudict Mestier de Chandellier en Suif, s'il ne leur estoit par nous pourveu & octroyé nos Lettres de confirmation à ce nécessaires; Ilz nous ont très-humblement faict supplier & requerir les leurs vouloir octroyer & impartir. A CES CAUSES, desirant subvenir ausdicts opposans en ceste endroit, nous leur avons de nos graces speciales, confirmé, ratiffié & approuvé, & par ses presentes, confirmons, ratiffions & approuvons tous & chacunes lesdictes Ordonnnances, franchises, libertés à eux donnez & octroyez par nos predesseseuts Roys, aussi cy-attachées soubz nostre contrescel, pour en jouyr par lesditcts Supplians doresnavant plainement & paisiblement, soit pour soit, pour les visitations des suifs, poix & mesures que aultrement, & tout ainsi qu'ilz ont cy-devant jouy & jouissent encore à present. SY DONNONS en mandement à nos amez & feaulx, les gens tenant nostre Cour de Parlement, Prevost de Paris ou son Lieutenant Civil, & à tous nos aultres Juges, sy comme à lui appartiendra, qui de nos presentes Lettres de confirmation, ilz facent, soufrent & laissent jouir & user plainement lesdictz Supplians, sans en ce leur faire mettre ou donner aulcun trouble ni empeschement; deffendant très-expressement à toutes personnes non estant dudict Mestier de Chandelliers, de ne se mesler ny entremettre à l'advenir, soit pour les visitations des suifs, marchandises, poix, ballances, & généralement toutes choses consernant ledict Mestier de Chandelliers, & comme de tout temps lesdictz Exposans ont bien & deument joui, comme dict est : CAR tel est nostre plaisir, nonostant quelconques Ordonnances & Lettres à ce contraires; & à fin que ce soit chose ferme & stable à tousjours, nous avons faict mettre nostre scel à sesdictes presentes, sauf en autres choses nostre droict & l'aultruy en toutes. DONNÉ à Paris au mois de May, l'an de graces mil sept cens quatre-vingt & dix-neuf, & de nostre Regne le dixiesme, & sur le reply est escript par le Roy, signé Gassot, & scellé en laps de soye de cire verte sur double queue, & sur le reply est escript; registré, oui le Procureur General du Roy, pour jouyr par les Impetrans de l'esfet & contenu en icelles, comme ilz ont cy-devant bien & deument jouy & usé, jouissent & usent encore à present. A

Paris en Parlement, le dixiesme Juillet mil cinq cens quatre-vingt-dix-neuf. *Signé*, DU TILLET.

» JAI receu des Maistres Chandelliers de Paris, la somme » de cinquante escuz pour la confirmation des privilleges, » franchises & libertez à eux donnez & confirmez par les » feuz Roys, pour en jouir & user par eux, tant & sy avant, » & par la forme & maniere qu'ilz en ont sy devant deument » & justement jouy & usé, & jouissent encore depuis. Fait à » Paris le vingtiesme jour de Septembre, l'an cinq cens qua- » tre-vingt-quatorze. Quittance de la somme de cinquante « escuz, signé Philippeaux, au Roolle du dixiesme Septembre » mil cinq cens quatre-vingt-quatorze. *Collationné* à l'origi- » nal par moi Conseiller-Notaire & Secretaire du Roy. *Signé*, » GASSOT «.

EXTRAICT des Registres de Parlement.

VEU par la Cour les Lettres-Patentes du Roy, données à Paris au mois de May dernier, signé sur le reply par le Roy, Gassot, & scellés du Grand Scel de cire verte en laps de soye rouge & verte, obtenues par les Maistres Jurez & Gardes de la Communauté du Mestier de Chandelliers en Suif en la Ville de Paris, par lesquelles pour les causes y contenues, ledict Seigneur confirme, ratiffie & collationne les Ordonnances, franchises & libertez données & accordées ausdictz Impetrans par ses predecesseurs Roys, pour en jouir doresnavant, soit pour les visitations des suifs, poix & mesures, & tout ainsi qu'il en ont cy-devant jouy & jouissent encore de present; Requeste presentée à ladicte Cour par lesdictz Maistres Jurez & Gardes de la Communauté du Mestier de Chandelliers, tendant à fin de vérification desdites Lettres attachées soubz le contre-scel : conclusions du Procureur General du Roy, & tout consideré, la Cour a ordonné & ordonne que lesdictes Lettres seront registrées ès Registres d'icelle; ouy le Procureur General du Roy, pour jouyr par les Impetrans de l'effet & contenu en icelle, comme

comme il en ont cy-devant bien & deument jouy & usé, jouissent & usent encore de present. Faict & passé en Parlement le deuxiesme Juillet mil cinq cens quatre-vingt-dix-neuf. *Signé*, DU TILLET.

A TOUS ceulx quy ces presentes Lettres verront, Jacques Daumont, Chevalier, Baron de Chappre, Sieur de Dun le Paltrau, Conseiller du Roy, Gentilhomme ordinaire de sa Chambre & Garde de la Prevosté de Paris. Salut; sçavoir faisons, que veu les Lettres-Patentes du Roy, données à Paris au dix-neuf dernier, signées sur le reply par le Roy, Gassot, & scellées du Grand Scel de cire verte, obtenues & impetrées par les Maistres, Jurez & Gardes de la Communauté du Mestier de Chandelles en Suif de ceste Ville de Paris, par lesquelles & pour les causes y contenues, après ledit Seigneur avoir confirmé, ratiffié & approuvé ses Ordonnances ausdicts Impetrans par ses predesseseurs Roys, pour en jouyr doresnavant, soit pour la visitation des suifs, poix & mesures, & tout ainsi qu'ilz ont cy-devant jouy & jouissent encore de present; la Requeste à nous presentée par lesdictz Impetrans, tendant à ce qu'attendu que lesdictes Lettres auroyent esté veriffiées en la Cour de Parlement, dès le deuxiesme jour de Juillet dernier, il nous pleust leur entheriner lesdictes Lettres, pour en jouyr par eux de l'effect & contenu d'icelles selon leur forme & teneur, & ordonner qu'elles seront enregistrées au Greffe du Chastelet, pour y avoir recours quand besoing sera; & ouy sur ce le Procureur General du Roy audict Chastelet, auquel de nostre Ordonnance, le tout a esté montré & communiqué; & de son consentement, avons lesdictes Lettres entherinées & entherinons audict Impetrant, pour jouyr par eux de l'effect & contenu d'icelles, comme ils ont cy-devant bien & deument jouy & usé, jouissent & usent encore à present; & seront lesdictes Lettres registrées ès Registres dudict Chastelet, pour en avoir recours quand besoing sera. EN TEMOINGTZ de ce, nous avons faict mettre à ces presentes, le scel de la Prevosté de Paris. Ce fut faict par François Myron, Sieur du

Tremblay & de Liguieres, Conseiller du Roy en son Conseil d'Etat & Privé, & Lieutenant Civil de la Prevosté & Vicomté de Paris, le Lundy huitiesme jour d'Août mil cinq cens quatre-vingt-dix-neuf. *Signé*, DROUART & HOUDET.

Collation de la presente copie a esté faicte à ses originaulx estans en parchemin, sain & entier; ce faict renduz par les Nottaires du Roy nostre Sire, au Chastelet de Paris; souz siggné après midy, le troiziesme jour de Janvier mil six cens & trois. Signé, DELABARDE & COTHERAU.

LETTRES de confirmation de François Premier.

FRANÇOIS par la grace de Dieu, Roi de France: A tous présens & à venir. Salut; Nos chers & bien amez les Maîtres Chandeliers, Huiliers, Moutardiers de cette notre Ville & bonne Cité de Paris, Nous ont fait remontrer que les Roys nos prédecesseurs: Philippes premier en 1061, & Octobre 1093. Louis VI. en Avril 1110. Louis VII. en Juillet 1137. Philippes II. en Juin 1181. Louis VIII. en Août 1225. Louis IX. reconnu Saint en toute l'Eglise de Jesus-Christ Notre-Seigneur, en Fevrier 1226. Philippes III. en Octobre 1270. Philippes IV. en Juillet 1287. Louis X. en Decembre 1315. Philippes V. en Août 1317. Charles IV. en Octobre 1323. Philippes VI. en Juillet 1329. Jean en Decembre 1350. Charles V. en Mai 1364. Charles VI. en Decembre 1380. Charles VII. en Novembre 1422. Louis XI. en Septembre 1461. Charles VIII. en Septem. 1483. & Louis XII. en Juin 1498. leur ont accordé de beaux droits de Priviléges, octrois, dons, gratifications, immunités exemptions, franchises & libertés, dont ils ont bien & düement joui à toujours jusqu'à présent, & ausquels néantmoins on s'efforçoit de les troubler, & iceux empêcher en l'ancienne possession & jouissance qu'ils ont de tout tems immémorial, & en vertu des Lettres desdits Roys nos prédécesseurs, joui & usé publiquement. Sçavoir, entre autres choses, de toutes denrées & marchandises en Regrat, petits poids & mesures marquées & estalonnées, dont ils ont la visite, suivant de bons Arrêts & Réglemens qu'ils ont en connoissance de cause obtenus, comme outre la chandelle qui est le principal employ de leur Art, Métier, Regrat & marchandises; toutes sortes d'huiles à brûler, de noix, olives, navettes, pavot, pignons, chenevis, & autres graines & légumes, vertes, bouteilles couvertes & non couvertes d'ozier, fagots, coterests, bois fendus, allumettes, charbon, moutarde, vinaigre, foin, paille, clouds, sabots, lattes, pain blanc, amidons, empois, farine, savon, ris, pruneaux, poids, féves, raisins, épingles, éguillettes de cuir, fil & soye, lacets, fruits cuits ou cruds, pois sucrés en bouteilles, papier à la main, muscade, girofle & poivre en Regrats qu'ils auront acheté de ceux qu'il en convient, fromages, agrafes, fil en écheveaux, porte-rocailles; images & estampes, qu'ils auront achetées de ceux qui à cause de leur Art libéral les font en gravure sur des planches à notre contentement, & seront en Corps de par Nous & nos Juges, & autres généralement quelconques, menues denrées, & marchandises sujettes audit Regrat, portées par lesdites Lettres-Patentes de feu Roi Philippes premier, du mois de Juillet 1061, & Octobre 1093, & autres subséquentes, registrées, lûes & publiées par commandement desdits Rois ses Successeurs, & à nous prédecesseurs, pour lequel détourbier & empêchement éviter, ils auroient requis & très-humblement demandé nos Lettres de confirmation, à ce requis & nécessaires: Pour ce est-il que nous voulant bien & favorablement traiter les Exposans, & iceux maintenir & garder, conserver & confirmer ausdits Priviléges, droits, octrois, dons, gratifications, exemptions & immunités, Nous avons dit, déclaré & ordonné, disons, déclarons & ordonnons par ces présentes signées de notre main, qu'iceux Exposans jouiront présentement, à l'avenir & à toujours, desdits droits, priviléges, exemptions, octrois, dons, gratifications, franchises, immunités, regrat & débit desdites denrées & marchandises portées par lesdites Lettres des Rois nos prédecesseurs, ausquels, eux & leurs Successeurs avons confirmé, agréé & maintenu, confirmons, agréons & maintenons, attendu les fidélités, services & finances payées successivement ausdits Rois nos Prédécesseurs & à Nous, à cause de notre joyeux avenement à la Couronne; depuis lequel tems lesdites Lettres avoient été vûes & examinées en notre Conseil, & par nos chers bien amés les Commissaires par nous destinés, commis & députés, suivant leur procès-verbal: Pour lesquelles choses bien considérées; DONNONS EN MANDEMENT au Prevôt de Paris, ou son Lieutenant au Châtelet, qu'icelles Lettres-patentes ils ayent à faire lire & publier à son de trompe & cry public, par les carrefours, lieux & endroits accoutumés de faire proclamation en notredite Ville & Cité de Paris, à ce que personne n'en prétende cause d'ignorance, & icelles enregistrer, faire garder & observer, pour & au profit desdits Exposans, selon leur forme & teneur, & à ce faire obéir, contraignans ou faisant contraindre tous ceux qu'il appartiendra, & qui pour ce seront à contraindre par toutes voyes dûes & raisonnables: CAR tel est notre volonté & plaisir; en témoin de quoi nous avons fait mettre notre Scel à cesdites présentes. DONNÉ à Paris au mois de Février, l'an de grace 1515, & de notre Regne le premier. Présent de Messires Antoine du Prat, Chancelier, & Etienne Poncher, Evêque de Paris, Garde des Sceaux. Signé, FRANÇOIS; *Visa contentor.* Signé par le Roi, FLEURIMOND ROBERT; & scellées.

Lûes & publiées en la Chambre Civile du Châtelet de Paris, la Police tenant, ce consentant le Procureur du Roy en icelui, le 15 Mars 1515.

Signé, POIRAT.

LETTRES-PATENTES de Louis Quatorze.

Du mois de May 1674.

LOUIS par la grace de Dieu, Roy de France & de Navarre : A tous présens & à venir, Salut. Nos amés les Maîtres Chandeliers, Huiliers, Regratiers & Moutardiers de notre bonne Ville de Paris, Nous ont fait remontrer que Philippes premier & les Roys qui lui ont succédé, leur ont concédé & confirmé, tant par Lettres-Patentes, que par les Edits par eux faits à leur avénement à la Couronne en conséquence des Finances par eux payées, plusieurs beaux Priviléges & Statuts pour la Police de leur Maîtrise & Jurande ; mais d'autant qu'ensuite des payemens desdites Finances, & notamment de celles par eux payées en notre avénement à la Couronne, ils n'ont obtenu Lettres de Confirmation de Nous desdits Priviléges & Statuts, & qu'à cause de ce notre Cour de Parlement & autres Juges pourroient faire difficultés de les faire jouir de l'effet d'icelle Concession, ils ont été conseillés de recourir à Nous pour leur être sur ce pourveu : A CES CAUSES, desirant favorablement traiter lesdits Exposans ; après avoir fait voir en notre Conseil lesdits Priviléges & Statuts: Nous avons iceux de notre grace spéciale, pleine puissance & autorité Royale, loués, ratifiés, confirmés & approuvés, louons, ratifions, confirmons & approuvons par ces présentes signées de notre main, pour en jouir par eux & leurs successeurs audit Métier & Jurande, tout ainsi qu'ils en ont ci-devant bien dûement joui & usé, jouissent & usent encore de présent, suivant & conformément ausdites Lettres de concession & de confirmation. Arrests & Reglemens sur ce intervenus : Si donnons en mandement à nos amés & féaux Conseillers les Gens tenant notre Cour de Parlement, Prévost de Paris, ou son Lieutenant, que ces présentes ils ayent à faire régistrer & de leur contenu, jouir & user lesdits Exposans & leurs successeurs èsdites Maîtrise & Jurande pleinement & paisiblement, & perpétuellement cessant & faisant cesser tous troubles & empêchemens, au contraire: CAR tel est notre plaisirs, & afin que ce soit chose ferme & stable, & à toujours, nous avons fait mettre notre scel à cesdites présentes. Donné au Camp devant Besançon, le 18e jour du mois de May, l'an de grace 1674, & de notre regne le 32, Signé LOUIS, & sur le repli, par le Roy, COLBERT, avec paraphe, *visa* DALIGRE, Pour confirmation des Statuts des Maîtres Chandeliers de Paris. Scellé en lac de soie verte & rouge, scellées du grand Sceau de cire verte.

ARREST du Conseil d'Etat du Roi, qui ordonne que l'Arrêt du Conseil d'Etat du 5 Novembre dernier sera exécuté selon sa forme & teneur, & que conformément à icelui, itératives défenses & inhibitions seront faites au Bailly du Palais & à tous autres Juges qui ont Jurisdiction dans l'étendue de la Ville & Fauxbourgs de Paris, de troubler le Lieutenant du Prévôt de Paris, pour la Police, & Officier du Châtelet dans la fonction & connoissance de la Police générale d'icelle, &c.

Du 14 Avril 1667.

Extrait des Registres du Conseil d'Etat.

LE Roi s'étant fait représenter en son Conseil, l'Arrêt rendu en icelui, SA MAJESTÉ y étant, le cinquieme jour de Novembre dernier, par lequel Sa Majesté auroit, entr'autres choses, ordonné que la Police générale encommencée par les Officiers du Châtelet de Paris, seroit par eux incessamment continuée, & en conséquence, fait très-expresses inhibitions & défenses à tous les Officiers des Seigneurs Hauts-Justiciers de la Ville & Fauxbourgs de Paris, même aux Lieutenans du

Grand Prévôt de l'Hôtel & Bailly du Palais, d'entreprendre de faire ladite Police générale, ni donner aucun trouble auxdits Officiers du Châtelet; pour raison de ce; Vû aussi le Jugement rendu par le Bailly du Palais, le troisiéme jour du présent mois d'Avril, sur la remontrance du Procureur du Roi audit Bailliage, par lequel il a ordonné que les Jurés Chandeliers de la Ville de Paris, qui ont été (assistés de quelques Officiers du Châtelet) en visite chez le nommé Jean Baudin, Maître Chandelier, demeurant au Fauxbourg Saint Jacques, où ils ont trouvé, saisi & transporté de la Chandelle, qu'ils ont crû défectueuse, seroient assignés en la Chambre dudit Bailliage, pour répondre aux Conclusions dudit Procureur du Roi, qu'ils seroient tenus de représenter les Chandelles par eux saisies sur ledit Baudin, pour être vûes & visitées par anciens Jurés dudit Métier, qui seroient nommés d'Office par ledit Bailly, &, le rapport fait, être ordonné sur la prétendue contravention aux Statuts & Réglemens, ce que de raison; à la représentation desquelles Chandelles saisies, lesdits Jurés seroient contraints par corps; cependant fait défenses audit Baudin, de répondre audit Châtelet, à aucunes assignations qui lui pourroient être données, & auxdits Jurés, de faire aucunes poursuites ailleurs que pardevant ledit Bailly, à peine de quarante-huit livres Parisis d'amende contre les contrevenans, & que ladite Sentence seroit exécutée, nonobstant oppositions ou appellations quelconques, & sans préjudice d'icelles; la signification faite de ladite Sentence, ledit jour, aux Jurés Chandeliers de ladite Ville de Paris, portant assignation aux fins d'icelle pardevant ledit Bailly du Palais: Oui le rapport du Sieur Hotmant, &c. Commissaire à ce député, & tout consideré, SA MAJESTÉ, EN SON CONSEIL, a ordonné & ordonne, que l'Arrêt du Conseil d'Etat du cinq Novembre dernier sera exécuté selon sa forme & teneur, & conformément à icelui, a fait S. M. itératives inhibitions & défenses audit Bailly du Palais, & à tous autres Juges, qui ont Jurisdiction dans l'étendue de la Ville, Fauxbourgs, Prévôté & Vicomté de Paris, de troubler le Lieutenant du Prévôt de Paris pour la Police, & Officiers du Châtelet, dans la fonction & connoissance de la Police générale d'icelle ; & en conséquence, sans s'arrêter à l'Ordonnance dudit Bailly du Palais, du treize du présent mois, a déchargé & décharge lesdits Jurés Chandeliers de l'assignation à eux donnée par ledit Bailly du Palais : Enjoint, tant auxdits Jurés, qu'audit Baudin, d'exécuter les Ordonnances dudit Lieutenant de Police, exerçant la Police générale, à peine d'être procédé contr'eux extraordinairement suivant la rigueur des Ordonnances. FAIT au Conseil d'Etat du Roi, tenu à Paris le Jeudi quatorze Avril mil six cens soixante-sept.

Collationné, ARRAULT.

Collationné par nous Ecuyer, Conseiller, Secrétaire du Roi, Maison, Couronne de France & de ses Finances, sur l'original en parchemin. SAINSON.

DÉCLARATION du Roi, portant réunion des Offices de Jurés des Chandeliers-Huiliers à leur Communauté.

Du 22 Mai 1691.

Vérifiée en Parlement, le 1 Juin 1691.

LOUIS par la grace de Dieu, Roi de France & de Navarre : A tous ceux qui ces présentes Lettres verront, Salut. Les Jurés, Corps & Communauté des Chandeliers-Huiliers de notre bonne Ville & Fauxbourgs de Paris, Nous ont très-humblement fait remontrer, qu'ayant par notre Edit du mois de Mars dernier créé & érigé en titre d'Offices héréditaires les Gardes des Corps des Marchands, & les Maîtres Jurés des Arts & Métiers, ils ont un notable intérêt, non-seulement que ces Charges soient exercées par des personnes de probité & d'expérience dans le commerce, & que ceux qui en abuseront puissent être dépossédés ; mais encore que ceux de leur Corps qui peuvent s'en bien acquitter puissent y parvenir à leur tour

tour, au-lieu qu'ils en feroient exclus, si ceux que Nous en aurions pourvus n'en pouvoient être dépossédés. Par ces considérations, & par le desir de Nous marquer leur zèle pour notre service, & leurs soumissions à nos volontés, ils Nous ont fait offrir de payer au Receveur de nos revenus casuels la somme de trente mille livres, s'il Nous plaisoit unir à leur Communauté les Offices de Jurés nouvellement créés, pour être exercés par ceux qui Nous seront par eux présentés, autant de temps qu'ils aviseront entr'eux, en-conséquence des Provisions que Nous leur en ferons expédier, & leur laisser pour l'avenir, lorsque le temps de l'exercice de ceux que Nous en aurons pourvûs sera expiré, la faculté de Nous présenter de nouveaux Officiers, pour prendre de Nous la confirmation de leur nomination : comme aussi de permettre aux Jurés & autres dénommés dans la délibération prise en l'assemblée de ladite Communauté le 7 du présent mois & an, d'emprunter ladite somme de trente mille livres à constitution de rente au nom de toute la Communauté, & ordonner, conformément à ladite délibération, que pour assurer le payement des arrérages, même le remboursement du sort principal desdites rentes, il sera payé à l'avenir par chacun Maître qui sera Juré Chandelier ou Huilier, la somme de cent livres ; par chacun Maître qui sera reçu par Chef-d'œuvre, trois cent livres, outre les droits ordinaires & accoutumés ; par chacun fils de Maître, cinquante livres ; pour chaque Brevet d'apprentissage, ou transport d'icelui, dix livres ; par chacun Maître, quatre livres par an pour droits de visites, outre les vingt sols qui se payent aux Jurés : desquels droits de visite montant à cent sols par chacun an, ceux des Maîtres qui prêteront leurs deniers à la Communauté pour la réunion des Offices de Jurés, seront déchargés jusqu'à l'actuel remboursement de ladite somme de trente mille livres. Et pour leur plus grande sureté, l'un desdits Maîtres sera nommé tous les ans pour Juré, lequel recevra tous lesdits droits, & les employera tous les six mois au payement des arrérages des rentes qui seront constituées pour ladite réunion, dont il rendra compte à la fin de chaque année, aux créanciers & auxdits Maîtres nommés pour l'examen des Comptes en présence de notre Procureur au Châtelet; & ce qui restera entre ses mains après les arrérages payés, sera employé au rachat de quelque portion du principal, à commencer par les veuves & héritiers de ceux desdits créanciers qui seront décédés, sans que les deniers puissent être divertis ni employés en aucune autre dépense, ni même saisis par aucuns autres créanciers, ainsi qu'il est plus amplement porté par ladite délibération : Nous suppliant en outre, pour parvenir à une plus prompte libération de ladite Communauté, qu'au cas qu'il se présentât six Compagnons sans qualité, n'ayant point d'enfans mâles pour être reçus Maîtres, qui voulussent donner mille livres chacun, il Nous plût permettre aux Jurés de les recevoir, à la charge que ladite somme de mille livres sera employée en entier au payement desdites rentes : & voulant favorablement traiter la Communauté desd. Maîtres Chandeliers-Huiliers, & lui donner des marques de notre protection; A CES CAUSES, de l'avis de notre Conseil qui a vu l'Acte en forme de délibération passée pardevant Blanchet & le Fevre, Notaires au Châtelet de Paris, le 7 du présent mois & an, & de notre certaine science, pleine puissance & autorité Royale, Nous avons par ces présentes signées de notre main, uni & incorporé, unissons & incorporons au Corps & Communauté desdits Maîtres Chandeliers-Huiliers de notre bonne Ville & Fauxbourgs de Paris, les quatre Offices de Jurés de leur Communauté, créés par notre Edit du mois de Mars dernier, en payant par eux, suivant leurs offres, la somme de trente mille livres ès mains du Receveur de nos revenus casuels en exercice, en trois payemens égaux, dont le dernier écherra au 15 du mois de Juin prochain : ce faisant, Voulons que lesdits Offices soient exercés en vertu des provisions que Nous ferons expédier à ceux qui seront nommés par ladite Communauté pour le temps qui sera par elle avisé; après l'expiration duquel pourront lesdits Jurés, Corps & Communauté Nous présenter de nouveaux Officiers, afin d'obtenir de Nous la confirmation de leur nomination, & continuer à l'avenir à toutes les mutations d'Officiers que voudra faire ladite Communauté. Permettons aux Jurés & autres dénommés en ladite délibération d'emprunter ladite somme de 30000 liv. à constitution de rente au nom de toute la Communauté, & de faire déclaration dans la quittance de finance qui leur sera délivrée par le Receveur de nos revenus casuels, des noms de ceux qui auront prêté ladite somme : & pour assurer le payement des arrérages & des principaux desdites rentes, Voulons & ordonnons, conformément à ladite délibération, qu'il soit payé à l'avenir par chacun Maître qui sera nommé pour Juré Chandelier ou Juré Huilier, la somme de cent livres; par chacun Maître qui sera reçu par chef-d'œuvre, trois cent livres, outre les droits ordinaires & accoutumés; par chacun fils de Maître, cinquante livres; pour chaque Brevet d'apprentissage, ou transport d'icelui, dix livres; par chacun des Maîtres de ladite Communauté, quatre livres par an pour droit de visite, outre les vingt sols qui se payent aux Jurés, à raison de cinq par chaque visite : de tous lesquels droits de visite ceux desdits Maîtres qui prêteront leurs deniers à la Communauté pour le payement de ladite somme de trente mille livres, seront exempts, jusqu'à ce que les sommes par eux prêtées leur ayent été remboursées. Et pour leur plus grande sureté, Voulons que l'un desdits Maîtres qui n'aura point encore exercé la Jurande, soit nommé tous les ans pour Juré : lequel recevra tous les droits ci-dessus mentionnés, & les employera de six en six mois au payement des arrérages desdites rentes, dont il sera tenu de rendre compte à la fin de chaque année aux créanciers & auxdits Maîtres dud. Métier nommés pour l'examen des comptes, en présence de notre Procureur au Châtelet : & ce qui en restera entre ses mains, après lesdits arrérages payés, sera employé au rachat de quelque portion du principal, à commencer par les veuves & héritiers de ceux desdits créanciers qui pourroient être décédés; sans que lesdits deniers puissent être divertis ni employés en aucune autre dépense, ni même saisis par aucuns autres créanciers de ladite Communauté, jusqu'à ce que les rentes créées pour fournir ladite somme de 30000 liv. ayent été entierement acquittées, tant en principaux, qu'arrérages : après quoi lesdites augmentations de quatre livres par chacun an sur les droits de visite, de trois cens livres ſur les réceptions des Maîtres de chef-d'œuvre, & de cinquante livres ſur celle des fils de Maîtres, n'auront plus de lieu, & il ne ſera perçu que les mêmes droits qui ont été payés ci-devant, ainſi qu'il ſera reglé par les Commiſſaires de notre Conſeil qui ſeront à ce députés en exécution de notre Edit du mois de Mars dernier. Et pour parvenir à une plus prompte libération de la Communauté, permettons aux Jurés de recevoir juſqu'au nombre de ſix Maîtres ſans qualité entre les Compagnons qui n'auront point d'enfans mâles, en payant chacun la ſomme de mille livres au profit de ladite Communauté : laquelle ſomme ſera employée en entier au rembourſement de partie des principaux deſdites rentes, ſans que les Jurés puiſſent recevoir un plus grand nombre deſdits Maîtres ſans qualité. SI DONNONS EN MANDEMENT à nos amés & féaux Conſeillers les Gens tenans notre Cour de Parlement, que ces préſentes ils faſſent lire, publier & regiſtrer, & du contenu en icelles faire jouir & uſer les Jurés, Corps & Communauté des Chandeliers-Huiliers de notre bonne Ville & Fauxbourgs de Paris, ſelon leur forme & teneur; CAR tel eſt notre plaiſir. En témoin de quoi Nous avons fait mettre notre ſcel à ceſdites Préſentes. DONNÉ à Verſailles le 22 jour de Mai, l'an de grace mil ſix cent quatre-vingt-onze, & de notre regne le quarante-neuvieme. Signé LOUIS. Et plus bas, par le Roi PHELIPPEAUX. *Viſa*, BOUCHERAT. Et ſcellées du grand ſceau de cire jaune.

Regiſtées, oui & ce requérant le Procureur Général du Roi; pour être exécutées ſelon leur forme & teneur, & copie collationnée envoyée au Châtelet de Paris, pour y être lûe, publiée & regiſtrée : enjoint au Subſtitut du Procureur Général du Roi d'y tenir la main, & d'en certifier la Cour dans huitaine, ſuivant l'Arrêt de ce jour. A Paris en Parlement le premier jour de Juin 1691. DU TILLET.

EDIT du Roi, portant création de Visiteurs & Contrôleurs des Suifs.

Donné à Versailles, au mois d'Avril 1693.

Vérifié en Parlement.

LOUIS, par la grace de Dieu, Roi de France & de Navarre : A tous présens & à venir ; Salut. Les Rois nos prédécesseurs se sont appliqués non-seulement à procurer l'abondance dans le Royaume, mais encore à ce que les denrées & les marchandises dont l'usage est nécessaire, soient de bonne qualité ; ils ont pour cela établi des personnes expérimentées chacune dans sa profession, pour les visiter & marquer ; & Nous avons trouvé ces établissemens si utiles, que Nous les avons augmentés ; & comme le suif est une matiere dont l'usage & la consommation sont absolument nécessaires, il a été fait plusieurs Ordonnances pour empêcher l'altération de cette marchandise, par le mêlange des suifs de tripe & de graisses trop fluides, qui la rendent de très-mauvais usage, & à même-temps par les mêmes Ordonnances, pour remédier aux monopoles qui se faisoient par les Marchands Bouchers & les Marchands Chandeliers, pour lui donner un trop haut prix, il a fallu faire des défenses très-expresses aux uns de saler leurs suifs pour se pouvoir garder plus long-temps, & aux autres d'en avoir plus de trois milliers dans leurs magasins : Et pour l'observation de ces Réglemens, il auroit été établi des Prud'hommes pour visiter les Bouchers & les Chandeliers, ce qui s'est pratiqué fort long-temps au grand avantage du public. Cependant, quoique nous n'appercevions aucun relâchement dans l'observation des Ordonnances de Police, par la grande & assidue application des Magistrats ; Nous estimons néanmoins que la visite de cette sorte de marchandise, empêchant le mêlange des graisses, seroit utile au public, & Nous donneroit même quelque secours dans la conjoncture présente de la guerre, par la vente des Offices de Visiteurs & Contrôleurs des suifs, qui ne feront aucunement à charge au vendeur ni à l'acheteur, parce que le vendeur ne payera aucun droit de visite ni de contrôle, & que le droit qui se prendra sur l'acheteur, outre qu'il sera modique, se trouvera récompensé par la bonne qualité de la marchandise. A CES CAUSES, & de notre certaine science, pleine puissance, & autorité Royale, Nous avons par le présent Edit perpétuel & irrévoquable, créé, & érigeons en titre d'Office héréditaire, douze Visiteurs-Contrôleurs des suifs, tant de ceux qui procédent de l'abatis des bœufs & moutons dans notredite Ville & Fauxbourgs de Paris, que de ceux qui sont apportés du dehors & des Pays étrangers; auxquels Offices Nous avons attribué & attribuons un sol pour chacune livre de suif, payable par l'acheteur, pour tout droit de visite & de contrôle : Voulons à cet effet conformément aux Ordonnances des Rois Charles IX & Henri III, des mois de Mai 1567, & Novembre 1577, que les Marchands Bouchers soient tenus d'envoyer ou porter chaque semaine le jour de Jeudi en la place ordinaire destinée pour la vente de cette marchandise, vulgairement appellée la Vieille Place aux Veaux, des échantillons des suifs qu'ils auront fondus pendant la semaine, pour être visités & contrôlés, sur lesquels la vente en sera faite & arrêtée, dont lesdits Visiteurs & Contrôleurs tiendront bon & fidele Registre, tant de la qualité, que des noms & demeures des vendeurs & des acheteurs; & afin de connoître si la marchandise qui doit être livrée est de la même qualité que l'échantillon, l'un desdits Visiteurs-Contrôleurs sera tenu de se trouver dans la maison du Marchand Boucher lors de la livraison, qui ne pourra être faite qu'en sa présence; & s'il se trouvoit que les suifs vendus ne fussent pas de la qualité des échantillons; Voulons qu'il en soit dressé Procès-verbal, qui sera affirmé par ledit Visiteur-Contrôleur, pour y être pourvû ainsi qu'il sera ordonné : Et d'autant qu'il ne suffiroit pas d'empêcher par ce moyen le mêlange des graisses avec le bon suif, s'il n'étoit défendu aux Marchands Chandeliers de faire aucune altération dans la fabrique de la chandelle, enjoignons très-expressément aux Jurés du Corps & Communauté des Marchands Chandeliers de la Ville & Fauxbourgs de Paris, d'aller le plus souvent que faire se pourra en visite chez les autres Marchands de leur même Corps, pour connoître s'il n'y a aucun mêlange de graisse ou suif de tripe dans la chandelle, sans préjudice de la visite qu'ils ont accoutumé de faire les jours de Marché, de la chandelle qui se porte à la Halle au bled : Et afin que lesdits Visiteurs-Contrôleurs se puissent soulager & vaquer alternativement aux fonctions de leurs Charges; Voulons qu'ils fassent bourse commune de leurs droits; qu'ils en tiennent Registre, & s'assemblent à tels jours que bon leur semblera; & néanmoins seront tenus de se trouver tous les jours au moins quatre d'entr'eux dans leur Bureau, qui sera le plus proche de la Place aux Veaux que se pourra, depuis sept heures du matin jusqu'à midi, & depuis trois heures de relevée jusqu'à six, pour être toujours en état de faire la visite & le contrôle des suifs qui seront apportés du dehors ou des Pays étrangers : Faisons très-expresses défenses aux Marchands Bouchers & autres personnes, de vendre leurs suifs en leurs maisons, & aux Marchands Chandeliers de les acheter ailleurs qu'en ladite Place aux Veaux, en présence de l'un desdits Visiteurs-Contrôleurs, à peine de confiscation des suifs, & de cinq cens livres d'amende, moitié au dénonciateur, & l'autre moitié auxdits Officiers : Voulons que les Marchands Forains & autres personnes qui feront entrer des suifs dans notre bonne Ville & Fauxbourgs de Paris, soit en pain ou en chandelle, soient tenus d'en faire la déclaration auxdits Visiteurs & Contrôleurs, avec soumission de les porter à ladite Place aux Veaux, pour y être ladite marchandise visitée & vendue en la maniere accoutumée. Faisons défenses d'avoir des suifs en magasins hors ladite Ville & Fauxbourgs de Paris, *à peine de confiscation & de mille livres d'amende, dont la moitié appartiendra au dénonciateur, l'autre moitié auxdits Visiteurs-Contrôleurs* : Comme aussi faisons pareilles défenses, sur les mêmes peines, aux Marchands Chandeliers de notredite Ville & Fauxbourgs de Paris, de faire apporter des suifs directement dans leurs maiſons avant que d'en avoir fait leur déclaration auxdits Viſiteurs-Contrôleurs, ni de les employer à faire de la chandelle avant qu'ils ayent été viſités & contrôlés, & les droits payés : Et en attendant que nous ayons vendu leſdits Offices, Nous voulons que les droits y attribués ſoient perçus à notre profit par ceux que Nous commettrons à cet effet, à commencer trois jours après l'enregiſtrement & publication du préſent Edit ; & qu'à cet effet les Commis & prépoſés aux Bureaux établis pour nos droits d'entrées des vins & autres boiſſons, pied fourché & autres droits, ſoient tenus de tenir Regiſtre des ſuifs en pain ou en chandelle qui entreront dans notredite Ville & Fauxbourgs, & du payement des droits, dont ils donneront quittance ; leſquels droits ſeront rembourſés lors de la vente, à ceux qui les auront payés, par ceux qui les acheteront, en repréſentant la quittance deſdits Droits. Si donnons en Mandement à nos amés & féaux Conſeillers, les Gens tenans notre Cour de Parlement, Chambre des Comptes & Cour des Aydes à Paris, que notre préſent Edit ils faſſent lire, publier & enregiſtrer, & le contenu en icelui, garder & obſerver ſelon ſa forme & teneur; ceſſant & faiſant ceſſer tous troubles & empêchemens qui pourroient être mis ou donnés, nonobſtant tous Edits, Réglemens, Arrêts, & autres choſes à ce contraires, auxquels Nous avons dérogé & dérogeons par ces Préſentes; Car tel eſt notre plaiſir : Et afin que ce ſoit choſe ferme & ſtable à toujours, Nous y avont fait mettre notre ſcel. Donné à Verſailles au mois d'Avril, l'an de grace 1693, & de notre regne le cinquantiéme. Signé, LOUIS. Et plus bas, par le Roi, Phelippeaux. *Viſa*, Boucherat. Et ſcellé du grand Sceau de cire verte.

Regiſtré, oui & ce requérant le Procureur Général du Roi, pour être exécuté ſelon ſa forme & teneur, & copie collationnée envoyée au Siége du Châtelet de Paris, pour y être lue, publiée & enregiſtrée : Enjoint au Subſtitut du Procureur Général audit Châtelet d'y tenir la main, & d'en certifier la Cour dans huitaine, ſuivant l'Arrêt de ce jour. A Paris en Parlement, le 24 d'Avril 1693, Signé, Du Tillet.

ARREST

ARREST du Conseil d'Etat du Roi, qui ordonne la réunion à la Communauté des Maîtres Chandeliers-Huiliers de la Ville & Fauxbourgs de Paris, des Offices d'Auditeurs-Examinateurs des Comptes de ladite Communauté, en payant par elle à Sa Majesté, la somme de 22000 livres, pour le remboursement de laquelle il est permis aux Jurés de ladite Communauté, d'augmenter les Droits de visite de quatre livres par an, & cinquante livres par chaque Maître reçu par Chef-d'œuvre, &c.

Du 5 Juin 1696.

Extrait des Registres du Conseil d'Etat.

SUR la Requête présentée au Roi en son Conseil, par les Jurés, Corps & Communautés des Maîtres Chandeliers-Huiliers de Paris : CONTENANT qu'ayant appris que Sa Majesté, par Arrêt rendu en son Conseil le 14 Juin 1695, avoit ordonné que les Offices d'Auditeurs-Examinateurs des Comptes des Corps & Communautés créés par Edit du mois de Mars 1694, seroient & demeureroient pour toujours réunis & incorporés auxdits Corps & Communautés auxquels appartiendroit le Droit Royal attaché auxdits Offices depuis ledit Edit, & à toujours pour être payé par chacun Aspirant à la Maîtrise, suivant la fixation portée par l'Edit du mois de Mars 1695, & en outre que lesdits Corps & Communautés jouiroient, à commencer du premier Janvier audit an 1695, des Gages qui leur étoient attribués par l'état d'évaluation qui en seroit fait au Conseil, eu égard à la portée du Droit Royal & aux Gages qui seroient attribués à chacune Communauté, & que dans quinzaine pour toutes préfixions & délais, il seroit fait à la requête des Gardes, Syndics &

Jurés des Corps des Marchands & Communautés d'Arts & Métiers des Répartitions de la finance desdits Offices, sur le pied de ladite évaluation sur tous ceux qui composoient lesdits Corps & Communautés, Privilégiés & non Privilégiés, le plus équitablement que faire se pourroit, à proportion des facultés de chaque Particulier; le montant desquelles Répartitions seroit payé, ensemble les deux sols pour livre, un tiers un mois après la signification dudit Arrêt, le second tiers trois mois, & le parfait payement dans les trois mois suivans; sçavoir les sommes principales sur les quittances du Trésorier des Revenus Casuels, & sur les Récepissés de Me Matthieu Lion, chargé du recouvrement de ladite finance, ses Procureurs, Commis ou Préposés, portant promesse de rapporter ladite quittance, & deux sols pour livre sur la quittance dudit Lion : Et qu'ayant pareillement appris que la finance desdits Offices avoit été évaluée à leur égard à la somme de vingt mille livres, & celle de deux mille livres pour les deux sols pour livre, avec attribution de neuf cens livres de Gages effectifs, & Droit Royal, ils auroient fait leurs soumissions de payer lesdites sommes, & plusieurs des Maîtres de ladite Communauté s'étant volontairement offerts de contribuer au payement de ladite finance, en prêtant diverses sommes à la Communauté, à la charge de leur en payer l'intérêt; ils auroient par divers Actes en forme de Délibérations des 12 Décembre *1695*, *9* & 10 Février, 21 Mars & 10 Mai *1696*, donné pouvoir aux Jurés de leur Communauté d'emprunter à constitution de rente, la somme de vingt-trois mille livres pour payer ladite finance & frais qu'il conviendroit faire, en passer les Contrats de constitution, y obliger & hypothéquer par privilége spécial lesdits Offices, Gages & Droit Royal & autres Droits; & que pour assurer davantage le payement des intérêts, & même des principaux des sommes qui seroient empruntées, les Droits de visite seroient augmentés de quatre livres par an, à commencer au premier Juillet prochain : que chaque Réception de Maître par Chef-d'œuvre seroit augmentée de cinquante livres; que les neuf cens livres de Gages attribués auxdits Offices, le Droit Royal, les Droits d'augmentation ſur les Viſites & les Réceptions ſeroient reçus pendant la préſente année par ledit Antoine Rouſſelet, Juré, nouvellement élu, & pour l'année ſuivante par celui des Maîtres qui ſera nommé par ceux qui auront prêté à ladite Communauté pour la finance deſdits Offices à la pluralité des voix, & que les Maîtres qui ont ci-devant prêté la ſomme de trente mille livres dûe par la Communauté, ſeroient exempts de faire ladite Recette : que les deniers provenans deſdits Gages, Droit Royal, & augmentations ſur les Droits de viſite & ſur les Réceptions, employés tous les ſix mois au payement des arrérages ou intérêts des ſommes prêtées pour ladite finance, & à la fin de l'année ce qui reſteroit ſeroit employé au rembourſement des principaux, à commencer par les plus petites parties, ſans pouvoir être divertis ni employés à d'autres dépenſes, ſous quelque prétexte que ce fût, ni même ſaiſis par aucuns des autres Créanciers de ladite Communauté, & qu'après leſdites ſommes prêtées pour la finance deſdits Offices d'Auditeurs des Comptes acquittées, la Communauté demeureroit déchargée de ladite augmentation de Droits de viſite & ſur les Réceptions, & que les Brevets ſeroient regiſtrés en la maniere accoutumée, & les Droits établis ſur iceux par la Déclaration du Roi, du 22 Mai 1691, payés, à peine de dix livres d'amende contre chacun Maître qui auroit contrevenu, & de vingt livres en cas de récidive, & que les Jurés qui avoient été élus & qui le ſeroient à l'avenir ſeroient diſpenſés de prendre des Proviſions, ni des Lettres de confirmation, & les Comptes rendus en préſence de dix Maîtres de la Communauté qui ſeront nommés, à la diligence des Jurés en conformité des Arrêts du Parlement, & Réglement ſur ce faits & intervenus, le tout en préſence du ſieur Procureur de Sa Majeſté audit Châtelet : Requéroient Sa Majeſté qu'il plût ſur ce leur pourvoir. OUI le rapport du Sieur Phelypeaux de Pontchartrin, Conſeiller ordinaire au Conſeil Royal, Contrôleur Général des Finances, LE ROI EN SON CONSEIL ayant égard à ladite Requête, A ORDONNÉ & ordonne qu'en payant par la

Communauté des Maîtres Chandeliers - Huiliers entre les mains dudit Me Matthieu Lion, conformément audit Arrêt du Conseil, du 14 Juin 1695, la somme de vingt mille livres d'une part, pour la finance des Offices d'Auditeurs-Examinateurs des Comptes de leur Communauté, & celle de deux mille livres d'autre pour les deux sols pour livre; un tiers comptant, un autre tiers dans le dernier Juillet, & le dernier tiers faisant le parfait payement dans le dernier Septembre suivant, lesdits Offices d'Auditeurs - Examinateurs des Comptes demeureront réunis & incorporés pour toujours à ladite Communauté, sans qu'il soit besoin de prendre aucunes Lettres de provision, nomination ou confirmation : ce faisant, ordonne qu'à commencer du premier Janvier 1695, ladite Communauté jouira des neuf cens livres de Gages effectifs attribués auxdits Offices, ensemble du Droit Royal, à commencer depuis l'Edit du mois de Mars 1694, tel qu'il a été établi par celui du mois de Mars 1691. Permet aux Jurés de ladite Communauté d'emprunter à constitution de rente ou autrement, la somme de vingt - trois mille livres pour payer la finance desdits Offices & les deux sols pour livre, ensemble pour fournir aux frais qu'il conviendra faire, en passer les Contrats de constitution, y obliger & hypothéquer par privilége spécial lesdits Offices, Gages, Droit Royal, & autres Droits ci - après exprimés. ORDONNE Sa Majesté que pour assurer davantage le payement des arrérages des rentes qui seront par eux constituées, même le remboursement du sort principal, les Droits de visite seront augmentés de quatre livres par an, à commencer au premier Juillet prochain : que chaque Réception de Maître reçu par Chef - d'œuvre sera pareillement augmentée de cinquante livres : que les deniers qui proviendront desdits neuf cens livres de Gages attribués auxdits Offices du Droit Royal des quatre livres d'augmentation sur les Visites, & des cinquante livres sur les Réceptions des Maîtres de Chef - d'œuvre seront reçus pendant la présente année par Antoine Rousselet, Juré nouvellement élu, & pour l'année prochaine & les suivantes, par celui des Maîtres qui sera nommé par ceux qui auront prêté à ladite Communauté pour la finance desdits Offices, à la pluralité des voix en présence du Procureur de Sa Majesté en son Châtelet de Paris, & que les Maîtres qui ont ci-devant contribué au prêt fait à la Communauté de la somme de trente mille livres, seront exempts de faire ladite Recette, lesquels deniers provenans desdits Gages, Droit Royal, & augmentations sur les Visites & Réceptions seront employés tous les six mois au payement des arrérages ou intérêts des sommes prêtées pour ladite finance, & à la fin de l'année ce qui restera sera employé au remboursement des principaux, à commencer par les plus petites parties, sans que lesdits deniers puissent être divertis ni employés à d'autres dépenses, sous quelque prétexte que ce soit, ni même saisis par aucuns autres Créanciers de ladite Communauté. Et après que les sommes prêtées pour la finance desdits Offices d'Auditeurs-Examinateurs des Comptes auront été entiérement acquittées, la Communauté demeurera déchargée de ladite augmentation des Droits de visite, & sur les Réceptions. Ordonne Sa Majesté, conformément à la délibération de ladite Communauté, du 10 Mai dernier, que les Brevets seront enregistrés en la maniere accoutumée, & les Droits établis sur iceux par la Déclaration du Roi, du 22 Mai 1691, payés, à peine de dix livres d'amende contre chacun Maître pour la premiere contravention, & de vingt livres en cas de récidive; VEUT Sa Majesté que les Jurés nouvellement élus, & ceux qui le seront à l'avenir, exercent leurs Commissions en vertu de celles qui leur seront délivrées par son Procureur au Châtelet, sans qu'ils soient obligés de prendre aucunes Lettres de confirmation dont Sa Majesté les a relevés & dispensés, dérogeant à cet égard à son Edit du mois de Mars 1691, & à ladite Déclaration du 22 Mai audit an. Ordonne en outre Sa Majesté, que les Comptes seront rendus en présence de dix Maîtres de la Communauté, qui seront nommés à cet effet à la diligence des Jurés, le tout en la présence de sondit Procureur au Châtelet en la maniere accoutumée, conformément aux Arrêts du Parlement & Réglemens sur ce intervenus. Et pour l'exécution du présent Arrêt, toutes Lettres nécessaires seront expédiées. FAIT au Conseil d'Etat du Roi, tenu à Marly le cinquiéme jour de Juin mil six cens quatre-vingt-seize. *Collationné, Signé*, DUJARDIN.

ARREST du Conseil d'Etat du Roi, qui ordonne que pendant l'année 1715, à commencer du jour & date du présent Arrêt, les Suifs étrangers & autres qui entreront dans la Ville & Fauxbourgs de Paris, seront déchargés de deux sols par livre pesant, imposés en conséquence de l'Edit du mois d'Avril 1693, & des Déclarations des mois de Mars 1707 & 1708. Et de tous Droits aux Entrées dans le Royaume.

Du 5 Février 1715.

Extrait des Registres du Conseil d'Etat.

LE Roi s'étant fait représenter en son Conseil, l'Arrêt rendu en icelui le 5 Décembre 1713, par lequel Sa Majesté auroit ordonné que pendant l'année 1714, tous les Suifs étrangers, & autres qui entreroient dans la Ville de Paris, seroient & demeureroient déchargés du payement des Droits de deux sols par livre pesant, établis en conséquence de l'Edit du mois d'Avril 1693, & Déclarations des mois de Mars 1707 & 1708, comme aussi que les Suifs étrangers seroient & demeureroient exempts pendant le même temps de tous Droits aux Entrées du Royaume, & de tous Droits d'Octrois, Péages & autres; Et Sa Majesté étant informée de la nécessité qu'il y a encore d'accorder une prorogation desdites Exemptions pendant la présente année, pour prévenir la cherté desdits Suifs, en procurant l'abondance dans le Royaume, & dans la Ville de Paris : oui le Rapport du Sieur Desmaretz, Conseiller ordinaire au Conseil Royal,

Contrôleur Général des Finances. SA MAJESTÉ ÉTANT EN SON CONSEIL, a ordonné & ordonne que pendant ladite année 1715, à commencer du jour & date du présent Arrêt jusqu'au dernier Décembre audit an, tous les Suifs étrangers & autres qui entreront dans la Ville & Fauxbourgs de Paris, seront & demeureront déchargés du payement des Droits de deux sols par livre pesant, établis en conséquence de l'Edit du mois d'Avril 1693, & des Déclarations des mois de Mars 1707 & 1708. FAIT Sa Majesté défenses à Etienne Rey, chargé de la perception desdits Droits, & tous autres de les exiger pendant ledit temps, à peine de concussion & de tous dépens, dommages & intérêts; VEUT Sa Majesté que pendant ledit temps, les Suifs étrangers soient & demeurent exempts de tous Droits aux Entrées du Royaume; comme aussi de tous Droits d'Octrois, Péages & autres: ENJOINT Sa Majesté au Sieur d'Argenson, Conseiller d'Etat, Lieutenant de Police de la Ville de Paris, & aux Sieurs Intendans & Commissaires départis dans les Provinces, de tenir la main à l'exécution du présent Arrêt, qui sera lû, publié & affiché par-tout où besoin sera, à ce que personne n'en ignore. FAIT au Conseil d'Etat du Roi, Sa Majesté y étant, tenu à Versailles le cinquiéme jour de Février mil sept cens quinze. *Signé*, LOUIS. *Et plus bas*, PHELYPEAUX.

LOUIS, par la grace de Dieu, Roi de France & de Navarre, Dauphin de Viennois, Comte de Valentinois, Dyois Comte de Provence, Forcalquier & Terres adjacentes, à notre amé & féal Conseiller en notre Conseil d'Etat, le Sieur d'Argenson, Lieutenant Général de Police de notre bonne Ville de Paris, & à nos amés & féaux Conseillers en nos Conseils, les Sieurs Intendans & Commissaires départis pour l'exécution de nos ordres dans les Provinces & Généralités de notre Royaume; SALUT. Nous vous mandons & enjoignons par ces présentes signées de Nous, chacun en droit soi, de tenir la main à l'exécution de l'Arrêt ci-attaché sous le contre-scel de notre Chancellerie, cejourd'hui donné en notre Conseil d'Etat, Nous y étant, pour les causes y contenues; Commandons au premier notre Huissier ou Sergent sur ce requis, de signifier ledit Arrêt à tous qu'il appartiendra, à ce qu'aucun n'en ignore, & de faire pour son entiere exécution tous Actes & exploits nécessaires, sans autre permission, nonobstant Clameur de Haro, Charte Normande & Lettres à ce contraires : VOULONS que ledit Arrêt soit lû, publié & affiché où besoin sera, à ce que personne n'en ignore, & qu'aux copies d'icelui & des présentes collationnées par l'un de nos amés & féaux Conseillers - Secrétaires, foi soit ajoutée comme aux Originaux : CAR TEL EST NOTRE PLAISIR. Donné à Versailles le cinquiéme jour de Février, l'an de grace mil sept cens quinze, & de notre regne le soixante-douziéme. Par le Roi, Dauphin, Comte de Provence en son Conseil. *Signé*, LOUIS. *Et plus bas*, PHELYPEAUX. Et scellé du grand Sceau de cire jaune.

ARREST du Conseil d'Etat du Roi, concernant le Commerce des Suifs, la Vente & la Distribution de la Chandelle.

Du 9 Août 1720.

Extrait des Registres du Conseil d'Etat.

LE Roi ayant, par Arrêt de son Conseil du 19 Septembre 1719, supprimé, pour le soulagement de ses Peuples, plusieurs Droits qui se percevoient à son profit par les Fermiers à qui les Baux en avoient été adjugés, & entr'autres les deux sols qui avoient été établis par Edit du mois d'Avril 1693, & par la Déclaration du 26 Mars 1707, sur chaque livre pesant de Suif, provenant tant des abattis de Bœufs & Vaches & de Moutons qui se font dans la Ville & Fauxbourgs de Paris, que sur ceux qui sont apportés du dehors & des Pays étrangers, dans la vûe d'en faciliter le Commerce, de procurer une diminution certaine du prix de cette marchandise,

&

& par conséquent de celui de la Chandelle, dont l'usage & la consommation sont si nécessaires : Et Sa Majesté étant informée que depuis la suppression de ces Droits, les Bouchers, les Tripiers & les Chandeliers se voyant libres & n'étant plus sujets à l'inspection d'aucuns Commis, n'ont cherché qu'à se soustraire de l'observation de toutes les Ordonnances, Arrêts & Réglemens que les Rois ses prédécesseurs & les Magistrats de Police ont rendus successivement à ce sujet, & dont ils éludent l'exécution par toutes sortes de mauvaises pratiques, & particuliérement en ce qu'ils n'envoyent ou ne portent plus leurs Suifs au Marché à ce destiné de tous les temps, afin d'en causer la disette, & de profiter de l'augmentation qu'ils y donnent, qu'ils n'en font aucune déclaration, ou qu'ils en fournissent de si foibles, que quoique la consommation de la viande de Boucherie soit considérablement augmentée, elles se trouvent moins fortes de plus des deux tiers qu'elles n'étoient avant l'Arrêt du 19 Septembre 1719, & le prix de la Chandelle augmenté de la même proportion : ce qui provient de ce que les Bouchers recélent leurs Suifs, qu'ils en font des Magasins, ou ils les vendent à des prix excessifs, soit aux Bourgeois, soit aux Chandeliers qui les ont arrhés ; que les Maîtres de ces Communautés, par un concert aussi préjudiciable que contraire aux intentions de Sa Majesté, en maintiennent tellement la cherté, que les Bouchers vendent actuellement la mesure de Suif (qui n'est que du poids de cinq livres & demie) jusqu'à cent sols, les Tripiers soixante sols, & les Chandeliers la livre de Chandelle vingt-cinq sols ; à quoi Sa Majesté voulant pourvoir, donner à ses Sujets des marques de son attention continuelle pour leur soulagement, & procurer les moyens de faire cesser le monopole ; oui le Rapport. LE ROI ÉTANT EN SON CONSEIL, de l'avis de Monsieur le Duc d'Orléans, Régent, a ordonné & ordonne ce qui suit.

ARTICLE PREMIER.

QUE toutes les Ordonnances, Arrêts & Réglemens qui ont été ci-devant rendus sur le Commerce des Suifs & sur la vente & diſtribution de la Chandelle, ſeront exécutés ſelon leur forme & teneur ; qu'à la nomination & ſur les Commiſſions du Sieur Baudry, Conſeiller du Roi en ſes Conſeils, Maître des Requêtes ordinaire de ſon Hôtel, Lieutenant Général de la Ville, Prévôté & Vicomté de Paris, il ſera prépoſé un nombre ſuffiſant de Commis pour maintenir les Bouchers, les Tripiers & les Chandeliers dans l'obſervation deſdits Réglemens ; ſçavoir, un pour recevoir les déclarations des Bouchers & des Tripiers, qui ſera tenu de les enregiſtrer dans un Regiſtre qui ſera cotté & paraphé par ledit Sieur Lieutenant de Police, par premier & dernier feuillet ; un autre pour recevoir celles des Chandeliers, qui ſeront auſſi inſérées dans un ſemblable Regiſtre. Et qu'à cet effet il ſera établi un Bureau dans le Marché de la vieille Place aux Veaux ou aux environs, & le plus proche que faire ſe pourra, où les deux Commis ſeront obligés de ſe rendre tous les Jeudis de chaque ſemaine, pour recevoir les déclarations qui ſeront faites par les Bouchers & les Tripiers avant l'ouverture du Marché, & s'y tiendront juſqu'au ſoir pour recevoir celles des Chandeliers.

II.

Ordonne Sa Majeſté qu'il ſera inceſſamment établi huit Bureaux les plus proches des quartiers où il a des Boucheries ; ſçavoir, à l'Apport de Paris, rue des Boucheries Fauxbourg Saint Germain, à la Montagne Sainte Genevieve, rue Montmartre, entre la Porte Saint Denis & Saint Martin, rue Saint Martin, rue Saint Paul, & dans le Fauxbourg Saint Antoine, dans chacun deſquels Bureaux il y aura deux Commis qui feront des viſites les Mercredis de chaque ſemaine chez les Bouchers & Tripiers, pour voir la fonte de leurs Suifs ; & le Jeudi matin ſe trouveront à l'ouverture des Portes des uns & des autres, pour faire des Inventaires qu'ils inſéreront par quantité de meſures ſeulement, dans un Regiſtre portatif qui leur ſera donné à chacun, cotté & paraphé par ledit Sieur Lieutenant Général de Police ; ſeront tenus leſdits Commis de reſter dans leurs Bureaux depuis ſept heures du matin juſqu'à cinq heures du ſoir, à compter du premier Octobre jusqu'au premier Avril ; & depuis cinq heures du matin jusqu'à sept heures du soir, à compter du premier Avril jusqu'au premier Octobre, pour être à portée de faire délivrer aux Chandeliers les Suifs qu'ils auront déclaré avoir achetés dans le Marché, conformément au Billet qui leur sera donné par le Commis aux Déclarations, & dont ils déchargeront leurs portatifs à chaque livraison, qui ne pourra être faite qu'en leur présence & pendant le temps ci-dessus prescrit.

III.

Qu'il sera préposé un Ambulant général pour visiter tous les jours ces mêmes Bureaux, vérifier si lesdits Commis sont dans leurs fonctions, lequel Ambulant fera avec les Commis, les visites extraordinaires, tant chez les Bouchers que chez les Tripiers & Chandeliers, pour connoître si les déclarations des uns & des autres sont exactes, si les Bouchers n'ont recélé aucuns Suifs, & si les Chandeliers n'ont pas une plus grande quantité de Suifs ou de Chandelles que celle portée par les Réglemens ; & en cas de contravention, ils dresseront des Procès-verbaux qu'ils signeront & remettront dans le jour même à celui qui sera choisi & nommé pour avoir la Direction principale, lequel les rapportera audit Sieur Lieutenant Général de Police, pour y être par lui pourvû. Veut Sa Majesté que ces Procès-verbaux, signés de deux seulement, fassent foi en Justice & soient crûs jusqu'à inscription de faux ; & qu'à cet effet tous lesdits Commis prêtent serment en la maniere accoutumée, pardevant ledit Sieur Lieutenant Général de Police, dont il sera mention dans chacune des Commissions qui leur seront délivrées.

IV.

Que celui qui sera nommé pour Directeur tiendra dans le Bureau de la vieille Place aux Veaux, un Registre sommier qui sera cotté & paraphé en la forme ci-devant prescrite, sur lequel seront portées toutes les déclarations des Bouchers, des Tripiers & des Chandeliers, & servira de contrôle à ceux des deux autres Commis, desquels Registres ce Directeur tirera des Extraits qu'il certifiera, & qu'il remettra tous les Jeudis de chaque semaine audit Sieur Lieutenant Général de Police, après que vérification exacte aura été par lui faite, tant sur lesdits Registres que sur les portatifs de tous les autres Commis; Et pourra en outre faire des visites & des recherches dans les endroits où on lui aura indiqué qu'il y aura des Suifs recélés, en se faisant accompagner de deux Commis; Et au cas qu'il s'en trouve, il pourra les faire enlever pour les mettre en bonne & sûre garde, après qu'il en aura fait dresser Procès-verbal par lesdits Commis.

V.

SA MAJESTÉ leur à attribué & attribue un denier seulement par livre de Suif provenant des abattis des Bouchers de la Ville & Fauxbourgs de Paris, payable par l'acheteur, qui sera reçu par le Directeur, & dont il tiendra un Registre en bonne forme, qui sera cotté & paraphé, du produit duquel il sera tenu de compter tous les mois par bref état, pardevant ledit Sieur Lieutenant Général de Police, qui l'employera tant au payement des appointemens de tous les Commis, loyers de Bureaux, frais de Registres & d'impressions, & généralement pour tous les autres frais qui seront jugés nécessaires; & au cas que ce produit ne soit pas suffisant pour subvenir à cette dépense, Ordonne Sa Majesté qu'il sera par Elle pourvû au surplus, sur les états qui en seront arrêtés par ledit Sieur de Baudry, & par lui rapportés au Conseil.

VI.

FAIT défenses Sa Majesté à celui qui sera préposé pour recevoir ce denier, de prendre une plus forte rétribution, à peine de concussion. VEUT en outre Sa Majesté que ce qui sera ordonné par ledit Sieur Lieutenant Général de Police pour l'Etablissement ci-dessus, circonstances & dépendances, soit exécuté par provision, nonobstant oppositions ou autres empêchemens quelconques, dont si aucuns interviennent Sa Majesté s'est réservée, & à son Conseil la connoissance; Et icelle interdit à toutes ses Cours & autres Juges. FAIT au Conseil d'Etat du Roi, Sa Majesté y étant, tenu à Paris le neuviéme jour d'Août mil sept cens vingt.

Signé, PHELYPEAUX.

ARREST du Conseil d'Etat du Roi, portant défenses à tous Chandeliers & autres de colporter ou faire colporter dans les maisons ou dans les rues de la Ville & Fauxbourgs de Paris, de la Chandelle pour la vendre & débiter à quelque personne que ce soit.

Du 13 Fevrier 1731.

Extrait des Regiſtres du Conseil d'Etat.

LE Roi étant informé qu'au préjudice des Réglemens qui ont été faits pour la fabrication & la vente de la Chandelle, il se commet dans la Ville, Fauxbourgs & Banlieue de Paris, des abus également contraires au bien public & aux intérêts de Sa Majesté, par des particuliers qui fabriquent ou font fabriquer sans aucun droit ni qualité, dans des caves & autres endroits cachés, de la Chandelle défectueuse, composée de mauvais suif, qu'ils mêlent souvent avec des graisses, du beurre & autres drogues prohibées par les Ordonnances, & qui la font ensuite colporter publiquement dans les rues, pour la vendre aux Bourgeois qui sont trompés; Que d'ailleurs ces Particuliers, qui ne font aucunes déclarations aux Bureaux du Fermier, ne payent point les droits qui sont dûs à Sa Majesté, & qu'il est impossible de détruire ces sortes de contraventions à cause du grand nombre de Commis qu'il faudroit établir dans tout Paris, qui occasionneroit des frais considérables, & que la plus grande partie de ceux qui colportent cette chandelle, sont gens inconnus, sans bien & sans domicile. Et comme il est nécessaire de remédier à de pareils abus, Sa Majesté, voulant y pourvoir: OUI le rapport du sieur Orry, Conseiller d'Etat & au Conseil Royal, Contrôleur Général des Finances, LE ROI ÉTANT EN SON CONSEIL a ordonné & ordonne que les Edits & Déclarations, Ordonnances & Réglemens de Police concernant la Fabrication, la vente de la chandelle & la perception des Droits de Sa Majesté, seront exécutés selon leur forme & teneur; & en conséquence fait Sa Majesté défenses à tous Chandeliers & autres Particuliers de quelque état & condition qu'ils soient, de colporter, faire colporter & d'exposer en vente, soit dans les maisons ou dans les rues de la Ville, Fauxbourgs & Banlieue de Paris, de la chandelle, pour la vendre & débiter à quelque personne que ce soit, sous aucun prétexte de Privilége ou autrement, soit qu'elle ait été fabriquée dans la Ville de Paris & hors d'icelle, à peine de cinq cens livres d'amende, de confiscation des marchandises saisies, ensemble des Chevaux, Charrettes & Equipages dont on se servira pour les conduire, même d'emprisonnement des Contrevenans. Enjoint Sa Majesté au sieur Lieutenant Général de Police, de tenir la main à l'exécution du présent Arrêt, qui sera lû, publié & affiché par-tout où besoin sera. Fait au Conseil d'Etat du Roi, Sa Majesté y étant, tenu à Versailles le treizieme jour de Février mil sept cent trente-un. *Signé*, PHELIPEAUX.

RENÉ HERAULT, Chevalier, Seigneur de Fontaine-Labbé & de Vaucresson, Conseiller d'Etat, & Lieutenant Général de Police de la Ville, Prévôté & Vicomté de Paris.

Vû l'Arrêt du Conseil ci-dessus, Nous ordonnons qu'il sera lû, publié & affiché dans les lieux ordinaires & accoutumés de cette Ville, & par-tout ailleurs où besoin sera, pour être exécuté selon sa forme & teneur, & à ce que personne n'en ignore. Fait à Paris le vingt Fevrier mil sept cent trente-un.

Signé, HERAULT.

L'Arrêt ci-dessus a été lû & publié à haute & intelligible voix & crix public à son de trompe, en tous les lieux ordinaires & accoutumés, par moi Aimé-Richard Girault, Huissier à cheval au Châtelet de Paris, commis à l'exercice de la Charge de Juré-Crieur ordinaire du Roi, de la Ville, Prévôté & Vicomté de Paris, y demeurant, Place Baudoyer, Paroisse S. Ger-

vais, accompagné de Claude Craponne & Louis-François Ambezar, Jurés Trompettes, & Jacques Hallot, commis à l'exercice de la Charge de Juré Trompette, le 22 Février 1731, à ce que personne n'en prétende cause d'ignorance, & affiché ledit jour esdits lieux. Signé, GIRAULT.

RÉUNION des Offices d'Inspecteurs & Contrôleurs créés par Edit de Fevrier 1745.

ARTS ET MÉTIERS.

Ville de Paris.

J'AI reçu de la Communauté des Maîtres Chandeliers de la Ville & Fauxbourgs de Paris, la somme de trente-cinq mille livres pour la réunion à leur Corps & Communauté, des Offices d'Inspecteurs & Contrôleurs des Jurés de ladite Communauté, créés héréditaires par Edit du mois de Fev. 1745, vérifié où besoin a été, pour par ladite Communauté, exercer lesdits Offices sur la simple quittance de finance, sans être tenue d'en obtenir aucunes Lettres de Provisions; & en jouir aux gages de dix-sept cent cinquante livres par chacun an, sur le pied du denier vingt de la finance principale, dont l'emploi sera fait dans l'Etat de la Recette générale des Finances de la Généralité de Paris à compter du premier Avril 1745; ensemble percevoir sur chaque Maître du Corps de ladite Communauté, le droit de visite fixé par le tarif arrêté au Conseil le 16 Février 1745, celui de six livres pour chaque Réception à la Maîtrise, & de six livres pour chaque ouverture de Boutique & exercice de Profession; le tout ainsi qu'il est plus au long porté par ledit Edit. Laquelle Communauté m'a déclaré que ladite somme provient des emprunts par elle faits à constitution de rentes; sçavoir, six mille livres d'Elisabeth Cheron, veuve du sieur Pierre le Dreux, par Contrat passé devant Me Poultier, Notaire, le trois Août mil sept cent quarante-cinq; six mille livres du sieur Charles Cabrillon, Officier du Roi par Contrat passé devant Andrieu, Notaire, le vingt Septembre suivant; deux mille livres de Charles Druyet, Marchand Limonadier; trois mille livres de Marie-Madeleine Catel, veuve de François-Robert Tiercelin, tant en son nom que comme tutrice de François-Nicolas Tiercelin son fils mineur; douze cent livres de Marie-Jeanne Huet, fille majeure; deux mille livres du sieur Mathieu Nicolle, & Nicolle Hauvicé sa femme; trois mille livres du sieur Jean Caron, Bourgeois de Paris; cinq mille livres du sieur Pierre Biron, Maître Chandelier; trois mille huit cent livres de Marie-Angélique Gobert, veuve de Jean Frenoir, par sept Contrats passés devant Me Andrieu, Notaire, les dix-huit Août, quatorze & vingt-sept Septembre; dix Octobre & vingt-six Septembre mil sept cent quarante-cinq, & onze Janvier mil sept cent quarante-six; & trois mille livres du sieur André-Jean Caron, Maître Tondeur de draps, par Contrat passé devant Michelin, Notaire, le vingt-cinq Août mil sept cent quarante cinq. La présente déclaration ci-inserée, pour servir d'hypotheque auxdits Préteurs, conformément à l'Arrêt du Conseil du six Avril de ladite année mil sept cent quarante-cinq. Ladite somme à moi payée les treize Août, huit, vingt-neuf Octobre mil sept cent quarante-cinq, & trente-un Janvier mil sept cent quarante-six. FAIT à Paris le sixieme jour d'Avril mil sept cent quarante-six.

Quittance du Trésorier des Revenus Casuels, de la somme de trente cinq mille livres.

Signé, BERTIN.

Au Rôle du 2 Novembre 1745. Art 28.

Enregistré au Contrôle Général des Finances, par nous Ecuyer, Conseiller du Roi, Garde des Registres dudit Contrôle, commis par M. de Machaut, Conseiller ordinaire au Conseil Royal, Contrôleur Général des Finances. A Paris le neuf Avril mil sept cent quarante-six.

PERROTIN.

ARREST

ARREST du Conseil d'Etat du Roi, qui réunit à la Communauté des Maîtres Chandeliers-Huiliers de la Ville & Fauxbourgs de Paris, les Offices de Contrôleurs & d'Inspecteurs de ladite Communauté, créés par Edit du mois de Février dernier; ensemble les droits attribués auxdits Offices, autorise les Jurés en charge à emprunter de différens particuliers la somme de 35000 liv. pour le payement de la finance dudit Office, &c.

Du 26 Juin 1745.

Extrait des Registres du Conseil d'Etat.

SUR la Requête présentée au Roi en son Conseil par les Jurés de la Communauté des Maîtres Chandeliers-Huiliers de la Ville & Fauxbourgs de Paris, & les Jurés Huiliers, Gardes du Coin & de l'Etalon Royal de ladite Communauté; CONTENANT, Que par Edit du mois de Février mil sept cent quarante-cinq, SA MAJESTÉ a créé, en titre d'Office, des Inspecteurs & Contrôleurs des Jurés dans les Communautés d'Arts & Métiers pour y être pourvû par S. M. de Personnes capables, moyennant la finance réglée par lesdits Rôles, qui seroit payée au Trésorier des revenus casuels, & les deux sols pour livre d'icelle, auxquels Offices a été attribué des gages sur le pied du denier vingt de la finance principale que chaque particulier aura payé pour l'acquisition de leurs Offices, pour en être l'emploi fait annuellement dans les Etats des Recettes générales des Finances, à commencer du premier Janvier de la présente année, & leur être fait le payement, chacun à leur égard, sur leurs simples Quittances, par le Receveur Général en exercice dans la Généralité de Paris pour les Offices créés pour ladite Ville de Paris, avec faculté aux acquéreurs desdits Offices de les exercer sur les simples quittances de Finance du Trésorier des revenus casuels, pour l'exercice des fonctions attribuées auxdits Offices, expliquées par ledit Edit, S. M. a ordonné qu'il seroit payé à ceux qui en seroient pourvûs, le double du droit qui se paye aux Gardes & Jurés, le droit de six livres pour chaque Réception à la Maîtrise dans lesdits Corps & Communautés, & celui de six livres pour chaque Ouverture de Boutique & exercice de profession, dont ont joui ou dû jouir les Corps & Communautés, conformément à l'Edit du mois de Décembre mil sept cent trente-quatre, pour les indemniser du remboursement qu'ils ont fait des Offices créés par Edit du mois de Juin mil sept cent dix, pour la jouissance en appartenir auxdits Inspecteurs & Contrôleurs, au lieu desdits Corps & Communautés, auxquels néanmoins S. M. permet par ledit Edit de réunir, chacun en droit soi, lesdites Charges d'Inspecteurs & Contrôleurs, & en faisant ladite réunion par lesdits Corps & Communautés d'Arts & Métiers dans le temps y marqué, S. M. veut qu'ils jouissent de tous les gages & droits attribués auxdits Offices par ledit Edit, par lequel S. M. ordonne en outre, que ceux qui auront prêté leurs deniers pour acquérir lesdits Offices, ayent privilége & hypotheque spécial sur iceux, & sur les gages & droits y attribués, dont il sera fait mention dans les Quittances de Finances, & permet de stipuler dans les Contrats d'emprunt, que les arrérages de rentes qui auront été constituées pour raison desdits emprunts, seront exempts de la retenue du Dixieme ordonné être levé par la Déclaration du vingt-neuf Août mil sept cent quarante-un; les Supplians, pour donner de nouvelles marques de leur zele pour le service de S. M. & en même temps profiter de la préférence qu'Elle a bien voulu leur accorder par ledit Edit pour la réunion desdits Offices d'Inspecteurs & Contrôleurs à leur Communauté, en ont convoqué l'Assemblée générale, dans laquelle il a été délibéré que les Supplians feroient au nom de la Communauté la soumission convenable pour le payement de la finance desdits Offices, & comme elle a été fixée à la somme de trente-cinq mille livres de principal, & qu'ils sont obligés de recourir à la voie de l'emprunt, ils ont convoqué de nouveau l'Assemblée de ladite Communauté, & par délibération prise le trois Juin mil sept cent quarante cinq, ils ont été autorisés à emprunter ladite somme de trente-cinq mille livres; & comme la Communauté est en outre chargée de payer d'anciennes rentes & autres dettes occasionnées par les dépenses indispensables pour la suite des affaires communes, elle a, par autre délibération prise ledit jour trois Juin 1745, arrêté que les Supplians supplieroient très-humblement Sa Majesté de vouloir bien leur permettre de percevoir au profit de ladite Communauté, un droit de vingt sols sur chacun des seize Maîtres qui sont obligés d'aller à la Halle au Bled le Samedi de chacune semaine, & cent livres par chaque Apprentif faisant Chef-d'œuvre, pour parvenir à la Maîtrise, pour mettre la Communauté en état de payer non-seulement ses dettes exigibles, & les arrérages des rentes qu'elle doit, mais encore de rembourser les capitaux; pourquoi les Supplians ont été conseillés de recourir à l'autorité de Sa Majesté. A CES CAUSES, requéroient les Supplians qu'il plût à SA MAJESTÉ autoriser & homologuer les délibérations prises dans l'Assemblée de ladite Communauté ledit jour trois Juin 1745; ce faisant, permettre aux Supplians d'emprunter la somme de trente-cinq mille livres portée par leur soumission, pour être ladite somme employée à l'acquisition au profit de ladite Communauté desdits Offices d'Inspecteurs & Contrôleurs, créés par ledit Edit du mois de Février dernier dans ladite Communauté; en conséquence ordonner, aux termes du même Edit, que ceux qui auront prêté leurs deniers pour acquérir lesdits Offices, auront privilége & hypothéque spécial sur iceux & sur les gages & droits y attribués, dont il sera fait mention dans les quittances de Finances, & permettre aux Supplians de stipuler dans les Contrats d'emprunt, que les arrérages des rentes qui auront été constituées pour raison desdits emprunts, seront exempts du Dixiéme ordonné être levé par la Déclaration du 9 Août 1741; ce faisant, ordonner qu'en payant par les Supplians entre les mains du préposé au recouvrement de la finance desdits Offices d'Inspecteurs & Contrôleurs, ladite ſomme de trente-cinq mille livres aux termes de leur ſoumiſſion ; ſçavoir un tiers dans le courant du préſent mois de Juin, un tiers dans le courant du mois d'Octobre & l'autre tiers dans le courant du mois de Décembre ſuivant, leſdits Offices d'Inſpecteurs & Contrôleurs créés par ledit Edit dans ladite Communauté, ſeront & demeureront pour toujours unis & incorporés à ladite Communauté, & en conſéquence qu'elle jouira de tous les droits attribués auxdits Offices par ledit Edit, & pour mettre ladite Communauté en état de payer ſes dettes & les arrérages des rentes qu'elle doit, & même d'en rembourſer les capitaux, permettre aux Supplians de percevoir au profit de ladite Communauté un droit de vingt ſols ſur chacun des ſeize Maîtres qui ſont obligés d'aller à la Halle au Bled le Samedi de chaque ſemaine, & la ſomme de cent livres d'augmentation ſur la Réception de chaque Apprentif, faiſant Chef-d'œuvre pour parvenir à la Maîtriſe. Vû ladite Requête ſignée Poitevin du Limon, l'Edit du mois de Février mil ſept cent quarante-cinq, & les Délibérations de ladite Communauté du trois Juin ſuivant: OUI le rapport du ſieur ORRY, Conſeiller d'Etat Ordinaire, & au Conſeil Royal, Contrôleur Général des Finances, LE ROI EN SON CONSEIL, a agréé & reçu la ſoumiſſion faite par les Maîtres Chandeliers-Huiliers de la Ville & Fauxbourgs de Paris le vingt-un Mai dernier, de payer la ſomme de trente-cinq mille livres pour la réunion des quatorze Offices créés dans leur Communauté par l'Edit du mois de Février mil ſept cent quarante-cinq ; en conſéquence a ordonné & ordonne qu'en payant leſdits trente-cinq mille livres dans les termes énoncés dans ladite ſoumiſſion, leſdits Offices d'Inſpecteurs & de Contrôleurs des Jurés ſeront & demeureront réunis à ladite Communauté, pour par elle jouir des gages, droits & prérogatives attribués auſdits Offices, ſans que ladite Communauté ſoit tenue de payer les deux ſols pour livre de ladite ſomme, dont Sa Majeſté lui fait don & remiſe ; permet SA MAJESTÉ à ladite Communauté pour lui faciliter le payement de la finance deſdits Offices, d'emprunter ladite ſomme de trente-cinq mille livres, d'affecter & hypothéquer au profit de ceux qui prêteront leurs deniers, dont les noms seront employés dans la Quittance de finance les gages & droits attribués par ledit Edit, ensemble ses autres biens & revenus, & de passer à cet effet tous Contrats de constitution nécessaires; & pour mettre ladite Communauté en état de se libérer, & de rembourser par la suite les sommes qu'elle aura empruntées, ordonne SA MAJESTÉ qu'à compter du jour de la date du présent Arrêt, il sera payé vingt sols par chacun des seize Maîtres qui sont obligés d'aller à la Halle au Bled le Samedi de chaque semaine, & que les Apprentifs par Chef-d'œuvre, payeront dorénavant pour leur Réception à la Maîtrise la somme de cinq cens quatre-vingt-six livres au profit de la Communauté, non compris la Lettre de Maîtrise & les autres droits ordinaires & accoutumés, le tout conformément aux Délibérations de ladite Communauté, lesquels droits seront pareillement affectés & hypothéqués au payement des arrérages des rentes créées pour raison de l'emprunt desdites trente-cinq mille livres, même employées au remboursement de portion des capitaux, à mesure qu'il y aura des fonds; à l'effet de quoi les Jurés successivement en Charge seront tenus d'en compter tous les six mois, ainsi que du produit des gages & droits attribués auxdits Offices réunis. FAIT au Conseil d'Etat du Roi, tenu au Camp de Chin, le vingt-sixiéme jour de Juin mil sept cens quarante-cinq.

Collationné, DE VOUGNY.

ARRESTS du Conseil d'Etat du Roi, des 2 Novembre 1745, & 8 Fevrier 1746, & Lettres-Patentes sur iceux, données à Versailles le 19 Fevrier 1746, registrées au Parlement de Paris, le 4 Avril suivant; qui ordonnent la réunion à la Communauté des Maîtres Chandeliers-Huiliers de la Ville & Fauxbourgs de Paris, des Offices d'Inspecteurs & Contrôleurs des Jurés de ladite Communauté, en payant par Elle à SA MAJESTÉ, la somme de 35000 liv. pour le remboursement de laquelle il est permis aux Jurés de ladite Communauté de percevoir 20 sols par chacun des seize Maîtres qui sont obligés d'aller à la Halle au Bled, le Samedi de chaque semaine, & 3 deniers par chaque mesure de Suif, &c.

Du 2 Novembre 1745.

Extrait des Registres du Conseil d'Etat.

SUR la Requête présentée au Roi en son Conseil par les Jurés de la Communauté des Maîtres Chandeliers-Huiliers de la Ville & Fauxbourgs de Paris, & les Jurés Huiliers, Gardes du Coin & de l'Etalon Royal de ladite Communauté; CONTENANT, Que par Arrêt du Conseil d'Etat, rendu sur la Requête des Supplians, le vingt-six Juin mil sept cent quarante-cinq, SA MAJESTE' a agréé & reçu la soumission faite par les Supplians, le vingt-un Mai précédent, de payer la somme de trente-cinq mille livres pour la réunion des quatorze Offices d'Inspecteurs & Contrôleurs, créés dans leur Communauté par l'Edit du mois de Fevrier de ladite année mil sept cent quarante-cinq : En conséquence SA MAJESTE' a ordonné qu'en payant lesdits trente-cinq mille livres, dans les termes énoncés dans ladite soumission, lesdits Offices d'Inspecteurs & Contrôleurs des Jurés, seront & demeureront réunis à ladite Communauté, pour par elle jouir des gages, droits & prérogatives attribués auxdits Offices sans que ladite Communauté soit tenue de payer les deux sols pour livre de ladite somme, dont SA MAJESTÉ lui fait don & remise; & pour faciliter à ladite Communauté le payement de la finance desdits Offices, SA MAJESTÉ lui a permis d'emprunter ladite somme de trente-cinq mille livres, d'affecter & hypothéquer au profit de ceux qui prêteront leurs deniers, dont les noms seront employés dans la Quittance de Finance, les gages & droits attribués par ledit Edit, ensemble ses autres biens & revenus, & de passer à cet effet, tous Contrats de Constitutions nécessaires; & pour mettre ladite Communauté en état de se libérer, & de rembourser par la suite les sommes qu'elle aura emprunté, SA MAJESTÉ a ordonné qu'à compter du jour de la date dudit Arrêt il sera payé vingt sols par chacun des seize Maîtres qui sont obligés d'aller à la Halle au Bled le Samedi de chaque semaine, & que les Apprentifs par Chef-d'œuvre payeront dorénavant pour leur réception à la Maîtrise la somme de cinq cent quatre-vingt-six livres, au profit de la Communauté, non compris la lettre de Maîtrise, & les autres droits ordinaires & accoutumés, le tout conformément aux délibérations de ladite Communauté, lesquels droits seront pareillement affectés & hypothéqués au payement des arrérages des rentes créées pour raison de l'emprunt desdits trente-cinq mille livres, même employé au remboursement de portion des capitaux, à mesure qu'il y aura des fonds, à l'effet de quoi les Jurés successivement en charge seront tenus d'en compter tous les six mois, ainsi que du produit des gages & droits attribués auxdits Offices réunis; les Supplians munis de cet Arrêt, ont fait de vains efforts pour trouver à emprunter ladite somme de trente-cinq mille livres, & pour y parvenir, & présenter au Public quelque sureté pour le payement des arrérages des sommes qu'ils pourroient emprunter; les Supplians avoient demandé à SA MAJESTÉ, & obtenu par l'Arrêt dudit jour 26 Juin 1745, entr'autres choses, la permission de percevoir vingt sols par chacun des seize Maîtres qui sont obligés d'aller à la Halle au Bled le samedi de chaque semaine : mais le produit de ce droit n'étant pas assez considérable pour mettre les Supplians en état de payer les arrérages desdits trente-cinq mille livres, & de faire face aux autres engagemens, dont la Communauté est tenue ; les Supplians ont convoqué l'Assemblée générale de ladite Communauté, & par délibération du trois Août mil sept cent quarante-cinq, il a été arrêté que les Supplians se pourvoiroient à SA MAJESTE', à l'effet de la supplier très-humblement de vouloir bien supprimer ledit droit de vingt sols pour chacun des Maîtres, qui sont obligés d'aller à la Halle au Bled le Samedi de chaque semaine, & de substituer à ce droit, celui de trois deniers par chaque mesure de suif, qui s'apporte & se vend, le Jeudi de chaque semaine à la Vieille place aux Veaux, & comme l'objet de l'état des Supplians est la fabrique des Chandelles, & que celles qui sont apportées des Provinces en cette Ville de Paris, leur font un préjudice considérable, & les mettent hors d'état de pouvoir se prêter aussi efficacement qu'ils le désireroient aux différens secours qui leur sont demandés, ils ont été conseillés de recourir à l'autorité de SA MAJESTE' pour leur être sur ce pourvû ; A CES CAUSES, requéroient les Supplians qu'il plût à SA MAJESTE' ordonner que quinzaine après la date de l'Arrêt qui interviendra sur la présente Requête, il sera payé pendant le temps de huit années au profit de la Communauté par chaque Maître & Veuve de ladite Communauté, ainsi que par toutes personnes de quelque Commerce & qualité qu'elles soient, privilégiées ou non privilégiées de la Ville & Fauxbourgs de Paris, sans aucune exception, & généralement par toutes personnes qui font le Commerce & achetent des suifs, trois deniers par chaque mesure de suif, qui s'apporte & se vend le Jeudi de chaque semaine à la Vieille place aux Veaux, lesquels trois deniers seront payés entre les mains des Jurés en Charge de ladite Communauté par chaque personne qui achetera ledit suif, avant de l'enlever, à peine de confiscation, & de dix livres d'amende applicable à qui & ainsi que SA MAJESTE' le

jugera

jugera à propos; ce faisant, dérogeant en tant que besoin, à l'Arrêt du Conseil dudit jour vingt-six Juin mil sept cent quarante-cinq, supprimer ledit droit de vingt sols ordonné être perçû au profit de ladite Communauté sur chacun des seize Maîtres qui sont obligés d'aller à la Halle au Bled le Samedi de chaque semaine; faire défenses à toutes personnes de quelque qualité & condition qu'elles soient, d'amener & faire entrer dans la Ville & Fauxbourgs de Paris, aucunes Chandelles fabriquées dans les autres Villes du Royaume, à peine de mille livres d'amende applicable au profit de ladite Communauté; ordonner au surplus que l'Arrêt du Conseil dudit jour vingt-six Juin mil sept cent quarante-cinq, sera exécuté selon sa forme & teneur, en ce qui n'y sera pas dérogé *par l'Arrêt qui interviendra sur la présente Requête, sur lequel, & sur celui dudit jour vingt-six Juin mil sept cent quarante-cinq, ordonner que toutes lettres nécessaires seront expédiées.* Vû ladite Requête signée Poitevin Dulimon, la délibération de la Communauté dudit jour trois Août mil sept cent quarante-cinq, & l'Arrêt dudit jour vingt-six Juin précédent. OUI le rapport du Sieur Orry, Conseiller d'Etat Ordinaire, & au Conseil Royal, Contrôleur Général des Finances. LE ROI EN SON CONSEIL ayant aucunement égard à la Requête des Jurés, & Communauté des Maîtres Chandeliers de la Ville & Fauxbourgs de Paris, & voulant faciliter à ladite Communauté, le payement des sommes auxquelles elle s'est obligée pour la Réunion des Offices d'Inspecteurs & Contrôleurs des Jurés créés par l'Edit du mois de Fevrier dernier, qui lui a été accordée par l'Arrêt du Conseil, du vingt-six Juin suivant, a ordonné & ordonne qu'à compter du premier Décembre prochain, il sera payé pendant l'espace de huit années, au profit de la Communauté, par chacun des Maîtres & Veuves, ainsi que par toutes personnes, de quelque commerce & qualité qu'elles soient, privilégiées ou non privilégiées, qui acheteront du suif, sans aucune exception, trois deniers par chaque mesure de suif, de toute espece, dont la Déclaration se fait, ou se doit faire au Bureau établi à la Vieille place aux Veaux, & qui s'apporte, ou doit s'apporter

& se vendre le Jeudi de chaque semaine à ladite place, lesquels trois deniers seront payés par chacun de ceux qui acheteront ledit suif avant de l'enlever, à peine de confiscation, & de dix livres d'amende, & se fera la perception dudit droit par telle personne que les quatre Jurés & les quatre Gardes du Coin de l'Etalon Royal pour les mesures à huile actuellement en Charge jugeront à propos de proposer même par les Receveurs & Commis, pour la perception du droit de sol pour livre; & le produit en sera remis aux Receveurs, Fermiers ou tous autres Préposés de ladite Communauté, sans que lesdits Receveurs & Commis pour la perception dudit droit de sol pour livre, puissent s'en dispenser, ni exiger, pour raison de ladite recette, aucuns appointemens ni remise; voulant au contraire SA MAJESTÉ que dans le cas où ils seroient redevables, ou en demeure de payer les droits par eux perçus, ils soient contraints au payement d'iceux, comme pour ses propres deniers & affaires, en vertu de contraintes décernées par lesdits Préposés Regisseurs, ou Fermiers dudit droit, & sera le produit desdits trois deniers, employé au payement des arrérages des rentes créées pour raison des emprunts faits par ladite Communauté, pour la Réunion des Offices d'Inspecteurs & Contrôleurs, même à l'extinction de portion des capitaux, à mesure qu'il y aura des fonds, sur les ordres du sieur Lieutenant Général de Police; à l'effet de quoi les Jurés successivement en Charge, & tous autres seront tenus d'en compter tous les six mois: Veut, SA MAJESTÉ, que ladite Communauté des Maîtres Chandeliers, ses subrogés, & autres étant à ses droits, jouissent dudit droit de trois deniers sur chaque mesure de suif, conformément à tous Edits, Déclarations, Arrêts & autres Réglemens intervenus pour la Police & perception du droit de sol pour livre, ensemble des mêmes priviléges & préférences, dont jouit le Fermier dudit droit; exempte en outre SA MAJESTÉ, & décharge ladite Communauté, ses subrogés & autres étant à ses droits de l'imposition du Dixiéme ordonné par la Déclaration du vingt-neuf Août mil sept cens quarante-un, ou qui pourroit être ordonné par la suite pour raison de la jouissance du produit dudit droit ; ordonne au surplus SA MAJESTÉ, que l'Arrêt du Conseil, du vingt-six Juin dernier, sera exécuté selon sa forme & teneur, & que sur le présent toutes Lettres nécessaires seront expédiées. FAIT au Conseil d'Etat du Roi, tenu à Fontainebleau le deuxiéme jour de Novembre mil sept cens qnarante-cinq.

Collationné, EYNARD.

EXTRAIT des Registres du Conseil d'Etat.

Du 8 Février 1746.

SUR la Requête présentée au Roi en son Conseil, par les Jurés de la Communauté des Maîtres Chandeliers-Huiliers de la Ville & Fauxbourgs de Paris, & les Jurés Huiliers, Gardes du Coin & de l'Etalon Royal de ladite Communauté; CONTENANT, Que par Arrêt du Conseil d'Etat, du vingt-six Juin mil sept cens quarante-cinq, SA MAJESTE', pour les raisons contenues en la Requête des Supplians y inserée, a agréé & reçu la soumission par eux faite le vingt-un Mai précédent, de payer la somme de trente-cinq mille livres pour la réunion des quatorze Offices d'Inspecteurs & Contrôleurs des Jurés créés dans leur Communauté par l'Edit du mois de Février mil sept cens quarante-cinq; en conséquence, a ordonné qu'en payant lesdits trente-cinq mille livres dans les termes énoncés dans ladite soumission, lesdits Offices d'Inspecteurs & Contrôleurs des Jurés seront & demeureront réunis à ladite Communauté, pour par elle jouir des gages, droits & prérogatives attribués auxdits Offices, sans que ladite Communauté soit tenue de payer les deux sols pour livre de ladite somme, dont SA MAJESTE' lui fait don & remise, permet SA MAJESTE' à ladite Communauté, pour lui faciliter le payement de la finance desdits Offices, d'emprunter ladite somme de trente-cinq mille livres, d'affecter & d'hypothéquer au profit de ceux qui prêteront leurs deniers, dont les noms seront employés dans la quittance de finance, les gages & droits attribués par ledit Edit, ensemble ses autres biens & revenus, & de passer à cet effet tous contrats de constitution nécessaires, & pour mettre ladite Communauté en état de se libérer & de rembourser par la suite les sommes qu'elle aura empruntées, SA MAJESTE' a ordonné qu'à compter du jour de la date dudit Arrêt, il sera payé vingt sols par chacun des seize Maîtres qui sont obligés d'aller à la Halle au Bled le Samedi de chaque semaine, & que les apprentifs par Chef-d'œuvre payeront dorénavant pour leur réception à la Maîtrise, la somme de cinq cens quatre-vingt-six livres au profit de ladite Communauté, non compris la Lettre de Maîtrise & les autres droits ordinaires & accoutumés, le tout conformément aux délibérations de ladite Communauté, lesquels droits seront pareillement affectés & hypothéqués au payement des arrérages des rentes créées pour raison de l'emprunt desdits trente-cinq mille livres, même employés au remboursement de portion des capitaux à mesure qu'il y aura des fonds, à l'effet de quoi les Jurés successivement en Charge seront tenus d'en compter tous les six mois, ainsi que du produit des gages & droits attribués auxdits Offices réunis; mais comme il n'est point ordonné par cet Arrêt que toutes Lettres nécessaires seront expédiées, & qu'il est de l'intérêt de ceux qui peuvent avoir prêté, ou qui prêteront à la Communauté leurs deniers pour la mettre en état de payer à SA MAJESTE' ladite somme de trente-cinq mille livres, à laquelle a été fixée la finance desdits Offices réunis, que cet Arrêt soit revêtu de Lettres-Patentes; les Supplians ont recours à SA MAJESTE' pour leur être sur ce pourvû: A CES CAUSES, requéroient les Supplians qu'il plût à SA MAJESTE' ordonner que toutes Lettres nécessaires seront expédiées, tant sur l'Arrêt du vingt-six Juin mil sept cens quarante-cinq, que sur celui qui interviendra sur la présente Requête, signée Poitevin du Limon, & l'Arrêt du Conseil d'Etat dudit jour vingt-six Juin mil sept cens quarante-cinq. Oui le rapport du Sieur de Machault, Conseiller ordinaire au Conseil Royal, Contrôleur Général des finances. LE ROI EN SON CONSEIL a ordonné & ordonne que sur l'Arrêt de son Conseil, rendu en faveur de la

Communauté des Maîtres Chandeliers de la Ville & Fauxbourgs de Paris, le vingt-six Juin mil sept cens quarante-cinq, toutes Lettres nécessaires seront expédiées. FAIT au Conseil d'Etat du Roi, tenu à Versailles le huit Février mil sept cens quarante-six.

Collationné, Signé, DE VOUGNY.

LETTRES PATENTES.

Du 19 Février 1746.

LOUIS, par la grace de Dieu, Roi de France & de Navarre : A nos amés & féaux Conseillers, les Gens tenans notre Cour de Parlement à Paris, SALUT : Nous avons, par Edit du mois de Février de l'année derniere, créé des Offices d'Inspecteurs & Contrôleurs d'Arts & Métiers dans toutes les Communautés, avec attribution des gages & droits portés par ledit Edit : & les Jurés de la Communauté des Maîtres Chandeliers-Huiliers de notre bonne Ville & Fauxbourgs de Paris, & les Jurés Huiliers Gardes du Coin & de l'Etalon Royal de ladite Communauté, Nous ayant fait représenter qu'ils étoient dans la disposition de réunir les quatorze Offices d'Inspecteurs & Contrôleurs qui devoient être établis dans leur Communauté en exécution dudit Edit, & d'en payer la somme de trente-cinq mille livres, s'il nous plaisoit leur faciliter les moyens d'y satisfaire, nous avons par Arrêts de notre Conseil des vingt-six Juin & deux Novembre de l'année derniere, agréé la soumission faite par ladite Communauté de payer ladite somme de trente-cinq mille livres pour la réunion desdits Offices, & pour mettre ladite Communauté en état de payer ladite somme, nous lui avons permis d'en faire l'emprunt, d'y affecter les gages & droits attribués auxdits Offices, ensemble ses autres biens & revenus, & d'employer à l'acquittement des arrérages desdits emprunts, & à l'extinction des capitaux le produit des droits, dont nous avons ordonné la levée au profit de ladite Communauté par lesdits Arrêts des vingt-six Juin & deux Novembre de l'année derniere, & voulant pourvoir à l'exécution desdits Arrêts dont extraits sont ci-attachés sous le contre-scel de notre Chancellerie. A CES CAUSES, Nous avons agréé & reçu, & par ces présentes signées de notre main, agréons & recevons la soumission des Maîtres Chandelliers-Huiliers de ladite Ville & Fauxbourgs de Paris, de payer la somme de trente-cinq mille livres pour la réunion des quatorze Offices créés dans leur Communauté par l'Edit du mois de Février mil sept cens quarante-cinq; en conséquence nous avons ordonné & ordonnons qu'en payant lesdits trente-cinq mille livres, lesdits Offices d'Inspecteurs & Contrôleurs des Jurés seront & demeureront réunis à ladite Communauté, pour par elle jouir des gages, droits & prérogatives attribués auxdits Offices, sans que ladite Communauté soit tenue de payer les deux sols pour livre de ladite somme, dont nous lui faisons don & remise; permettons à ladite Communauté, pour lui faciliter le payement de la finance desdits Offices, d'emprunter ladite somme de trente-cinq mille livres, d'affecter & hypothéquer au profit de ceux qui prêteront leurs deniers, dont les noms seront employés dans la quittance de finance, les gages & droits attribués par ledit Edit, ensemble ses autres biens & revenus, & de passer à cet effet tous Contrats de constitution nécessaires, & pour mettre ladite Communauté en état de se libérer & de rembourser par la suite les sommes qu'elle aura empruntées; ordonnons qu'à compter du vingt-six Juin de l'année derniere, il sera payé vingt sols par chacun des seize Maîtres obligés d'aller à la Halle au Bled le Samedi de chaque semaine, & que les Apprentifs par Chefs-d'œuvres payeront dorénavant pour leur réception à la Maîtrise, la somme de cinq cens quatre-vingt-six livres au profit de la Communauté, non compris la Lettre de Maîtrise & les autres droits ordinaires & accoutumés, le tout conformément aux délibérations de ladite Communauté, lesquels droits seront pareillement affectés & hypothéqués au payement des arrérages, des rentes créées pour raison de l'emprunt desdits trente-cinq mille livres, même employé au remboursement de portion des capitaux à mesure qu'il y aura des fonds, à l'effet de quoi les Jurés successivement en Charge seront tenus d'en compter tous les six mois, ainsi que du produit des gages & droits attribués auxdits Offices réunis; ordonnons en outre qu'à compter du premier Décembre dernier, il sera payé pendant l'espace du huit années au profit de la Communauté par chacun des Maîtres & Veuves, ainsi que par toutes personnes de quelque Commerce & qualité qu'elles soient, privilégiées & non privilégiées qui acheteront des suifs, sans aucune exception, trois deniers par chaque mesure de suifs de toute espece, dont la déclaration se fait ou doit se faire au Bureau établi à la Vieille Place aux Veaux, qui s'apporte ou qui doit s'apporter & se vendre le Jeudi de chaque semaine à ladite Place, lesquels trois deniers seront payés par chacun de ceux qui acheteront ledit suif avant de l'enlever, à peine de confiscation & dix livres d'amende, & se fera la perception dudit droit par telle personne que les quatre Jurés & les quatre Gardes du Coin de l'Etalon Royal, pour les mesures à huile actuellement en Charge, jugeront à propos de préposer, même par les Receveurs & Commis pour la perception du droit de sol pour livre, & le produit en sera remis aux Receveurs, Fermiers ou tous autres Préposés de ladite Communauté, sans que les Receveurs & Commis pour la perception dudit droit de sol pour livre puissent s'en dispenser, ni exiger pour raison de lad. recette, aucuns appointemens ni remise : voulons au contraire que dans le cas où ils seroient redevables ou en demeure de payer les droits par eux perçus, ils soient contraints au payement d'iceux, comme pour nos propres deniers & affaires, en vertu des contraintes décernées par lesdits préposés Regisseurs ou Fermiers dudit droit, & sera le produit desdits trois deniers employé au payement des arrérages des rentes créées pour raison des emprunts faits par ladite Communauté pour la réunion des Offices d'Inspecteurs & Contrôleurs, même à l'extinction de portion des capitaux à mesere qu'il y aura des fonds, sur les ordres du sieur Lieutenant Général de Police, à l'effet de quoi les Jurés successivement en Charge & tous autres seront tenus d'en compter tous les six mois; voulons en outre que ladite Communauté des Maîtres Chandeliers, ses subrogés & autres étant à ses droits, jouissent dudit droit de trois deniers sur chaque mesure de suif, conformément à tous Edits, Déclarations, Arrêts & autres Réglemens intervenus pour la Police & perception du droit de sol pour livre, ensemble des mêmes Priviléges & préférences dont jouit le Fermier dudit droit; exemptons en outre & déchargeons ladite Communauté, ses subrogés & autres étant à ses droits de l'imposition du Dixiéme ordonné par notre Déclaration du vingt-neuf Août mil sept cens quarante-un, ou qui pourroit être ordonné par la suite pour raison de la jouissance du produit dudit droit. SI VOUS MANDONS que cesdites présentes, vous ayez à faire registrer & exécuter selon leur forme & teneur, cessant & faisant cesser tous troubles & empêchemens, & nonobstant toutes choses à ce contraires; car tel est notre plaisir. Donné à Versailles le dix-neuviéme jour de Février, l'an de grace mil sept cens quarante-six, & de notre regne le trente-uniéme. *Signé*, LOUIS.

Et plus bas, par le Roi, PHELYPEAUX.

Registrées, oui le Procureur-Général du Roi, pour jouir par lesdits Impétrans & ceux qui leur succéderont en ladite Communauté de leur effet & contenu, & être exécutées selon leur forme & teneur, aux charges portées par l'Arrêt de ce jour. A Paris en Parlement, le quatre Avril mil sept cens quarante-six. *Signé*, DUFRANC.

EXTRAIT des Registres de Parlement.

Du 4 Avril 1746.

VU par la Cour les Lettres-Patentes du Roi, données à Versailles le dix-neuf Février mil sept cens quarante-six, signées

ſignées, LOUIS, & plus bas, par le Roi, PHELYPEAUX, & ſcellées du grand ſceau de cire jaune, obtenues par les Jurés de la Communauté des Maîtres Chandeliers-Huiliers de la Ville & Fauxbourgs de Paris, & les Jurés Huiliers, Gardes du Coin & de l'Etalon Royal de ladite Communauté; par leſquelles, pour les cauſes y contenues, le Seigneur Roi auroit agréé & reçu la ſoumiſſion des Impétrans de payer la ſomme de trente-cinq mille livres pour la réunion des quatorze Offices créés dans leur Communauté par l'Edit du mois de Février mil ſept cens quarante-cinq, en conſéquence auroit ordonné, qu'en payant les ſuſdits trente-cinq mille livres, leſdits Offices d'Inſpecteurs & Contrôleurs des Jurés ſeroient & demeureroient réunis à ladite Communauté, pour par elle jouir des gages, droits & prérogatives attribués auxdits Offices, ſans que ladite Communauté ſoit tenue de payer les deux ſols pour livre de ladite ſomme, dont ledit Seigneur Roi lui auroit fait don & remiſe, permettant à ladite Communauté, pour lui faciliter le payement de la finance deſd. Offices, d'emprunter ladite ſomme de trente-cinq mille livres, d'affecter & hypothéquer au profit de ceux qui prêteroient leurs deniers, dont les noms ſeroient employés dans la quittance de finance, les gages & droits attribués par ledit Edit, enſemble ſes autres biens & revenus, & de paſſer à cet effet tous contrats de conſtitution néceſſaires; & pour mettre ladite Communauté en état de ſe libérer & de rembourſer par la ſuite les ſommes qu'elle auroit empruntées, auroit ordonné, qu'à compter du vingt-ſix Juin dernier, il ſeroit payé vingt ſols par chacun des ſeize Maîtres obligés d'aller à la Halle au Bled le Samedi de chaque ſemaine, & que les Apprentifs par Chef-d'œuvre payeroient dorénavant pour leur Réception à la Maîtriſe, la ſomme de cinq cens quatre-vingt-ſix livres au profit de la Communauté, non compris la Lettre de Maîtriſe & les autres droits ordinaires & accoutumés, le tout ſuivant & conformément aux Délibérations de ladite Communauté, leſquels droits ſeroient pareillement affectés & hypothéqués au payement des arrérages des rentes créées pour raiſon de l'emprunt deſdites trente-cinq mille livres, même employées au remboursement de portion des capitaux à mesure qu'il y auroit des fonds; à l'effet de quoi les Jurés successivement en Charge seroient tenus d'en compter tous les six mois, ainsi que du produit des gages & droits attribués auxdits Offices réunis; auroit ordonné en outre qu'à compter du 1er Déc. dernier, il seroit payé pendant l'espace de huit années au profit de la Communauté, par chacun des Maîtres & Veuves, ainsi que par toutes personnes de quelque commerce & qualité qu'elles soient, privilégiées ou non privilégiées qui acheteroient du suif, sans aucune exception, trois deniers par chaque mesure de suif de toute espece, dont la déclaration se faisoit ou se devoit faire au Bureau établi à la Vieille Place aux Veaux, & qui s'apportoit ou devoit s'apporter & se vendre le Jeudi de chaque semaine à ladite Place, lesquels trois deniers seroient payés par chacun de ceux qui acheteroient ledit suif avant de l'enlever, à peine de confiscation & de dix livres d'amende, & que la perception dudit droit se feroit par telle personne que les quatre Jurés en Charge & les quatre Gardes du Coin de l'Etalon Royal, pour les mesures à huiles, actuellement en Charge, jugeroient à propos de préposer, même par les Receveurs & Commis pour la perception du droit de sol pour livre, & que ce produit en seroit remis aux Receveurs, Fermiers, ou tous autres préposés de ladite Communauté, sans que les Receveurs & Commis, pour la perception dudit droit de sol pour livre, puissent s'en dispenser, ni exiger pour raison de ladite recette aucuns appointemens ni remises; voulant au contraire que dans le cas où ils seroient redevables ou en demeure de payer les droits par eux perçus, ils soient contraints au payement d'iceux, comme pour ses propres deniers & affaires, en vertu de contraintes décernées par lesdits Préposés, Regisseurs ou Fermiers dudit droit, & que le produit desd. trois deniers seroit employé au payement des arrérages de rentes créées pour raison des emprunts faits par ladite Communauté pour la réunion des Offices d'Inspecteurs & Contrôleurs, même à l'extinction de portion des capitaux à mesure qu'il y auroit des fonds, sur les ordres du ſieur Lieutenant Général de Police, à l'effet de quoi les Jurés ſucceſſivement en Charge & tous autres, ſeroient tenus d'en compter tous les ſix mois : voulant en outre que ladite Communauté des Maîtres Chandeliers, ſes ſubrogés & autres étant à ſes droits, y jouiſſent dudit droit de trois deniers ſur chaque meſure de ſuif, conformément à tous Edits, Déclarations, Arrêts & autres Réglemens intervenus pour la Police & perception du droit de ſol pour livre, enſemble des mêmes priviléges & préférences dont jouiſſoit le Fermier dudit droit, auroit exempté & en outre déchargé ladite Communauté, ſes ſubrogés & autres étant à ſes droits, de l'impoſition du Dixiéme ordonné par ſa Déclaration du vingt-neuf Août mil ſept cent quarante-un, ou qui pourroit être ordonné par la ſuite pour raiſon de la jouiſſance du produit dudit droit, ainſi qu'il eſt plus au long contenu eſdites Lettres-Patentes à la Cour adreſſantes. L'Edit du Roi du mois de Février mil ſept cent quarante-cinq, portant création d'Inſpecteurs & Contrôleurs des Maîtres & Gardes dans les Corps des Marchands, & des Inſpecteurs & Contrôleurs des Jurés dans les Communautés d'Arts & Métiers du Royaume, regiſtré en la Cour le dix-neuf Mars ſuivant audit an mil ſept cens quarante-cinq, à la charge que ledit Seigneur Roi ſeroit très-humblement ſupplié, en cas que les Charges ne ſoient levées par les Communautés, de vouloir bien donner ſes ordres, ainſi qu'il l'auroit donné à entendre par ſa réponſe, pour que leſdites Charges ne ſoient levées que par gens capables, & ayant une expérience ſuffiſante dans l'Art ou Marchandiſe de la Communauté dans laquelle ils acquéreroient leſdites Charges, une oppoſition formée à l'enregiſtrement des Lettres-Patentes, Statuts & toutes autres Lettres que pourroient obtenir la Communauté deſdits Impétrans, à la requête des Gardes en Charge du Corps & Communauté des Marchands Epiciers & Apoticaires-Epiciers de cette Ville de Paris, ſignifiée au Procureur Général du Roi par Exploit de Mathieres, Huiſſier de la Cour; deux autres oppoſitions formées à l'enregiſtrement de tous Statuts & Lettres-Patentes qui pourroient être obtenues par ladite Communauté desdits Impétrans, & la Requête des Maîtres & Gardes du Corps des Marchands Merciers - Grossiers - Jouailliers de cette Ville de Paris, signifiée au Procureur Général du Roi par Exploits de Griveau & Garvotel, Huissiers de la Cour, des neuf Avril mil sept cens trente - quatre, & quatre Mai mil sept cens quarante - cinq; un Arrêt de la Cour du cinq Janvier mil sept cens quarante - six, contradictoirement rendu entre les Jurés & Communauté desdits Impétrans, Demandeurs aux fins des Requêtes, Ordonnance & Exploit du sept Décembre mil sept cens quarante - cinq, à ce que les Défendeurs ci - après nommés fussent déboutés des oppositions par eux formées entre les mains du Procureur Général du Roi à l'enregistrement desdites Lettres - Patentes, dont main levée leur seroit faite, & en conséquence qu'il seroit passé outre à l'enregistrement desdites Lettres - Patentes, d'une part, & les Gardes & Communauté des Marchands Merciers de la Ville de Paris, & les Gardes & Communauté des Marchands Epiciers de ladite Ville, Défendeurs chacun à leur égard, d'autre part; par lequel, après que Benoismont, Avocat desdits Impétrans, Simon, Avocat des Gardes Epiciers - Apoticaires, & Cousin, Avocat des Gardes des Marchands - Merciers, auroient été ouis, ensemble Gilbert pour le Procureur Général du Roi : LA COUR, sans s'arrêter aux oppositions des Parties de Simon & Cousin, auroit ordonné qu'il seroit passé outre, si faire se devoit, à l'enregistrement desdites Lettres - Patentes, sans préjudice néanmoins des droits respectifs desdites Parties par ailleurs, dans les contestations indécises entr'elles, & auroit compensé les dépens : ledit Arrêt signifié à Poulletier & de Coustard, Procureurs en la Cour & desdits Opposans, par Exploit de Seguin, Huissier de la Cour, du douze Janvier mil sept cens quarante - six; une autre opposition formée à l'enregistrement desdites Lettres - Patentes à la Requête de François Bourou, Ancien Juré - Garde d'Huile des Chandeliers de Paris, Pierre - Nicolas de Milly, Denis Chaussée & Geoffroy Labaty, Chandeliers à Paris, signifiée au Procureur Général du Roi par Exploit de Nicolas - Guillaume Jourdan, Huissier de la Cour des Aydes, du vingt-huitiéme Février mil ſept cens quarante-ſix ; une ſignification faite au Procureur Général du Roi à la requête deſdits Bourou, de Milly, Chauſſée & Labaty, Chandeliers à Paris, par Exploit d'Etienne Gombault, Huiſſier de la Cour des Aydes du vingt-un Mars mil ſept cens quarante-ſix ; d'un Acte dudit jour vingt-un Mars mil ſept cens quarante-ſix, portant comparution devant les Notaires à Paris, deſdits Bourou & Conſors, par lequel ils auroient donné pleine & entiere main-levée pure & ſimple, de l'oppoſition formée à leur Requête le vingt-huit Février dernier, par Exploit de Nicolas-Guillaume Jourdan, Huiſſier de la Cour des Aydes, entre les mains du Procureur Général du Roi, à l'enregiſtrement d'aucuns Arrêts du Conſeil, ni Lettres-Patentes qui pourroient avoir été ſurpriſes par Requête par les Jurés de la Communauté des Chandeliers de Paris, Impétrans, portant un impôt d'un liard ſur chaque meſure de ſuif qui s'achete au Marché, conſentans que ladite oppoſition ſoit nulle comme non faite, enſemble la Requête préſentée à la Cour par leſdits Impétrans, à fin d'enregiſtrement deſdites Lettres-Patentes ; Concluſions du Procureur Général du Roi : OUI le rapport de Me Louis-Charles-Vincent de Salabery, Conſeiller ; tout conſidéré, LA COUR ordonne que leſdites Lettres-Patentes ſeront enregiſtrées au Greffe de la Cour, pour jouir par leſdits Impétrans & ceux qui leur ſuccéderont en ladite Communauté, de l'effet & contenu en icelles, & être exécutées ſelon leur forme & teneur ; à la charge que les comptes ordonnés par leſdites Lettres être rendus tous les ſix mois, tant du produit des droits établis en icelles, & des 1750 liv. de gages attribués par l'Edit de Février 1745, que du payement des arrérages des 35000 liv. qu'il eſt permis aux Impétrans d'emprunter par leſdites Lettres, enſemble du rembourſement des principaux qui doit être fait de l'excédent deſdits gages & droits, ſeront auſſitôt après qu'ils auront été rendus, rapportés au Greffe de la Cour. FAIT en Parlement le quatre Avril mil ſept cens quarante-ſix. *Collationné, Signé*, LE SEIGNEUR & DUFRANC.

ARREST du Grand-Conseil du Roi, rendu en faveur de la Communauté des Maîtres & Marchands Chandeliers-Huiliers de la Ville & Fauxbourgs de Paris, qui juge que dans les lieux privilégiés on ne peut cumuler deux sortes de Métiers ou de Professions ensemble; & fait défenses à Jacques Labbé, Marchand Epicier de Paris, d'exercer le Métier de Chandelier.

Du 7 Juin 1747.

LOUIS, par la grace de Dieu, Roi de France & de Navarre : A tous ceux qui ces présentes Lettres verront, SALUT. Sçavoir faisons, comme par Arrêt cejourd'hui donné en notre Grand-Conseil, *Entre* nos bien amés les Jurés en Charge de la Communauté des Maîtres Chandeliers & Huiliers de la Ville & Fauxbourgs de Paris, saisissans plusieurs marchandises & ustensiles servans à la fabrication de la Chandelle sur le défendeur ci-après nommé, Marchand Epicier de la Ville de Paris, & faisant le Métier de Chandelier, demeurant rue de Loursine, en vertu d'une Ordonnance du Sieur Lieutenant Général de Police du 11 Juin 1745, scellée le 22 Janvier 1746. Procès-verbal du sieur André, Commissaire au Châtelet de Paris, du 7 Mars 1746, & demandeur aux fins de l'Exploit de Nicaise Campagne, Huissier au Châtelet de Paris dudit jour 7 Mars 1746, contrôlé à Paris le 10 dudit mois, contenant assignation à l'Audiance de la Chambre de la Police de la Ville & Fauxbourgs de Paris, & requérant que ladite saisie soit déclarée bonne & valable; en conséquence qu'il soit ordonné que les choses saisies seront acquises & confisquées au profit des Demandeurs, à la représentation desquelles le sieur Boitelet, Gardien, sera contraint, même par corps, quoi faisant déchargé; que défenses soient faites à l'avenir au défendeur de récidiver sous telles peines qu'il appartiendroit, & pour la contravention par lui commise aux Statuts de ladite Communauté, qu'il soit condamné en cinq cens livres de dommages-intérêts envers lesdits Demandeurs, ou telle autre qu'il plairoit à Justice arbitrer, avec amende & dépens, & que le Jugement qui interviendroit fût imprimé, lû, publié & affiché par-tout où besoin seroit aux frais & dépens du défendeur, & que les Statuts & Réglemens de Police fussent exécutés, ladite demande évoquée à Notredit Conseil, d'une part; Et Jacques Labbé, Marchand Epicier de Paris, faisant la profession de Chandelier, rue de Loursine, évoqué & défendeur d'autre part. *Et entre* Paul de la Luzerne de Bouzeville, Chevalier de l'Ordre de Saint Jean de Jérusalem, Commandeur de Loison, Receveur & Procureur général dudit Ordre au Grand-Prieuré de France, avec lequel l'Instance a été tenue pour reprise au lieu & place du feu sieur Bailly de Brennes, par Arrêt de Notredit Conseil, du 17 Décembre dernier, évoquant à Notredit Conseil, & demandeur aux fins de la Requête inserée en l'Arrêt de Notredit Conseil du 10 Mars 1746, & Exploit d'assignation donnée en conséquence le même jour, & requérant que l'Ordre & le Commandeur de Saint Jean de Latran fussent maintenus & gardés dans la possession & jouissance des priviléges & franchises appartenans à ladite Commanderie de Saint Jean de Latran, & que défenses fussent faites auxdits Jurés Chandeliers de troubler ledit Labbé dans l'exercice de sa profession de Chandelier dans l'étendue de la rue de Loursine & Seigneurie de ladite Commanderie; que la saisie faite à leur requête sur ledit Labbé le 7 dudit mois de Mars fût déclarée nulle, injurieuse, tortionnaire & déraisonnable, & tout ce qui s'en étoit ensuivi; qu'ils fussent condamnés aux dommages-intérêts & aux dépens, d'une part, & lesdits Jurés de la Communauté des Maîtres Chandeliers de Paris, & ledit Jacques Labbé, défendeurs d'aure part. *Et entre* lesdits Jurés de la Communauté des Maîtres Chandeliers de Paris, demandeurs suivant la Requête par eux présentée à Notredit Conseil, le 28

Mars 1746, à ce qu'il plût à Notredit Conseil, attendu qu'il ne pouvoit jamais être ici question des privilèges de l'Ordre de Malthe, ni de ceux du Commandeur de Saint Jean de Latran, que ledit Labbé est un Marchand Epicier ordinaire de la Ville de Paris, & qu'en cette qualité c'étoit par-devant le Lieutenant Général de Police qu'il devoit répondre des contraventions qu'il pouvoit commettre dans son Commerce & sa Profession, recevoir les demandeurs opposans à l'Arrêt de Notredit Conseil, obtenu par le sieur Bailly de Brennes le 10 Mars, lors présent mois; faisant droit sur ladite opposition, mettre hors de Cour sur ladite demande dudit sieur Bailly de Brennes, insérée en la Requête sur laquelle ledit Arrêt étoit intervenu, & le condamner aux dépens, sans préjudice de leurs autres droits & actions, & à prendre, si le cas y écheoit, telles autres fins & conclusions qu'il appartiendroit, si mieux n'aimoit Notredit Conseil renvoyer les Parties par-devers Nous, d'une part; & ledit sieur Chevalier de la Luzerne, défendeur d'autre part. *Et entre* ledit sieur Labbé, demandeur en Requête du 24 Avril 1747, reçu Partie intervenante par Arrêt de Notredit Conseil du 28 Avril dernier, & requérant qu'il plût à Notredit Conseil lui donner acte de ce qu'il adhéroit aux conclusions prises par ledit sieur Commandeur de la Luzerne audit nom; ce faisant, évoquant en tant que de besoin est ou seroit l'assignation donnée au demandeur au Châtelet de Paris le 7 Mars 1746, sans avoir égard aux demandes desdits Jurés Chandeliers, déclarer ladite saisie faite sur le demandeur ledit jour 7 Mars 1746, nulle, injurieuse, tortionnaire & déraisonnable, en faire pleine & entière main-levée au demandeur, ou en tout cas déclarer définitive la main-levée provisoire, prononcée par l'Arrêt du 10 Mars 1746, condamner lesdits Jurés Chandeliers en mille livres de dommages-intérêts, ou telles autres sommes qu'il plairoit à Notredit Conseil arbitrer; que défenses leur fussent faites de troubler le demandeur dans l'exercice de son commerce de Chandelier dans ladite rue de Loursine, & les condamner en tous les dépens, sans préjudice à autres droits & actions, d'une part;

&

& lesdits Jurés Chandeliers de la Ville de Paris, & le sieur Chevalier de la Luzerne, défendeur d'autre part. *Et entre* ledit sieur Commandeur de la Luzerne, demandeur en Requête du 25 Avril dernier, tendante à ce qu'il plût à Notredit Conseil adjuger au demandeur les fins & conclusions de sa Requête inserée en l'Arrêt de Notredit Conseil du 10 Mars 1746; maintenir & garder l'Ordre & le Commandeur de Saint Jean de Latran en la possession & jouissance des priviléges & franchises appartenans à la Commanderie de Saint Jean de Latran; faire défenses aux Jurés Chandeliers de troubler ledit sieur Labbé dans l'exercice de la Profession de Chandelier dans la rue de Loursine, & la Seigneurie de la Commanderie de Saint Jean de Latran; déclarer la saisie du 7 Mars 1746 nulle, injurieuse, tortionnaire & déraisonnable, ordonner que la main-levée provisoire prononcée par l'Arrêt de Notredit Conseil du 10 Mars 1746 demeurera définitive; condamner lesdits Jurés des Maîtres Chandeliers de Paris aux dommages-intérêts & aux dépens, d'une part; & lesdits Jurés Chandeliers de la Ville de Paris, & ledit Labbé, défendeurs d'autre part. *Et entre* lesdits Jurés de la Communauté des Maîtres Chandeliers de la Ville de Paris, demandeurs en Requête du 27 Avril 1747, & requérant qu'il plût à Notredit Conseil, sans s'arrêter aux demandes du sieur Labbé, dans lesquelles il seroit déclaré non-recevable, adjuger aux demandeurs les fins & conclusions qu'ils ont prises contre le sieur Commandeur de la Luzerne, avec lequel l'Instance a été tenue pour reprise au lieu & place du feu sieur Bailly de Brennes; condamner, tant ledit sieur Commandeur de la Luzerne que ledit Labbé aux dépens, d'une part; & ledit sieur Commandeur de la Luzerne & ledit sieur Labbé, défendeurs d'autre part. *Et entre* lesdits Jurés en Charge de la Communauté des Maîtres Chandeliers de Paris, demandeurs en Requête du 31 Mai 1747, tendante à ce qu'il plût à Notredit Conseil, en conséquence de l'option faite par ledit sieur Labbé de la Profession de Marchand Epicier de Paris, par son Acte du 17 dudit mois de Mai, en exécution de l'Arrêt de Notredit Conseil du 28 Avril dernier, faisant droit sur toutes les demandes des Parties, sans s'arrêter à celles du sieur Commandeur de la Luzerne, avec lequel l'Instance a été tenue pour reprise au lieu & place du feu sieur Bailly de Brennes, par Arrêt de Notredit Conseil du 17 Décembre dernier, portée par sa Requête inserée en l'Arrêt de Notredit Conseil du 17 Mars 1746, & par la Requête dudit sieur de la Luzerne, pour ce qui en reste à juger, du 25 Avril dernier, que dudit Jacques Labbé, portée par sa Requête du vingt-quatre dudit mois, dans lesquelles ils seroient déclarés non-recevables, ou dont en tout cas ils seroient déboutés; recevoir les demandeurs opposans à l'Arrêt sur Requête surpris de notre Conseil, par ledit feu sieur Bailly de Brennes, le 10 Mars 1746, & de tout ce qui s'en étoit ensuivi. Faisant droit sur ladite opposition, déclarer ladite saisie faite à la requête des demandeurs sur ledit Jacques Labbé, demeurant rue de Loursine, de plusieurs marchandises de Chandelles & Ustensiles servant à la fabrication de la Chandelle: par Procès-verbaux, tant de Nicaise Campagne, Huissier à Cheval au Châtelet de Paris, que du sieur André, Commissaire audit Châtelet, du 7 Mars 1746, bonne & valable. En conséquence, ordonner que lesdites Marchandises & Ustensiles seront & demeureront acquis au profit de la Communauté des Maîtres Chandeliers de Paris: ce faisant, condamner ledit Labbé à représenter & apporter au Bureau des demandeurs dans trois jours pour toute préfixion & délai, à compter du jour de la signification qui lui sera faite de l'Arrêt qui interviendroit, à personne ou domicile, lesdites Marchandises & Ustensiles sur lui saisis, suivant qu'ils sont mentionnés & détaillés dans lesdits Procès-verbaux du 17 Mars 1746, sinon & à faute de ce faire dans ledit temps, & icelui passé, par l'Arrêt qui interviendroit, & sans qu'il en fût besoin d'autre, condamner ledit Labbé à payer aux demandeurs la somme de cinq mille neuf cens quatre-vingt livres seize sols, à laquelle ils estiment monter lesdites Marchandises & Ustensiles saisis, au payement de laquelle somme ledit Labbé seroit contraint par toutes voies dûes & raisonnables, même par corps, comme dépositaire de Justice;

Faire défenses audit Labbé d'exercer dorénavant la Profession de Chandelier, le condamner en quinze cens livres de dommages-intérêts envers les demandeurs, ou telle autre somme qu'il plairoit à Notredit Conseil arbitrer; & condamner, tant ledit sieur Commandeur de la Luzerne que ledit Labbé en tous les dépens faits, tant en la Chambre de la Police, qu'à Notredit Conseil, même en ceux réservés par l'Arrêt de Notredit Conseil du 28 Avril dernier; ordonner que l'Arrêt qui interviendroit fût imprimé & affiché par-tout où besoin seroit, aux frais & dépens dudit Labbé, sans préjudice aux demandeurs de leurs autres droits & actions d'une part; & ledit sieur Commandeur de la Luzerne, & ledit Jacques Labbé, défendeurs d'autre part, sans que les qualités puissent nuire ni préjudicier. Après que Laget-Bardelin, Avocat desdits Jurés en Charge des Maîtres Chandeliers de la Ville & Fauxbourgs de Paris, assisté de Cardon, leur Procureur, a été oui, & conclu en leurs Requêtes & demandes; que Taboué, Avocat dudit Commandeur de la Luzerne & dudit Labbé, assisté de Cochin, leur Procureur, a été oui, & conclu en Requêtes & demandes; & qu'Aubert de Tourny pour notre Procureur Général a pareillement été oui: ICELUI NOTREDIT GRAND-CONSEIL donne Acte à Labbé, l'une des Parties de Taboué, de l'option par lui faite du Métier & Marchandises d'Epicier : en conséquence fait défenses audit Labbé d'exercer à l'avenir le Métier de Chandelier : sans s'arrêter à l'opposition formée par les Parties de Laget à l'Arrêt de Notredit Conseil, du dix Mars mil sept cens quarante-six, ordonne que la main-levée provisoire demeurera définitive, sur le surplus des Demandes, a mis & met hors de Cour; condamne ledit Labbé, l'une des Parties de Taboué, aux dépens envers celles de Laget, même en ceux réservés, dépens compensés entre ledit de la Luzerne, autre Partie de Taboué, & les Parties de Laget. Faisant droit sur le requisitoire de notre Procureur Général, fait défenses à tous Marchands & Artisans demeurans dans les Lieux privilégiés, dépendans de l'Ordre de Malthe, de cumuler deux sortes de Métiers ou de

Marchandises : ordonne que le présent Arrêt sera lû, publié, imprimé & affiché par-tout où besoin sera. SI DONNONS EN MANDEMENT au premier des Huissiers de Notredit Conseil en ce qui est exécutoire en notre Cour & suite, & hors d'icelle, au premier notredit Huissier ou autre notre Huissier ou Sergent sur ce requis, qu'à la requête desdits Jurés en Charge des Maîtres Chandeliers de la Ville & Fauxbourgs de Paris, le présent Arrêt il mette à exécution de point en point selon sa forme & teneur, nonobstant oppositions ou appellations quelconques, pour lesquelles, & sans préjudice d'icelles, ne sera différé; & outre faire pour l'exécution des présentes, tous Exploits & Actes de Justice requis & nécessaires, de ce faire te donnons pouvoir, sans pour ce demander Placet, *Visa* ni Pareatis. DONNE' en Notredit Conseil à Paris, le septiéme jour de Juin, l'an de grace mil sept cent quarante-sept, & de notre regne le trente-deuxiéme. *Collationné.* Par le Roi, à la relation des Gens de son Grand-Conseil. *Signé*, VERDUC.

Le 27 Juin 1747, signifié & baillé Copie à Me Cochin, Procureur, à domicile. Signé, LE COURTOIS.

CARDON, Proc.

ARREST du Conseil d'Etat du Roi, portant Réglement pour l'administration des deniers communs de la Communauté des Maîtres Chandeliers-Huiliers; & pour la reddition des Comptes de Jurande.

Du 15 Mai 1749.

Extrait des Registres du Conseil d'Etat.

VU par le Roi, en son Conseil, l'Arrêt rendu en icelui le 24 Juin 1747, par lequel Sa Majesté auroit ordonné que dans un mois, à compter de la notification qui seroit faite dudit Arrêt à chacune des Communautés d'Arts & Métiers de la Ville & Fauxbourgs de Paris, en leur Bureau, les Syndics & Jurés de chacune d'icelles seroient tenus de remettre entre les mains du sieur Berryer, Procureur Général de la Commission établie pour la liquidation des dettes & la revision des comptes desdites Communautés, un état, tant de leurs revenus, que de leurs dettes & dépenses annuelles; pour, lesdits états vûs & examinés, être par Sa Majesté pourvû de tel Réglement qu'il appartiendra. Vû aussi les états de recette & dépense produits par les Jurés & Anciens de la Communauté des Chandeliers - Huiliers, tout considéré: oui le rapport du sieur de Machault, Conseiller ordinaire au Conseil Royal, Contrôleur Général des Finances, SA MAJESTÉ ÉTANT EN SON CONSEIL, a ordonné & ordonne:

ARTICLE PREMIER.

Que la Communauté des Chandeliers - Huiliers sera tenue de nommer chaque année l'un des Jurés en Charge, ou le Syndic en Charge, à son choix, pour être spécialement chargé de faire pendant l'année entiere de son exercice, toute la recette & la dépense des deniers de la Communauté, donner & recevoir les quittances nécessaires, sans que sous aucun prétexte, les Jurés, ses collégues, ni aucun autre, puissent recevoir aucune portion desdits deniers, ni faire aucun payement qu'en son nom & de son consentement. Dérogeant à cet effet, & pour ce regard seulement, à tous Réglemens & usages à ce contraires: Veut au surplus Sa Majesté, que les affaires de ladite Communauté continuent d'être régies par les Jurés & Anciens, en la maniere accoutumée, sans que le Comptable puisse s'attribuer aucune prééminence ni prérogative sur sesdits collégues, autres que d'être chargé de la recette & de la dépense, & sans que cela puisse d'ailleurs préjudicier à la solidité établie entre les Jurés, ni aux autres précautions qui pourroient avoir été prises pour la sûreté des deniers de ladite Communauté; & en cas de maladie, absence ou autres empêchemens légitimes, l'un des autres Jurés en Charge, suppléera aux fonctions du Comptable, à qui il fournira des bordereaux de sa recette & dépense, pour être employés dans le compte qui sera rendu à la Communauté, sans que ceux qui pourroient avoir ainsi géré, soient tenus, ni même puissent être admis à rendre un compte particulier à la Communauté.

I I.

Ordonne néanmoins, Sa Majesté, que les Jurés Huiliers rendront chaque année un compte particulier de la recette & de la dépense qu'ils auront faites relativement à l'Etalon Royal des mesures à l'huile, dont la garde leur est spécialement confiée, en se conformant au surplus à ce qui est prescrit par le présent Arrêt.

I I I.

Que tout Juré, Syndic ou Receveur-Comptable entrant en Charge dans la Communauté des Chandeliers-Huiliers, sera tenu d'avoir un Registre-journal, qui sera cotté & paraphé par le sieur Lieutenant Général de Police à Paris, dans lequel il écrira de suite & sans aucun blanc ni interligne, les recettes & dépenses qu'il fera, au fur & à mesure qu'elles seront faites, sans aucun délai ni remise; mettant d'abord la somme reçue ou dépensée, en toutes lettres, & la tirant ensuite à la colonne des chiffres: & aura soin à la fin de chaque page, de faire l'addition de tous les articles de chaque colonne, dont il rapportera le montant à la tête de la page suivante.

I V.

Dans le cas où le Juré, Syndic ou Receveur-Comptable sortant d'exercice, se trouveroit reliquataire envers sa Communauté par l'arrêté de son compte, le Juré ou Receveur-Comptable son successeur, sera tenu de poursuivre le payement dudit débet par toutes voies dûes & raisonnables, & de justifier desdites poursuites par pieces & procédures, supposé qu'il ne puisse en faire le recouvrement, à peine d'en répondre en son propre & privé nom, & d'être forcé du montant dudit débet dans la recette de son compte.

V.

Le produit des confiſcations & amendes prononcées au profit de la Communauté, ſera employé dans la recette des comptes, & juſtifié par le rapport des Sentences & Arrêts qui les auront prononcées; & au cas que le recouvrement deſdites amendes ne puiſſe être fait par l'inſolvabilité de ceux qui y ſeront condamnés, ledit Comptable en fera repriſe qui lui ſera allouée, en juſtifiant de ſes diligences. N'entendant Sa Majeſté interdire les voies d'accommodemens à l'amiable entre les Parties, pourvu toutefois que leſdits accommodemens ſoient autoriſés par le ſieur Lieutenant Général de Police, auquel cas le Comptable ſera tenu d'en rapporter la preuve par écrit.

V I.

Il ne pourra être employé aucuns deniers de la Communauté, pour les dépenſes de la Confrairie, de quelque nature qu'elles puiſſent être; au moyen de quoi la recette & la dépenſe concernant ladite Confrairie, ne pourra entrer dans les comptes de la Communauté: ſauf aux Maîtres de Confrairie, ou à ceux à qui l'adminiſtration en eſt confiée, à rendre un compte particulier à la Communauté, de ce qu'ils auront reçu & dépenſé pour raiſon de leur exercice, ſans que ledit compte puiſſe être cumulé avec celui des deniers de la Communauté, ni en faire partie.

V I I.

Ne pourront les Jurés délivrer aucunes Lettres ou Certificats d'apprentiſſage, ou de réception à la Maîtriſe, qu'au préalable ils n'ayent perçu en deniers comptans les droits attribués à la Communauté, pour raiſon deſdits Brevets ou réception, ſans qu'il leur ſoit permis de faire aucune modération, remiſe, ni crédit deſdits droits, à peine d'en répondre en leur propre & privé nom.

V I I I.

Ne pourront pareillement leſdits Syndics, Jurés ou Receveurs, ſe charger en recette dans leurs comptes, des droits qui leur ſeront perſonnellement attribués, ainſi qu'aux Anciens, ſur les réceptions des Maîtres ou confection de Chefs-d'œuvres, & les cumuler avec les droits appartenans à la Communauté, pour les porter ensuite en dépense ou reprise; mais ils se chargeront seulement en recette, des deniers de la Communauté.

I X.

Il sera fait tous les ans par les Jurés & Anciens de la Communauté, un Rôle de tous les Maîtres & Veuves, divisé en trois classes; la premiere contenant les Maîtres & Veuves qui tiendront Boutique lors de la confection dudit Rôle, & qui seront en état de payer les droits de visite; la seconde contenant les fils de Maîtres reçus à la Maîtrise, & qui demeureront chez leur pere, ou chez d'autres Maîtres, en qualité de Garçons de Boutique ou Compagnons; la troisiéme contenant les noms de ceux qui seront réputés hors d'état de payer lesdits droits, ou à qui il conviendra d'en faire remise d'une partie : lequel Rôle sera remis tous les ans entre les mains du Juré-Comptable qui entrera en Charge, après avoir été affirmé par tous les autres Jurés & Anciens. Et sera tenu ledit Juré-Comptable, de tenir compte à la Communauté, du montant de la premiere classe, à moins qu'il ne justifie du décès des Maîtres, arrivé pendant son année de comptabilité, par un état signé de tous les Jurés & de quatre Anciens; & de compter pareillement des sommes qu'il aura pû recouvrer sur les Maîtres de la troisiéme classe, le montant desquelles sera alloué dans la recette de son compte, sur le certificat des Jurés en Charge.

X.

Ne pourront les Jurés faire aucun emprunt, même par voie de reconstitution, sans l'approbation par écrit du sieur Lieutenant Général de Police.

X I.

Les frais de saisie ne seront alloués dans la dépense des comptes, qu'en représentant les Procès-verbaux dressés à l'occasion desdites saisies, les quittances des sommes qui auront été payées aux Officiers de Justice pour leurs vacations & droits d'assistance, & en justifiant par les Comptables, de l'événement desdites saisies, à peine de radiation : Et dans le le cas où lesdits Procès-verbaux seroient produits dans quelques instances, ensorte que le Comptable ne pût les représenter, il sera tenu d'y suppléer par des copies certifiées de l'Avocat ou du Procureur chargé de l'instance.

X I I.

Ne pourront les Jurés interjetter appel des Sentences du Châtelet, soit pour fait de saisie ou autres cas tels qu'ils puissent être, sans s'être fait préalablement autoriser par une délibération expresse de la Communauté convoquée à cet effet, à peine de radiation de tous les frais qu'auroient occasionnés lesdits appels.

X I I I.

Les à-comptes qui pourront être payés aux Procureurs ou autres Officiers de Justice sur les frais des Procès existans, ne seront alloués que sur le vû des mémoires & quittances détaillées, qui fassent connoître la nature des affaires & les Tribunaux où elles sont pendantes; & lorsque lesdits Procès seront terminés, le Juré-Comptable qui fera le dernier payement aux Procureurs ou autres Officiers de Justice, sera tenu de faire énoncer dans la quittance finale qui lui sera délivrée, les sommes qui auront été payées à compte sur lesdits frais, avec la date des payemens, & les noms de ceux par qui ils ont été faits, & de rapporter toutes les piéces dudit Procès : quant aux frais de consultations, aux honoraires d'Avocats, à ceux des Secrétaires des Rapporteurs, & autres de cette nature, qui ne peuvent être justifiés par des quittances, il y sera suppléé par des mandemens ou certificats signés de tous les Jurés & de six Anciens au moins, à peine de radiation.

X I V.

Les frais de Bureau, consistans dans le loyer du Bureau d'assemblée, les gages des Clercs, les appointemens de l'Huissier, & ceux du Balancier, la fourniture de bois, chandelle, papier, plumes, cire, encre, impressions & autres menues dépenses, seront détaillés & justifiés par des quittances, ou par des mandemens signés des Jurés & de six Anciens, & ne pourront, ſous quelque prétexte que ce ſoit, excéder la ſomme d'onze cens cinquante-ſix livres.

X V.

Ne pourront les Jurés, conformément à l'article VIII. du préſent Réglement, porter dans la dépenſe de leurs comptes aucuns droits ni attributions ſur les réceptions des Maîtres.

X V I.

Les frais de caroſſes & ſollicitations ne ſeront alloués dans la dépenſe des comptes, que lorſqu'ils auront été faits dans des cas urgens & indiſpenſables, & qu'ils ſe trouveront détaillés & juſtifiés par des mandemens ou certificats ſignés de tous les Jurés & de ſix Anciens au moins, & ne pourront excéder la ſomme de cent vingt livres.

X V I I.

Les étrennes, y compris les diſtributions de chandelles, autoriſés par la délibération de la Communauté du 14 Mars 1740, homologuée par Sentence du premier Avril ſuivant, enſemble les autres faux-frais ne ſeront pareillement alloués qu'autant qu'ils ſeront détaillés & juſtifiés par des mandemens ou certificats, tels que ceux énoncés dans l'article ci-deſſus; & ne pourront excéder la ſomme de deux cens cinquante livres.

X V I I I.

Les Jurés ſortant de Charge ſeront tenus de préſenter leurs comptes à la fin de leur exercice, aux Jurés en Charge, & aux Anciens Auditeurs & Examinateurs nommés ſuivant l'uſage; à l'effet d'être leſdits comptes par eux vûs, examinés & contredits ſi le cas y échet, & arrêtés en la maniere accoutumée, au plus tard trois mois après l'exercice du Comptable fini, & ce nonobſtant tous uſages, diſpoſitions de Statuts ou autres Réglemens à ce contraires, auxquels Sa Majeſté a dérogé & déroge expreſſément par le préſent Arrêt: Et ſeront leſdits comptes, enſemble les piéces juſtificatives, remis aux Jurés en Charge, qui ſeront tenus de leur part de les remettre dans un mois au plus tard au Greffe du Bureau de la révision, pour être procédé à ladite révision, après la quelle lesdits comptes & piéces seront rendus auxdits Jurés en Charge, pour les déposer dans leurs archives.

XIX.

Dans le cas où le Comptable seroit réputé en avance par l'arrêté de la Communauté, il ne pourra cependant être remboursé par son successeur, qu'après la révision de son compte, & que lesdites avances auront été constatées & arrêtées par les sieurs Commissaires du Conseil à ce députés; à peine contre le Syndic, Juré ou Receveur qui auroit fait ledit remboursement, d'en répondre en son propre & privé nom.

XX.

Et d'autant qu'il pourroit se trouver des Syndics ou Jurés qui ne seroient pas en état de dresser & transcrire eux-mêmes leurs comptes en la forme & maniere qu'ils doivent être, sans le secours de personnes capables à qui il est juste d'accorder un salaire raisonnable; permet Sa Majesté à chacun desdits Comptables, d'employer chaque année dans la dépense de son compte, la somme de quarante-cinq livres pour la façon & expédition d'icelui.

XXI.

Enjoint Sa Majesté au sieurs Commissaires du Bureau établi pour la liquidation des dettes des Corps & Communautés, & révision de leurs comptes, & au sieur Lieutenant Général de Police, de tenir la main, chacun en droit soi, à l'exécution du présent Réglement, qui sera enregistré à ladite Commission, & transcrit sur le Registre de la Communauté des Chandeliers-Huiliers, pour être exécuté selon sa forme & teneur. Fait au Conseil d'Etat du Roi, Sa Majesté y étant, tenu à Versailles le quinziéme jour de Mai mil sept cens quarante-neuf.

Signé, DE VOYER D'ARGENSON.

Enregistré au Greffe en exécution du Jugement du 4 Juillet 1749. Signé, *De Soucanye.*

Les Commissaires géneraux nommés par le Roi, pour la révision des comptes des Communautés d'Arts & Métiers de la Ville & Fauxbourgs de Paris, & liquidation de leurs dettes. Vû par Nous l'Arrêt du Conseil du 15 Mai dernier, les Conclusions du sieur Procureur Général de notre Commission : oui le rapport du sieur Maboul, Maître des Requêtes, l'un de Nous, Commissaire à ce député : Nous Commissaires, en vertu du pouvoir à nous donné, avons ordonné & ordonnons que ledit Arrêt sera enregistré pour être exécuté selon sa forme & teneur. FAIT *en l'assemblée desdits sieurs Commissaires, tenue à Paris le 4 Juillet* 1749. Signé par collation, *DE SOUCANYE*, Greffier, avec paraphe.

Le dixiéme jour de Septembre mil sept cens quarante-neuf, à la requête de mondit sieur le Procureur Général pour le Roi, qui a élû son domicile en son Hôtel, sis à Paris, rue S. Honoré, Paroisse S. Roch, signifié & laissé la présente copie aux fins y contenues, aux Jurés de présent en Charge & Communauté des Maîtres Chandeliers-Huiliers de la Ville & Fauxbourgs de Paris, en leur Bureau, Place de Grève, en parlant aux sieurs Duval, Pochet, Bouin & Caron, tous Syndics, Jurés, à ce que du contenu au susdit Arrêt & Jugement ils n'en ignorent, & ayent à s'y conformer, & auxquels nous Huissier ordinaire du Roi en ses Conseils, soussigné, avons fait commandement de présentement nous représenter le Registre des délibérations de ladite Communauté, à quoi obeïssant, ils nous ont remis un Registre couvert de parchemin, relié cotté, contenant deux cens trente-trois feuillets, sur lequel & à la page cent, verso, à la suite d'une délibération datée en tête du 4 Août dernier, y avons mis le susdit transcrit. Ce fait, avons remis leur susdit Registre, ensemble un modèle de compte en deux grandes feuilles de papier imprimées, contenant plusieurs chapitres de recettes & dépenses, avec des notes en marge servant aux comptes à rendre par les Jurés de présent en Charge, pour par eux & leurs successeurs esdites Charges, s'y conformer à l'avenir, sous les peines y portées, & laissé en parlant que dessus, la présente copie par nous susdit & soussigné. Signé, DE BRYE, avec paraphe.

ARREST du Conseil d'Etat du Roi, qui homologue la Délibération de la Communauté des Maîtres Chandeliers-Huiliers de la Ville de Paris, du 5 Juin 1750, pour être exécutée selon sa forme & teneur; & ordonne que les cent livres que chaque Maître élû à la Jurande de Chandelier, ou à celle d'Huilier étoit tenu de payer à la Communauté, aux termes de Déclaration du 22 Mai 1691, seront désormais destinés & affectés à l'entretien de la Confrairie de ladite Communauté.

Du 10 Novembre 1750.

Extrait des Registres du Conseil d'Etat.

SUR la Requête présentée au Roi en son Conseil par les Jurés en Charge de la Communauté des Maîtres & Marchands Chandeliers-Huiliers de la Ville & Fauxbourgs de Paris, & les Jurés-Huiliers, Gardes du Coin de l'Etalon Royal de ladite Communauté; CONTENANT, Que par Déclaration du 22 Mai 1691, Sa Majesté a uni & incorporé au Corps & Communauté desdits Maîtres Chandeliers-Huiliers les quatre Offices de Jurés de ladite Communauté créés par Edit du mois de Mars précédent, moyennant la somme de trente mille livres qu'il lui a été permis d'emprunter à constitution de rente & pour assurer le payement des arrérages & des principaux desdites rentes, Sa Majesté a ordonné, conformément à la Délibération de ladite Communauté, qu'il seroit payé à l'avenir, sçavoir cent livres par chacun Maître qui seroit nommé pour Juré Chandelier ou Juré Huilier; 300 liv. par chacun Maître qui seroit reçu par chef-d'œuvre, outre les droits ordinaires & accoutumés; 50 liv. par chacun fils de Maître; 10 liv. par chacun brevet d'Apprentissage ou transport d'icelui, & 4 liv. par an pour chacune visite, outre les vingt sols qui se payent aux Jurés; & la Communauté n'ayant aucun fond pour fournir à la dépense de la Confrairie, attendu les défenses faites aux Jurés par l'article VI. de l'Arrêt du Conseil du 15 Mai 1749, de prendre ni employer aucuns deniers de la Communauté pour les dépenses de ladite Confrairie, & le produit de trois deniers que les Supplians ont été autorisés par Arrêt du Conseil d'Etat du 2 Novembre 1745, de percevoir sur chaque mesure de suif, étant plus que suffisant pour mettre les Supplians en état d'acquiter tous les engagemens de ladite Communauté tant anciens que nouveaux, ils en ont convoqué l'Assemblée générale, & par délibération du 5 Juin 1750, il a été unanimement arrêté que les Supplians seroient autorisés à demander à Sa Majesté qu'il lui plût vouloir bien éteindre & supprimer les 100 liv. que les Jurés, tant Huiliers que Chandeliers, sont tenus de payer à leur entrée à la Jurande, lesquels seroient tenus à l'avenir & successivement de fournir chacun ladite somme de 100 liv. par chacun an pour l'entretien de ladite Confrairie. Les Supplians osent espérer que Sa Majesté, pénétrée de la pieuse intention de la Communauté, en éteignant les 100 livres payables annuellement par chaque Juré à leur entrée en Jurande, relativement à leur destination, dont la cause est cessée, voudra bien rétablir le payement de cette même somme pour être employée aux dépenses de la Confrairie. A CES CAUSES, requéroient les Supplians qu'il plût à Sa Majesté, ayant égard à la délibération de la Communauté des Maîtres & Marchands Chandeliers-Huiliers de la Ville & Fauxbourgs de Paris, dudit jour 5 Juin 1750, éteindre & supprimer les 100 liv. que chaque Maître qui est nommé Juré-Chandelier ou Juré-Huilier, est tenu de payer aux termes de la Déclaration de Sa Majesté du 22 Mai 1691; & comme par l'Article VI de l'Arrêt du Conseil du 15 Mai 1749, il est fait défenses aux Jurés d'employer aucuns deniers de la Communauté pour les dépenses de la Confrairie, ordonner, conformément à ladite délibération de la Communauté, que chaque Maître qui est actuellement Juré-Chandelier ou Juré-Huilier, & ceux qui feront nommés à l'avenir à ladite Charge, feront tenus de payer ladite fomme de 100 liv. pour être employée aux dépenfes & entretien de la Confrairie de ladite Communauté & aux termes dudit Article VI dudit Arrêt du Confeil du 15 Mai 1749, être rendu un compte particulier à la Communauté par les Maîtres de ladite Confrairie, ou ceux à qui l'adminiftration en eft confiée, de ce qu'ils auront reçu & dépenfé pour raifon de leur exercice. Vû ladite Requête, fignée Poitevin du Limon, l'Edit du mois de Mars 1691, la Déclaration du 22 Mai fuivant, la Délibération de ladite Communauté du 5 Juin 1750. Oui le rapport du fieur de Machault, Confeiller ordinaire au Confeil Royal, Contrôleur Général des Finances. SA MAJESTÉ EN SON CONSEIL, a homologué & homologue la délibération de la Communauté des Maîtres Chandeliers-Huiliers de la Ville de Paris du cinq Juin mil fept cens cinquante, pour être exécutée felon fa forme & teneur; En conféquence, a ordonné & ordonne, que les cent livres que chaque Maître élu à la Jurande de Chandelier ou à celle d'Huilier, étoit obligé de payer à la Communauté aux termes de la Déclaration du vingt-deux Mai mil fix cens quatre-vingt-onze, feront déformais deftinées & affectées à l'entretien de la Confrairie de ladite Communauté, à l'effet de quoi les Jurés, tant Chandeliers qu'Huiliers actuellement en Charge; enfemble ceux qui leur fuccéderont, feront tenus de payer chacun ladite fomme de cent livres ès mains des Maîtres & Adminiftrateurs de ladite Confrairie, lefquels rendront un compte particulier à la Communauté de la recette & dépenfe qu'ils auront faites pour raifon de leur exercice; & fera copie collationnée de ladite délibération annexée à la minute du préfent Arrêt. Fait au Confeil d'Etat du Roi, tenu à Fontainebleau, le dix Novembre mil fept cens cinquante. *Collationné*, DEVOUGNY.

ARREST du Conseil d'État du Roi, qui ordonne que la dépense des Te Deum *de la Communauté des Maîtres Chandeliers ne pourra excéder la somme de cent vingt livres.*

Du 22 Juin 1756.

Extrait des Registres du Conseil d'Etat.

LE ROI, ayant été informé que les Jurés des Communautés des Marchands & Artisans de Paris, consommoient souvent leurs deniers en des frais & dépenses inutiles, au lieu de les employer à l'acquit de leurs dettes; Sa Majesté auroit ordonné, par plusieurs Arrêts de son Conseil, que les frais de Bureau, de carosses, & autres semblables objets, ne pourroient excéder les sommes fixées par chacun desdits Arrêts; mais comme il n'y a pas été fait mention des dépenses que lesdites Communautés ont coutume de faire à l'occasion des *Te Deum* & réjouissances publiques, Sa Majesté auroit jugé d'autant plus nécessaire d'y pourvoir, que depuis plusieurs années, elles les ont toujours augmentées, soit par émulation entr'elles, soit dans la vûe de donner de plus grandes marques de leur zèle: Et comme l'intention de Sa Majesté n'est pas que l'affection même de ses Sujets leur cause du préjudice, en les portant à des dépenses trop fortes pour leurs facultés, Elle a jugé à propos de régler celles de ce genre dans une juste proportion. A quoi desirant pourvoir: Ouï le rapport du sieur Peirenc de Moras, Conseiller d'Etat, & Ordinaire au Conseil Royal, Contrôleur Général des Finances, LE ROI ÉTANT EN SON CONSEIL, a ordonné & ordonne que la dépense pour les *Te Deum* que la Communauté des Maîtres Chandeliers fera chanter ès réjouissances publiques qui seroient faites par ladite Communauté, à l'avenir, sera justifiée en détail & par des quittances, lors de la reddition des comptes des Jurés de ladite Communauté, & ne ne pourra excéder la somme de 120 livres : Enjoint Sa Majesté aux sieurs Commissaires du Bureau établi pour la liquidation des dettes des Corps & Communautés, & la révision de leurs comptes, & au sieur Lieutenant Général de Police, de tenir la main, chacun en droit soi, à l'exécution du présent Réglement, qui sera registré en ladite Commission, & transcrit sur le Registre de ladite Communauté, pour être exécuté selon sa forme & teneur. FAIT au Conseil d'État du Roi, Sa Majesté y étant, tenu à Versailles le vingt-deuxiéme jour de Juin mil sept cent cinquante-six. *Signé*, M. P. DE VOYER D'ARGENSON.

Le quatrieme Août mil sept cent cinquante-six, la présente copie d'Arrêt rendu du mouvement du Roi, a été signifiée de l'ordre de Sa Majesté aux fins y contenues, aux Jurés & Communauté des Maîtres Chandeliers de la Ville & Fauxbourgs de Paris, tant pour eux, que pour leurs successeurs en Charge, en leur Bureau sis à Paris, rue de la Tixeranderie, parlant aux dénommés en notre Original, à ce que du contenu en icelui, ils n'en ignorent; & ayent à s'y conformer à l'avenir, & à eux laissé, parlant que dessus, la présente copie par nous Huissier ordinaire du Roi en ses Conseils.

Soussigné, DE BRYE.

Le présent Arrêt & signification ci-dessus ont été transcrits sur le Registre de la Communauté, à la suite d'une Délibération du dix-neuf du présent mois, pour être exécuté par les Jurés de présent en Charge & leurs successeurs à l'avenir, par nous Huissier susdit. Et soussigné, DE BRYE.

M

ARREST du Conseil d'État du Roi, rendu en faveur de la Communauté des Maîtres Chandeliers-Huiliers de la Ville & Fauxbourgs de Paris, contre les Privilégiés de la Prévôté de l'Hôtel.

Du 5 Décembre 1758.

Extrait des Registres du Conseil d'Etat.

SUR la Requête présentée au Roi, en son Conseil, par les Jurés en Charge de la Communauté des Maîtres Chandeliers-Huiliers de Paris; contenant que le nommé Martin Fequeur, Boucher, demeurant au Roule, sous le nom de Michel-Denis Fequeur, son fils, Chandelier Privilégié suivant la Cour, fabrique, fait, colporte nuitamment, & vend dans Paris de la Chandelle de mauvaise qualité; que les Supplians en ont saisi cent quinze livres, par deux différens Procès-verbaux, des 24 & 26 Octobre dernier; & que pour en voir ordonner la confiscation, avec amende, dépens, dommages & intérêts, ils ont fait assigner le 4 Novembre présent mois, lesdits Fequeur, pére & fils, pardevant le sieur Lieutenant Général de Police au Châtelet de Paris: mais pour détourner la condamnation à laquelle ces deux fraudeurs doivent s'attendre, Michel Denis Fequeur, sous prétexte qu'il est Privilégié suivant la Cour, a traduit les Supplians, sur l'objet de ces mêmes saisies, en la Prévôté de l'Hôtel, par Exploits des 27 Octobre dernier & 7 du présent mois de Novembre: ce qui forme un conflit entre ces deux Jurisdictions, indépendantes l'une de l'autre, & ressortissantes en Cours différentes; & comme la Prévôté de l'Hôtel ne connoît des Causes des Privilégiés, qu'en ce qui concerne leur commerce à la suite de la Cour seulement, & qu'il s'agit ici d'un fait de commerce dans l'intérieur de Paris, & d'un fait de Police pour la saineté des provisions de Paris: les Supplians ont été conseillés de donner la présente Requête. A CES CAUSES: requéroient les Supplians qu'il plût à Sa Majesté, sans égard aux assignations à eux données, à la requête dudit Fequeur, pour le fait dont est question, en la Prévôté de l'Hôtel, par Exploits des 27 Octobre dernier & 7 Novembre présent mois, ordonner que lesdits sieurs Fequeur, pere & fils, procéderont pardevant le sieur Lieutenant Général de Police au Châtelet de Paris, en exécution des Exploits d'assignations à eux donnés, le 4 dudit mois de Novembre, à la requête des Supplians : défenses auxdits Fequeur de procéder ailleurs, pour raison dudit fait, à peine de quinze cens livres d'amende, cassation & nullité des procédures, dépens, dommages & intérêts : VU ladite Requête signée Seriny, Avocat des Supplians, & les Exploits d'assignations des 27 Octobre, 4 & 7 Novembre mil sept cens cinquante-huit. OUI le rapport du Sieur de Boullongne, Conseiller ordinaire au Conseil Royal, Contrôleur Général des Finances : LE ROI EN SON CONSEIL, sans avoir égard aux assignations données aux Jurés Chandeliers, en la Prévôté de l'Hôtel, à la requête de Denis Fequeur, par Exploits des 27 Octobre & 7 Novembre mil sept cens cinquante-huit, a ordonné & ordonne que lesdits Fequeur, pere & fils, procéderont pardevant le sieur Lieutenant Général de Police au Châtelet, & par appel, au Parlement de Paris, sur les Exploits d'assignation à eux donnés, le 4 Novembre mil sept cens cinquante-huit, à la requête desdits Jurés : fait défenses auxdits Fequeur de procéder ailleurs, à peine de quinze cens livres d'amende, cassation & nullité de procédures, dépens, dommages & intérêts. FAIT au Conseil d'Etat du Roi, tenu à Versailles, le 5 Décembre mil sept cens cinquante-huit. *Collationné*, *Signé*, DEVOUGNY.

ARREST du Conseil d'Etat du Roi, qui ordonne que la nommée Louise Mouton, faisant le Commerce de Chandelle à la faveur d'un Privilége du Grand-Prévôt de l'Hôtel, sera contrainte, & par corps, à faire enlever trois jours après la signification du présent Arrêt, la partie des Suifs étrangers qui lui est échue par le lotissage ordonné par le Sieur Lieutenant Général de Police, & d'en payer le prix.

Du 5 Décembre 1758.

Extrait des Registres du Conseil d'Etat.

LE Roi, pour procurer aux Habitans de la Ville de Paris, une diminution sur le prix de la Chandelle, a bien voulu autoriser les Jurés-Chandeliers de la même Ville, à faire venir de l'Etranger trois cens milliers de Suif par an, pendant trois années, sur lesquels Sa Majesté s'est restrainte à ne faire percevoir que la moitié du droit établi sur cette marchandise, ayant fait grace de l'autre moitié : Sa Majesté a eu la satisfaction de voir que cette grace avoit produit dès l'année 1757, l'effet qu'elle s'en étoit promis, puisque le prix du Suif & celui de la Chandelle sont considérablement diminués; mais Sa Majesté est informée qu'une nommée Louise Mouton, qui ne fait le commerce de Chandelle à Paris, qu'à la faveur d'un Privilege du Grand-Prévôt de l'Hôtel, veut déranger l'ordre établi par le sieur Lieutenant Général de Police pour la distribution des Suifs que les Jurés-Chandeliers ont fait venir cette année, par le refus qu'elle fait de recevoir la portion qui lui a été cottée dans lesdits Suifs, & qu'elle a même poussé la désobéissance jusqu'au point de faire assigner les Jurés-Chandeliers devant le Lieutenant Général de la Prévôté de l'Hôtel, par exploit du dix-huit Novembre mil sept cens cinquante-huit, pour voir dire, qu'elle sera autorisée à enlever cent dix-huit mesures de

Suif qu'elle prétend avoir acheté de Jean-Nicolas Noël, Boucher, & qu'il sera fait défenses auxdits Jurés, de la troubler dans l'exercice de son privilége & de son commerce; Sa Majesté voulant faire cesser une pareille désobéissance, & proscrire une procédure aussi contraire au bon ordre & à l'administration de la Police de Paris : OUI le rapport du Sieur de Boullongne, Conseiller ordinaire au Conseil Royal, Contrôleur Général des Finances, SA MAJESTÉ ÉTANT EN SON CONSEIL, sans s'arrêter à l'assignation donnée à la requête de la nommée Louise Mouton, aux Jurés-Chandeliers de Paris, par exploit du dix-huit Novembre mil sept cent cinquante-huit, devant le Lieutenant Général de la Prévôté de l'Hôtel, ni à tout ce qui a pû & pourroit être prononcé par ledit Lieutenant Général sur la demande de ladite Mouton, que Sa Majesté a cassée & annullée, a ordonné & ordonne que ladite Mouton sera contrainte, & par corps, à faire enlever trois jours après la signification du présent Arrêt, la partie des Suifs étrangers qui lui est échue par le lotissage ordonné par le sieur Lieutenant Général de Police, & d'en payer le prix. Veut Sa Majesté, que dans les distributions prochaines, il en soit usé de la même maniere; & qu'en cas de difficulté, ce qui sera prononcé par le sieur Lieutenant Général de Police, auquel Sa Majesté en attribue la connoissance, soit exécuté par provision, sauf l'Appel au Conseil : fait défenses de se pourvoir ailleurs que pardevant lui; & au Lieutenant Général de la Prévôté de l'Hôtel, & tous autres d'en connoître, à peine de nullité & de mille livres d'amende. FAIT au Conseil d'Etat du Roi, Sa Majesté y étant, tenu à Versailles le cinquiéme jour de Décembre mil sept cent cinquante-huit.

Signé, PHELYPEAUX.

ARREST du Conseil d'Etat du Roi, qui casse deux Ordonnances rendues par le Lieutenant Général de la Prévôté de l'Hôtel, les 2 Novembre & 5 Décembre 1758, la premiere sur le réquisitoire du Procureur du Roi, & la derniere sur la demande de la nommée Mouton : Fait défenses audit Procureur de faire à l'avenir de semblables réquisitoires, & au Lieutenant Général de rendre de pareilles Sentences : Décharge le Fermier du droit sur les suifs, ses Commis, le sieur Petit, Procureur, & l'Huissier Sarrot, de l'amende contr'eux prononcée : Et ordonne que toutes les discussions relatives à la perception du droit du sol pour livre sur les suifs, seront portées devant M. Bertin.

Du 12 Décembre 1758.

Extrait des Regiſtres du Conseil d'Etat.

VU par le Roi, étant en son Conseil, l'Arrêt rendu en icelui le 2 Décembre 1757, par lequel Sa Majesté a commis & subrogé le sieur Bertin, Maître des Requêtes, Lieutenant Général de Police, pour, au lieu & place du sieur Berryer, connoître de tous les différends & contestations qui ont été ou qui seront formés dans la suite pour raison du droit du sol pour livre ordonné être perçu sur les suifs & chandelles de la Ville, Fauxbourgs & Banlieue de Paris, même des contestations nées & à naître à l'occasion des entrepôts & magasins de suifs & chandelles, prohibés & défendus par les Edits, Déclarations & Réglemens de Sa Majesté, & par les Réglemens de Police; & encore au sujet des Bouchers & Chandeliers demeurans en la Ville de Saint Denis & autres lieux dans les parties dépendantes de la Banlieue de Paris, lui en attribuant toute Cour, Jurisdiction & connoissance, & icelle interdisant à toutes ses Cours & autres Juges, le tout sauf l'appel au Conseil : l'Exploit d'offres faites à la requête de Louise Mouton, privilégiée du Prévôt de l'Hôtel, aux sieurs Poisson & Pasquier, Commis du Fermier du droit sur les suifs, de la somme de cent vingt-neuf livres huit sols, pour le droit des suifs que ladite Mouton a prétendu avoir achetés des nommés Noël & Gislin, Bouchers, avec assignation devant le Lieutenant Général de la Prévôté de l'Hôtel, pour voir réaliser lesdites offres, en date du 28 Novembre 1758 : la Requête présentée au sieur Bertin, Maître des Requêtes, Lieutenant Général de Police, comme Commissaire nommé par Sa Majesté, pour tout ce qui a rapport à la perception du droit sur les suifs, par le nommé Eloy Brichard, Fermier dudit droit, tendante à révocation devant lui de l'assignation donnée aux sieurs Poisson & Pasquier, le 28 Novembre, à la requête de ladite Mouton, avec défenses de procéder ailleurs, à peine de nullité & de mille livres d'amende. L'Ordonnance dudit sieur Bertin, étant au bas, portant ladite révocation, & les défenses de procéder ailleurs que devant lui comme Commissaire du Conseil, du 29 du même mois de Novembre : l'Exploit de signification de ladite Requête & Ordonnance faite à la nommée Mouton à la requête dudit Brichard, avec assignation devant ledit sieur Bertin, le même jour 29 Novembre : la Sentence rendue sur le réquisitoire du Procureur de Sa Majesté en la Prévôté de l'Hôtel, par le Lieutenant Général de ladite Prévôté, le 2 Décembre 1758, par laquelle, en faisant droit sur ledit réquisitoire ; vû les Lettres-Patentes du 29 Octobre 1725, & la Sentence du même Juge du 22 Novembre précédent, il est ordonné que lesdites Lettres-Patentes & ladite Sentence seront exécutées selon leur forme & teneur ; que sans avoir égard à l'assignation donnée en révocation de celle de ladite Mouton, en validité de ses offres réelles, par le Fermier & Commis du droit du sol pour livre sur les suifs, le 29 Novembre, ledit Fermier & ses Commis seront tenus de procéder devant ledit Lieutenant Général, déclarant lesdites révocation & assignation nulles & de nul effet, de même que tout ce qui s'en est ensuivi & pourroit s'ensuivre; fait défenses de mettre ni faire mettre aucun Jugement qui seroit intervenu sur ladite révocation à exécution, à peine de nullité, cassation de procédures, & de cinq cens livres d'amende, qui demeurera encourue à la premiere contravention; & pour celle commise auxdites Lettres-Patentes, déclare ladite amende de cinq cens livres encourue, tant contre ledit Fermier du sol pour livre & ses Commis, que contre Petit, Procureur, qui a signé la Requête, & l'Huissier Sarrot, au payement de laquelle chacun d'eux sera contraint comme pour les propres deniers de Sa Majesté; ce qui sera exécuté nonobstant & sans préjudice de l'appel : Ordonnance du même jour, rendue par le même Juge, sur la requête de ladite Mouton, portant permission d'assigner devant lui au Mercredi cinq : Assignation donnée en conséquence au nommé Brichard, Fermier du sol pour livre, le quatre : Ordonnance rendue le cinq par ledit Juge, par laquelle, en donnant Lettres à ladite Louise Mouton de la réalisation de ses offres réelles, & défaut contre Eloy Brichard, il est ordonné que ledit Brichard sera tenu de recevoir la somme de cent vingt-neuf livres huit sols offerte, & d'en donner quittance, sinon & faute de ce faire, ladite Mouton est autorisée à consigner ladite somme ès mains du Receveur des Consignations de la Prévôté de l'Hôtel : & au moyen de la consignation de ladite somme, il lui est permis de faire retirer & enlever les suifs par elle achetés des nommés Noël & Gislin; avec défenses à Eloy Brichard & à tous autres de s'opposer audit enlevement, à peine de mille livres d'amende & de toutes pertes, dépens, dommages & intérêts; ce qui sera exécuté nonobstant opposition ou appellation quelconques, & en cas d'appel, à la caution juratoire de ladite Mouton : Et Sa Majesté ne pouvant regarder la conduite de son Procureur & du Lieutenant Général en la Prévôté de l'Hôtel, que comme un manque de respect & de soumission à ses ordres, portés par l'Arrêt du Conseil du 2

Décembre

Décembre 1757. A quoi voulant pourvoir : Oui le rapport du Sieur de Boullongne, Conseiller ordinaire au Conseil Royal, Contrôleur Général des Finances ; SA MAJESTÉ ÉTANT EN SON CONSEIL, a ordonné & ordonne que ledit Arrêt du 2 Décembre 1757, sera exécuté selon sa forme & teneur, a cassé & annullé les deux Ordonnances rendues par le Lieutenant Général en la Prévôté de l'Hôtel, les 2 Novembre & 5 Décembre 1758, la premiere sur le réquisitoire de son Procureur en ladite Prévôté, la derniere sur la demande de la nommée Mouton. Fait défenses audit Procureur de faire à l'avenir de semblables réquisitoires, & au Lieutenant Général de rendre de pareilles Sentences ; a déchargé & décharge le Fermier du droit du sol pour livre sur les suifs, ses Commis, le sieur Petit, Procureur, & l'Huissier Sarrot, de l'amende prononcée contr'eux par ladite Sentence du 2 Novembre 1758. Veut Sa Majesté, que toutes les demandes & contestations relatives à la perception du droit du sol pour livre sur les suifs, circonstances & dépendances, soient portées devant le sieur Bertin, Maître des Requêtes, Lieutenant Général de Police, & par lui jugées, sauf l'appel au Conseil, conformément audit Arrêt du Conseil du 2 Décembre 1757 : Défend aux Juges de la Prévôté de l'Hôtel & à tous autres, d'en connoître, à peine de nullité, cassation, & de trois mille livres d'amende. FAIT au Conseil d'Etat du Roi, Sa Majesté y étant, tenu à Versailles le Mardi douziéme jour de Décembre mil sept cens cinquante-huit.

Signé, PHELYPEAUX.

PARLEMENT.

ARREST de la Cour de Parlement, qui fait défenses aux Jurés Courtiers de Lards & de Graisses à Paris, de faire aucune visitation, ni saisie de Suifs qui arriveront en cettedite Ville de Paris : Et ordonne que la visitation en appartiendra aux Maîtres Jurés Chandeliers.

Du 2 Juin 1623.

Extrait des Registres de Parlement.

ENTRE Simon Graffart & Jean Deshayes, Jurés Courtiers de Lards & de Graisses à Paris, Appellans des Sentences données par le Prévôt de Paris, en fait de Police, les vingt-deux Janvier & douze Février mil six cens seize, d'une part, & Pasquier Doublet, Jacques Desfossez, Jacques de Pierrefonts, Jean Lefebvre, n'a guères Jurés & Gardes desdits Maîtres Chandeliers, ayant repris le Procès au lieu des précédens Jurés dudit Métier, Demandeurs en Requête du sixiéme jour de Mai mil six cens vingt-deux, à ce que l'Instance appointée en droit, pendante pardevant ledit Prévôt de Paris, entre lesdits précédens Jurés Chandeliers qui étoient Demandeurs à l'enthérinement de deux Requêtes des dix-sept Novembre mil six cens quinze, & douziéme Janvier mil six cens seize, & lesdits Graffart & Deshayes, Défendeurs d'autre, fût évoquée & jointe auxdites appellations d'une part, & lesdits Graffart & Deshayes, Défendeurs d'autre. Vû par la Cour les Instances d'appel & d'évocation jointes d'entre lesdites Parties, la premiere desdites Sentences ; par laquelle défenses auroient été faites auxdits Jurés Courtiers de Lards, Graisses, de faire aucune visitation de Suifs, à peine de prison & de l'amende; la seconde, par laquelle ledit Prévôt de Paris auroit déclaré la saisie faite par lesdits Graffart & Deshayes sur Pierre Guillemot, Marchand, Bourgeois de Paris, de quelque quantité de Suifs contre & au préjudice desdites défenses : Ensemble les poursuites & procédures par eux faites pardevant le Prévôt des Marchands & Echevins de cette Ville, nulles, & condamnés en chacun huit livres Parisis d'amende & dépens, dommages & intérêts de ladite saisie, & à eux fait défenses à l'avenir de plus faire aucune visitation des Suifs qui seroient ci-après apportés en cette Ville de Paris, tant par eau que par terre ; & en cas de contravention par lesdits Graffart & Deshayes, permis auxdits Jurés Chandeliers de les faire prendre & constituer prisonniers, nonobstant oppositions ou appellations quelconques, & sans préjudice d'icelles, attendu qu'il étoit question d'un fait de Police, & iceux Graffart & Deshayes condamnés ès dépens; lesdites Requêtes présentées par lesdits Jurés Chandeliers audit Prévôt, tendantes à ce que les saisies faites à la requête desdits Jurés Courtiers sur ledit Jacques Desfossez, Maître Chandelier, & Pierre Gellée, Marchand de ladite Ville, & autres, fussent déclarées nulles; que main-levée leur en fût faite, & déchargés de l'amende & dépens, esquels ils avoient été condamnés, & défenses être faites auxdits Graffart & Deshayes de faire aucune visitation ni saisie des Suifs qui arriveroient en cette Ville de Paris ; ains que ladite visitation appartiendroit auxdits Jurés Chandeliers, & pour l'entreprise par eux faite, qu'ils fussent condamnés en l'amende. Arrêts des septiéme Janvier & onziéme Juillet mil six cens vingt-deux, par lesquels sur lesdites appellations les Parties auroient été appointées au Conseil, à bailler causes d'appel, réponses & produire, bailler contredits & salvations; & sur la Requête d'évocation, la Cour a évoqué à elle ladite Instance principale pendante pardevant le Prévôt de Paris, & sur icelle les Parties appointées à faire droit, causes d'appel;

réponses, productions, contredits & salvations desdites Parties sur le tout. Arrêt du quinziéme Mai mil six cens vingt-trois, par lequel Denis Legrand, Mathurin Chrestien, Toussaints Bodeau, & Pierre de Marquemont, à présent Jurés & Gardes desdits Maîtres Chandeliers, auroient été subrogés à la poursuite desdites Instances, au lieu desdits Desfossez & Consorts, & auroit la Cour reçu Jacques Graffart, reçu à reprendre lesdites Instances au lieu dudit défunt Deshayes, en l'état qu'elles étoient. Conclusions du Procureur Général du Roi, ET TOUT CONSIDERÉ, dit a été : Que la Cour a mis & met les appellations, & ce dont a été appellé, au néant, en ce que lesdits Graffart & Deshayes auroient été condamnés en chacun huit livres d'amende, lesdites Sentences au résidu sortissant leur plein & entier effet, condamne lesdits Courtiers ès dépens de la cause d'appel, & faisant droit au principal évoqué, a fait & fait main-levée auxdits Guillemot, Gellée & Desfossez des saisies sur eux faites à la requête desdits Courtiers de Lards & Graisses, leur a fait & fait inhibitions & défenses de faire aucune visitation ni saisie de Suifs qui arriveront en cette Ville de Paris; ains que la visitation en appartiendra auxdits Maîtres Jurés Chandeliers, auxquels la Cour enjoint de faire exacte visite & recherche ès maisons des Chandeliers, à ce qu'ils n'employent aucunes Graisses & mauvais Suifs en leurs marchandises, à ce que les Réglemens, Statuts de leur Métier soient soigneusement gardés; condamne lesdits Courtiers ès dépens dudit Procès évoqué. Prononcé en Parlement le deuxiéme jour du mois de Juin mil six cens vingt-trois.

Collationné avec paraphe.

ARREST rendu sur les Conclusions de Monsieur Bignon, Avocat Général, servant de Réglement pour la Communauté des Maîtres Chandeliers-Huiliers de la Ville, Fauxbourgs & Banlieue de Paris, qui fait défenses à tous Maîtres dudit Métier, de faire aucun Procès pour raison du fait de la Communauté, qu'après une Assemblée & Résultat d'icelle, à peine de 500 livres d'amende contre les contrevenans, & de tous dépens, dommages & intérêts.

Du 10 Juin 1654.

Extrait des Registres de Parlement.

Appert par le prononcé d'icelui, être ordonné ce qui suit.

APRÈS que DANE'S pour Bonne & Descallongne, ISALIS pour Guytard, Caillier, Hamelin & Consorts, Demandeurs & Défendeurs, CHENIOT pour Gosset, Fauveau & consorts, Intervenans & Appellans; DIDIER pour Dardoüillet & consorts, Appellans & Défendeurs; POULAIN, Avocat, pour ledit Touchet, Appellant & Défendeur, DESALLEUX pour lesdits Hamelin, Caillier, Dardoüillet & consorts, follement intimés, & de GAUMONT pour les Jurés, ont été ouis; ensemble BIGNON pour le Procureur Général du Roi, LA COUR a mis & met les appellations, & ce dont a été appellé au néant, sans amende; émandant, évoquant le principal, & y faisant droit, ensemble sur lesdites Lettres de Requête Civile. Requêtes, interventions & oppositions à la nomination & élection desdits Bonne & Descallongne, a mis & met les Parties hors de

Cour & de Procès; & faiſant droit ſur l'appel interjetté par leſdits Vaſſe & conſorts de la Sentence du 31 Janvier dernier, a mis & met l'appellation, & ce dont eſt appel au néant ſans amende, en ce par icelle leſdits Vaſſe & conſorts ſont condamnés rendre & payer audit Touchet, la ſomme de ſix vingt-une livres, & ſoixante & dix-neuf livres au réſidu, ladite Sentence ſortira effet; ce faiſant, ſont leſdits Bonne & Deſcallongne maintenus en leur Jurande: Et ayant égard aux Requêtes de Guytard & conſorts, à fin d'être reçus oppoſans à la permiſſion d'informer, obtenue par leſdits Goſſet, Fauveau & conſorts, le 25e jour de Juin 1653, information, & tout ce qui s'en eſt enſuivi, a reçu leſdits Guytard & conſorts oppoſans, & faiſant droit ſur leſdites oppoſitions & appel, a mis leſdites appellations, & ce dont a été appellé au néant, & ſur l'extraordinaire, les Parties hors de Cour, faiſant droit ſur la Requête du 27 Juin, & interprétant l'Arrêt du 20 Novembre 1643, a ordonné & ordonne que dorénavant il ſera procédé à nomination des Jurés Chandeliers par les quatre Jurés, & tous les Bacheliers Jurés Huiliers, tant en Charge que hors de Charge, Goſſet & Fauveau, un tiers d'anciens Maîtres, & un tiers de jeunes Maîtres, tenans boutiques alternativement, ſelon l'ordre du Tableau, qui contiendra leurs noms, ſurnoms & temps de leur réception, avec défenſes à l'avenir à tous Maîtres dudit Métier faire aucuns Procès pour raiſon du fait de ladite Communauté, qu'après une aſſemblée & réſultat d'icelle, à peine de cinq cens livres d'amende, qui ſera dès-à-préſent déclarée encourue contre les contrevenans, & de tous dépens, dommages & intérêts, & ſans dépens entre toutes les Parties, ſans néanmoins auſdits Goſſet & Fauveau à ſe pourvoir ainſi qu'ils aviſeront bon être, pour raiſon des dépens à eux adjugés par ledit Arrêt du 28 Novembre 1643, contre les particuliers condamnés par icelui ſeulement, pour ce qui leur en peut être dû, & défenſes au contraire. FAIT en Parlement le dixieme jour de Juin mil ſix cens cinquante-quatre.

Signé, DU TILLET.

ARREST de la Cour de Parlement, en forme de Réglement, rendu en faveur de Jurés de la Communauté des Maîtres Chandeliers à Paris; contre les Marchands Merciers, & autres faisant venir Suifs & Chandelles à Paris, tant par terre que par eau.

Du 13 Août 1667.

LOUIS, par la grace de Dieu, Roi de France & de Navarre, au premier des Huissiers de notre Cour de Parlement, ou autre notre Huissier ou Sergent sur ce requis: Comme le jour & date des présentes, comparant en notre Cour de Parlement en la Chambre de l'Edit, les Jurés de la Communauté des Maîtres Chandeliers de cette Ville de Paris, Appellans des Sentences rendues par le Prévôt de Paris ou son Lieutenant Civil, les 29 Mai & premier Juin 1666, & demandeurs à l'enthérinement des rapports faits par Mathurin Niceron, Marchand Epicier, Claude Fournier & Claude Bastelaron, Marchands Bouchers de cette Ville de Paris, Experts nommés d'office par Arrêt du 6 Juillet 1666, de la visitation, prisée & estimation par eux faite des Suifs & Chandelles de Suifs saisis à la requête desdits Jurés Chandeliers, sur Jean Belette, Marchand, Bourgeois de Paris, insérée aux Procès-verbaux du Conseiller Commis, des 8 Juillet & 18 Septembre audit an 1666, faits en exécution des Arrêts des 6 Juillet & 6 Septembre audit an, d'une part, & ledit Belette, intimé & défendeur d'autre. Vû par notre Cour de Parlement, en la Chambre de l'Edit, en laquelle par Arrêt du 9 Juin 1666, le différend des Parties auroit été retenu; les Procès-verbaux du Commissaire Bruslé, & Exploits des 27 & 28 Mai audit an 1666, contenant la saisie faite à la Requête desd. Jurés Chandeliers de 25 caisses de Chandelles, 52 autres caisses de Chandelles & de 64 balots de Suifs, sur ledit Belette, avec assignation à lui donnée pardevant le Lieutenant Civil, pour voir déclarer lesdites saisies bonnes & valables, lesdites Sentences, celle du 29 Mai entre lesdits Jurés Chandeliers, demandeurs aux fins de leursdites saisies & défendeurs, & ledit Belette défendeur & demandeur en main-levée desdits Suifs & Chandelles saisies, par laquelle avant faire droit sur les demandes des Parties, auroit été ordonné que les Chandelles & Suifs saisis seroient vûs & visités par Poquelin, Marchand de soie, à laquelle visitation lesd. Jurés Chandeliers pourroient assister si bon leur sembloit; & celle du 1er Juin, par laquelle, en conséquence du refus fait par ledit Poquelin de procéder à ladite visitation, auroit été ordonné qu'elle seroit faite par ledit Niceron; Marchand Epicier, pour, son rapport fait, être ordonné ce que de raison. Arrêt du 6 Juillet 1666, par lequel entr'autres choses, avant faire droit sur la demande dudit Belette du 19 Juin audit an, à fin de main-levée de ladite Chandelle, en tous cas à sa caution juratoire, pour être ensuite portés au Bureau de la Communauté des Mds Merciers, pour être visités par les Maîtres & Gardes en la maniere accoutumée; auroit été ordonné que les Chandelles & Suifs dont étoit question, seroient vûes & visitées par ledit Mathurin Niceron, & les deux anciens Jurés Bouchers en charge, qui en dresseroient leur rapport en présence du Conseiller-Rapporteur, & de l'un des Substituts de notre Procureur Général, même de l'un desdits Jurés Chandeliers qui cotteroit les défectuosités desdits Suifs & Chandelles seulement, pour le tout fait & rapporté & communiqué à notre Procureur Général, être ordonné ce que de raison: autre Arrêt du 14 dudit mois de Juillet, par lequel auroit été ordonné qu'en procédant par lesdits Experts à ladite visite, ils feroient leur rapport du déchet & dépérissement de ladite Chandelle; Procès-verbal dudit Conseiller, du 8 dudit mois de Juillet & jours suivans, contenant les comparutions des Parties & desdits Experts, & les rapports de la visitation, prisée & estimation de ladite Chandelle & Suifs. Arrêt du 6 Septembre 1666, par lequel, sans préjudice des droits des Parties au principal, auroit été ordonné que les trente-trois caisses de Chandelles qui se seroient trouvées défectueuses, & les vingt-deux caisses fourrées de mauvais Suifs, par

par le rapport des Experts suivant leurs numéros, seroient fondues en la présence dudit Belette & desdits Jurés Chandeliers, & le Suif en provenant vendu par Fourrel, Huissier en notre Cour, les deniers tenus en Justice, à la conservation de qui il appartiendroit, les frais de vente préalablement pris, à la représentation les Gardiens & dépositaires contraints par corps, quoi faisant, déchargés; main-levée faite audit Belette, tant des 22 caisses trouvées bonnes, que de 64 balots de Suifs d'Auvergne, à sa caution juratoire, lesdites 22 caisses & 64 balots de Suifs, préalablement prisées & estimées par les Experts qui avoient procédé à ladite visitation pour être lesdites vingt-deux caisses brulées & loties entre les Maîtres Chandeliers, en payant par eux le prix de l'estimation qui en seroit faite, à la charge néanmoins que lesdits soixante-quatre balots de Suifs, & celui qui proviendroit des cinquante-cinq caisses, ne pourroient être employés à faire Chandelles, & seroient consommés à autres usages, & à cette fin seroient les scellés levés, iceux préalablement reconnus. Arrêt du 12 Janvier 1667, par lequel, sur les appellations desdits Jurés Chandeliers, les Parties auroient été appointées au Conseil, lesdits Procès-verbaux, & rapport d'Experts reçus pour juger, sauf à débattre iceux Procès-verbaux de moyens de nullité, & sur l'enthérinement les Parties appointées à écrire & produire sur le tout. Causes d'appel & réponses: Requête dudit Belette employée pour moyen de nullité; réponses desdits Jurés Chandeliers: production par eux faite; forclusions de produire par ledit Belette. Arrêt du 9 Février 1667, entre lesdits Jurés Chandeliers, demandeurs aux fins contenues ès Procès-verbaux dudit Commissaire Bruslé, & ès Exploits de saisie, des 27 & 28 Mai 1666, & défendeurs d'une part; & ledit Belette défendeur & demandeur en main-levée des Chandelles & Suifs saisis d'autre, par lequel le principal différend des Parties, auroit été évoqué, & sur icelui les Parties appointées à produire & ouir droit; production desdits Jurés Chandeliers sur ledit principal évoqué; Instance entre ledit Belette, demandeur suivant ses défenses du 19 Juin 1666, d'une part, & lesdits Jurés Chandeliers, défendeurs d'autre; ladite demande, à ce que main-levée fût faite audit Belette de la saisie sur lui faite de ladite Chandelle, en tout cas sa caution juratoire pour être ensuite portée au Bureau de la Communauté des Marchands Merciers pour être visitée par les Maîtres & Gardes de ladite Communauté en la maniere accoutumée; défenses desdits Jurés Chandeliers; appointement en droit : productions desdits Jurés Chandeliers sur ladite demande, & dudit Belette, tant sur icelle que sur le principal évoqué; leurs contredits sur le tout, suivant l'Arrêt du 3 Mars 1667, & Requête qui l'auroit déclaré commun. Autre instance, entre lesdits Jurés Chandeliers, demandeurs en Requêtes des 28 & 31 Août 1666, d'une part, & ledit Belette défendeur d'autre; lesdites Requêtes, la premiere du 28 Août, à ce que sans s'arrêter à la demande dudit Belette, à fin de main-levée, il fût ordonné que lesdites Chandelles & Suifs qui se seroient trouvés défectueux par le rapport desdits Experts, seroient confisqués au profit de qui il appartiendroit, ledit Belette condamné en leurs dépens, dommages & intérêts & amende, avec défenses de récidiver; que les Arrêts des 2 Juin 1623, & 27 Août 1627, seroient exécutés selon leur forme & teneur; & celle du 31 dudit mois d'Août, à ce qu'en tant que besoin seroit, lesdits Jurés Chandeliers fussent reçûs opposans aux Statuts des Marchands Merciers, au chef concernant la vente des Chandelles, & à l'exécution de l'Arrêt de vérification & enregistrement d'iceux de l'année 1616 produits par ledit Belette; faisant droit sur l'opposition, sans avoir égard auxdits Statuts, défenses fussent faites auxdits Marchands Merciers de vendre aucune Chandelle, conformément aux Reglemens de Police, & Arrêts de notredite Cour : Arrêt du premier Mars 1667, par lequel, sur lesdites Requêtes, les Parties auroient été appointées à produire; Requête desdits Jurés Chandeliers employée pour moyens d'opposition & production; Requête dudit Belette employée pour réponses; autre Requête desdits Jurés aussi employée pour réponses à celle dudit Belette; forclusions de produire par ledit Belette. Arrêt du 20 Juin 1667 entre ledit Belette, appellant desdites Sentences des 29 Mai & premier Juin 1666 d'une part, & lesdits Jurés

Chandeliers intimés d'autre, par lequel sur ledit appel les Parties auroient été appointées au Conseil, joint les fins de non-recevoir, desdits Jurés Chandeliers, qui étoient qu'ils avoient interjetté appel des mêmes Sentences, & que ledit Belette en avoit soutenu le bien jugé, & défenses au contraire sur lesquelles seroit préalablement fait droit, & Acte auxdits Jurés Chandeliers de ce que, pour production sur ledit appel, ils auroient employé ce qu'ils avoient écrit & produit; forclusions de fournir de causes d'appel, défenses à fins de non-recevoir & produire par ledit Belette; autre Instance entre ledit Belette, demandeur en Requête du 12 Août 1666 d'une part, & Jacques Goribon, Marchand à Aires en Auvergne, défendeur d'autre; ladite Requête, à ce que ledit Goribon fût condamné de prendre le fait & cause dudit Belette, l'acquitter, garantir & indemniser de la poursuite desdits Jurés Chandeliers, lui rendre & restituer, comme dépositaire de biens de Justice, la somme de trois mille livres qu'il lui avoit avancée, sur & tant moins du marché fait entr'eux, & les intérêts d'icelle du jour qu'il l'avoit reçue, & aux dommages & intérêts par lui soufferts, dépens en demandant, défendant, & de la sommation; défenses, Appointement en droit, production des Parties; Requête dudit Goribon du 23 Mai 1667, à ce qu'il fût reçû Appellant desdites Sentences des 29 Mai & premier Juin, & opposant à l'exécution desdits Arrêts des 6 Juillet & 6 Septembre 1666; Procès-verbaux de visitations desdites Chandelles & Suifs, saisies d'iceux faites par lesdits Jurés Chandeliers, & à la vente & fonte faite desdits Suifs & Chandelles, en exécution dudit Arrêt du 6 Septembre, & à toute la procédure faite en vertu desdits Arrêts, & y faisant droit, ladite procédure déclarée nulle, & en conséquence de la revendication faite par ledit Goribon desdits Suifs & Chandelles, & de ses offres de ne les vouloir vendre en cette Ville de Paris, lesdits Chandeliers fussent condamnés lui rendre la valeur desdites marchandises au dire d'Experts à ce connoisseurs, dont les Parties conviendroient, & en tous ses dommages & intérêts, soufferts & à souffrir, & en tous les dépens. Arrêt du 7 Juin dernier, par lequel, sur ladite Requête, les Parties auroient été mises hors de Cour & de Procès. Conclusions de notre Procureur Général : TOUT JOINT ET CONSIDERE', Dit a été que notre Cour, sans s'arrêter aux fins de non-recevoir, en tant que touche l'appel dudit Belette, a mis & met l'appellation au néant, ordonne que ce dont a été appellé sortira effet, le condamne en une amende de 12 livres tournois ; & à l'égard de l'appel interjetté par lesdits Jurés Chandeliers, met l'appellation & ce dont a été appellé au néant, émandant, faisant droit au principal évoqué, a maintenu & gardé les Maîtres Jurés Chandeliers au droit de visiter les Chandelles & Suifs qui arriveront en cette Ville de Paris, tant par eau que par terre, lesquels à cette fin tiendront port & marché pendant trois jours, ce fait, seront portées aux Halles pour être loties entre les Maîtres Chandeliers, & par eux débitées en détail, & les Suifs qui se trouveront bons par la visite, convertis en Chandelles, sinon les défectueux seront vendus aux Maîtres des autres métiers qui se servent de Suifs pour être employés à leur usage ; fait défenses audit Belette & à tous autres Marchands, de vendre ni faire vendre aucunes Chandelles, soit en gros ou en détail, & icelles, ensemble les Suifs qu'ils feront venir en cette Ville, ne pourront être vendus qu'en gros auxdits Chandeliers sur lesdits Ports & Halles, & les Suifs qui ne seront trouvés bons à faire Chandelles par la visitation & marque qui en sera faite par lesdits Jurés Chandeliers, seront vendus aux Maîtres des autres métiers qui se servent de Suifs ; & en conséquence déclare les saisies faites sur ledit Belette bonnes & valables, ce faisant, enthérinant les rapports desdits Experts insérés au procès verbal du 8 Juillet 1666 & jours suivans, ordonner que les trente-trois caisses de Chandelles trouvées défectueuses & les vingt-deux caisses fourrées de mauvais Suifs, demeureront confisquées, & le prix provenu du Suif desdites Chandelles fondues étant ès mains de l'Huissier Fourrel, baillé & délivré, sçavoir un tiers à l'Hôtel-Dieu, un autre tiers à l'Hôpital Général, & l'autre tiers aux Religieuses du Couvent de l'Ave-Maria ; déduction préalablement faite sur ledit prix des frais faits pour parvenir à la fonte & vente desdits Suifs, à ce faire sera ledit Fourrel contraint comme dépositaire; quoi faisant, déchargé, fait main-levée audit Belette des vingt-deux caisses des Chandelles trouvées bonnes & valables par lesdits Experts & qui ont été loties entre lesdits Maîtres Chandeliers; ordonne que la somme de neuf cent quatre-vingt dix-sept livres, provenue de la vente qui leur en a été faite, reçue par ledit Belette en exécution de l'Arrêt du 6 Septembre 1666, lui demeurera définitivement, comme aussi lui fait main-levée des soixante-quatre balots de Suifs saisis, iceux préalablement marqués par lesdits Jurés Chandeliers, à la charge néanmoins qu'ils ne pourront être employés à faire de la Chandelle : condamne ledit Belette en tous les dépens; & avant faire droit, tant sur l'opposition desdits Jurés Chandeliers au chef des Statuts des Marchands Merciers, Grossiers, Jouailliers, concernant le droit qu'ils prétendent avoir de vendre de la Chandelle, & à l'exécution de l'Arrêt d'enregistrement du 7 Mars 1616; que sur la sommation dudit Belette contre ledit Goribon, ordonne que les Maîtres & Gardes de la Marchandise de Mercerie seront appellés à la diligence desdits Jurés Chandeliers, pour défendre à leur opposition si bon leur semble, & que lesdits Belette & Goribon contesteront entr'eux plus amplement sur leur sommation, écriront, produiront, bailleront contredits & salvations dans le temps de l'Ordonnance : pour ce fait, être ordonné ce que de raison, dépens pour ce regard réservés. SI TE MANDONS, à la requête desdits Jurés Chandeliers, le présent Arrêt mettre à exécution, de ce faire te donnons pouvoir. Donné à Paris en notre Parlement & Chambre de l'Edit, le treize Août, l'an de grace mil six cent soixante-sept, & de notre regne le vingt-quatrieme. PAR LA CHAMBRE,

Signé, DUTILLET.

ARREST de la Cour de Parlement, qui ordonne qu'il sera fait une Liste de tous les Maîtres Chandeliers, suivant l'ordre de leur Réception.

Du 13 Décembre 1672.

Extrait des Registres de Parlement.

ENTRE Jean Condet, Maître Chandelier à Paris, Juré dudit Métier, Jacques Sabathier & Adrien Pitrou, aussi Maîtres Chandeliers en cettedite Ville, soi disans Jurés de la Communauté desdits Chandeliers, Demandeurs en Requête par eux présentée à la Cour le 20 Septembre 1672, tendante à ce qu'il lui plaise les recevoir opposans à l'exécution de l'Arrêt rendu contre les Défendeurs ci-après nommés, le 5 Septembre dernier 1672, faisant droit sur ladite opposition, débouter ceux des Défendeurs qui ont donné la Requête sur laquelle il est intervenu de la demande mentionnée en ladite Requête datée du 30 Août dernier, & les condamner aux dépens; & en conséquence que pour la contravention par eux formée à l'Arrêt du 10 Juin 1654, & autres rendus en exécution d'icelui, & intenté action contre la Communauté desdits Maîtres Chandeliers & Jurés d'icelle, contre la prohibition y mentionnée, que la peine de cinq cent livres d'amende sera déclarée encourue contre chacun d'eux, au profit de l'Hôpital Général, & qu'au payement desdites sommes ils seront contraints, & par corps, avec très-expresses inhibitions & défenses aux Défendeurs & tous autres Maîtres Chandeliers de plus à l'avenir intenter aucune action contre ladite Communauté, sans assemblée & délibération préalable, & qu'il ait été ainsi résolu, à peine de 1000 livres d'amende qui sera déclarée encourue à la premiere contravention, & attendu que le Substitut du Procureur Général du Roi au Siége du Châtelet, s'est rendu Partie des Demandeurs par l'Arrêt dudit jour 5 Septembre dernier, qu'à l'avenir les Assemblées pour la nomination des Jurés se feront de l'Ordonnance du Lieutenant de Police, & les autres Défendeurs condamnés aux dommages & intérêts desdits Demandeurs, & dépens de l'Instance, d'une part, & Messire Armand-Jean de Rians Conseiller de Sa Majesté en ses Conseils, & Substitut du Procureur Général du Roi au Siége du Châtelet, & Jean Antheaume, Jean Croissant, Césard Bichebois, Charles Besche, & Henri Loy, tous Maîtres Chandeliers en cette Ville, & anciens Jurés Bâcheliers d'icelle Communauté, Défendeurs d'autre : Et encore entre lesdits Antheaume, Croissant, Bichebois, Besche & Loy, Demandeurs en autre Requête par eux présentée à la Cour le 24 Septembre 1672, tendante à ce qu'en déboutant lesdits Condet, Sabathier & Pitrou, esdits noms, de ladite Requête du 20 dudit mois de Septembre dernier, les recevoir opposans à l'exécution de l'Arrêt du 13 Août de la présente année, faisant droit sur ladite opposition, déclarer la procédure faite en exécution d'icelui, & le Procès-verbal du 27 Août dernier, nulle & irréguliere ; & pour la contravention des Jurés aux Arrêts ; & notamment à celui du 2 Septembre 1671, déclarer la peine de 500 livres encourue à l'encontre d'eux au profit de l'Hôpital Général, à ce faire contraints par corps, avec défenses de plus faire de semblables procédures ; & les condamner aux dépens d'une part, & lesdits Condet, Sabathier & Pitrou prétendus Jurés desdits Chandeliers de cette Ville de Paris, Antoine Gosset, Maître Chandelier, & soi-disant ci-devant Juré Huilier, Bâchelier & Garde de l'Etalon Royal de cette Ville ; Georges Lignon, Jean Dusault, Noël Caboche, Claude Cosset, Nicolas Carabeuf, Jean Lanté, Sébastien Hamelin, Jean Horest, Jean Gailliard, François Marchand, & Etienne Sabathier, & autres, tous Maîtres Chandeliers & Huiliers en cettedite Ville, Défendeurs d'autre : Après que Girard pour lesdits Condet, Sabathier & Pitrou ; & Reversé pour le Substitut du Procureur Général du Roi du Châtelet, ont été ouis sur la réception de l'appointement avisé au Parquet des Gens du Roi, & que Piau Huissier a rapporté avoir appellé les Défendeurs, & Rollet & Gobreau leurs Procureurs : Oui Talon pour le Procureur Général du Roi. LA COUR ordonne que l'appointement sera reçu, & suivant icelui a reçu les Parties respectivement opposantes; faisant droit sur l'opposition, ordonne qu'il sera fait incessamment une Liste de tous les Maîtres Chandeliers, suivant l'ordre de leur réception, à la diligence des Jurés en Charge, à l'effet de quoi tous les Maîtres mettront leurs Actes de réception ès mains de Maître Jolly, Substitut du Procureur Général, pour être par lui ladite Liste dressée; Ordonne aussi que les quatre anciens Maîtres qui n'ont point passé les Charges, demeureront Jurés en la place de ceux qui sortiront de Charge, pourvu néanmoins qu'ils ne soient point du nombre de ceux contre lesquels il y a eu des décrets décernés, auquel cas seront pris ceux qui suivent immédiatement, lesquels quatre anciens Maîtres feront le serment pardevant le Substitut du Procureur Général du Roi au Châtelet en la maniere ordinaire, & seront tenus les nouveaux Jurés faire achever dans trois mois l'instruction du Procès criminel intenté contre aucuns des Maîtres Chandeliers, aux frais de la Communauté, autrement ledit temps passé, sera ledit Procès jugé en l'état qu'il se trouvera; & en cas qu'aucuns de ceux contre lesquels il y a décret, se trouvent présentement en rang d'être Jurés, & que par l'Arrêt qui interviendra ils soient renvoyés absous, ils prendront leur rang en la premiere Election; Ordonne néanmoins que tous ceux contre lesquels il y a décret, pourront assister aux Assemblées de la Communauté, soit pour la réception des Maîtres, & en cas qu'ils y doivent être appellés par les Statuts, Arrêts & Réglemens; Ordonne en outre qu'à l'avenir les Jurés seront choisis par l'ordre du Tableau, pourvu que ceux qui ont tenu boutique ouverte l'espace de dix années se trouvent les plus anciens; & en cas qu'aucuns de ceux qui se trouveront dans le rang d'antiquité fussent indignes & incapables, l'on élira celui qui le suivra immédiatement; & pour cet effet, Assemblée pour procéder à l'Election sera faite en la maniere ordinaire en présence du Substitut du Procureur Général du Roi, au Châtelet; & ne pourront ceux qui seront en rang, être exclus, que la cause de leur exclusion ne soit insérée dans l'Acte de l'Election,

&

& qu'elle ne soit approuvée par les deux tiers de ceux qui procéderont à l'Election, tous dépens compensés, a donné défaut ; & pour le profit déclare l'Arrêt commun avec les défaillans. FAIT en Parlement le treize Décembre mil six cent soixante-douze. *Collationné*, *Signé*, ROBERT, avec Paraphe.

Signifié & baillé copie à Maîtres Charles Roollet, la Foasse & Gobreau Procureurs des Parties adverses, le 28 Janvier 1673. Par moi Huissier. *Soussigné* PREVOST.

A La Requête de Maître Henri le Marchand, Procureur en Parlement, de Jean Condet, Jacques Sabathier & Adrien Pitrou, Maîtres Chandeliers & Jurés de la Communauté des Maîtres Chandeliers de cette Ville de Paris, de présent en charge : Soit sommé & interpellé

Maître Chandelier à Paris, de satisfaire à l'Arrêt contradictoire du 13 Décembre 1672, dont copie est ci-dessus transcrite, rendu pour le repos de ladite Communauté, à la diligence desdits Jurés, & suivant icelui de rapporter & représenter son Acte de réception à la Maîtrise de Chandelier de cettedite Ville de Paris, samedi prochain onzieme du présent mois de Février 1673, deux heures de relevée en l'Hôtel & Maison de Messire Jolly, Substitut de M. le Procureur Général du Roi en la Cour, scis au Cloître Notre-Dame de l'Eglise de Paris, pour être procédé sur la représentation dudit Acte de réception, & celui des autres Maîtres Chandeliers de cettedite Ville, à la confection de la Liste ordonnée être faite par le susdit Arrêt du 13 Décembre dernier, des noms & jours des réceptions de tous les Maîtres Chandeliers de cettedite Ville de Paris, suivant l'ordre & date de leurdite réception, sinon & à faute de ce faire par ledit

Maître Chandelier, déclarent lesdits Jurés de ladite Communauté ; qu'il demeurera exclus d'être compris dans ladite Liste ; comme aussi de pouvoir parvenir à la Jurande dudit Métier de Chandelier, au désir dudit Arrêt, même d'avoir aucune voix délibérative aux Assemblées de ladite Communauté, à ce qu'il n'en ignore, dont Acte &c.

ARREST de la Cour de Parlement, qui maintient & garde la Communauté des Maîtres Chandeliers-Huiliers de la Ville & Fauxbourgs de Paris, en la possession & jouissance de vendre & débiter en regrat & détail dans leurs Maisons & Boutiques, des Marchandises de Sabots, Pelles, &c. à condition que lesdites Marchandises seront marquées par les Maîtres Vanniers, Quincaillers, &c.

Du 3 Février 1677.

Extrait des Registres de Parlement.

LOUIS par la grace de Dieu, Roi de France & de Navarre : Salut; Sçavoir faisons, qu'entre Nicolas Tirpré, Maître Chandelier à Paris, appellant d'une Sentence rendue par le Lieutenant de Police au Châtelet de Paris, le 27 Août 1675, d'une part, & les Jurés Vanniers, Quincaillers, Boisseliers & Tourneurs de cette Ville de Paris, intimés d'autre; & entre les Jurés de la Communauté des Chandeliers de cette Ville de Paris, appellans des Sentences rendues par le même Lieutenant de Police les 11 Janvier & 27 Août audit an 1675, & 8 Janvier 1676, & opposans aux Arrêts de vérification des Statuts desdits Vanniers, Quincaillers, Boisseliers & Tourneurs des 15 Janvier 1561 & 26 Août 1608, suivant la Requête du 25 Janvier 1676, signifiée le 30 dudit mois d'une part, & lesdits Jurés Vanniers, Quincaillers, Boisseliers & Tourneurs, intimés & défendeurs d'autre; & encore entre Nicolas Pluyette aussi Maître Chandelier à Paris, appellant d'une Sentence rendue par ledit Lieutenant de Police le 7 Janvier 1676 d'une part, & lesdits Jurés Vanniers, Quincaillers, Boisseliers & Tourneurs intimés d'autre. Vû par la

Cour ladite Sentence du 27 Août 1675, dont est appel par ledit Tirpré rendue par ledit Lieutenant de Police entre lesdits Jurés Vanniers, Quincaillers, Tourneurs & Boisseliers à Paris, demandeurs en saisies & confiscation de six grosses de Sabots, cinq grosses de Sabots, & trente paires de Sabots, cinq autres grosses & demi de Sabots, le tout à chausser, tant appareillés que non assortis, un cent de Pelles à main, deux cent & trois quarterons de Pelles courtes à main, quatorze autres Pelles aussi à main, & six Batois, suivant leur Exploit de saisie du 26 Juillet 1675, & en confirmation de l'avis du Substitut de notre Procureur Général du Roi audit Châtelet du 7 dudit mois d'Août d'une part, & ledit Tirpré Maître Chandelier à Paris, défendeur en ladite saisie, par laquelle, par vertu du défaut donné contre ledit Tirpré, lecture faite des Statuts, Réglemens & Ordonnances desdits Métiers, les Arrêts de la Cour rendus entre lesdites Communautés le 10 Juin & 6 Août 1654, la Sentence rendue aussi entre lesdites Communautés par le Bailly de Saint-Germain-des-Prés le 5 Septembre audit an, portant Réglement, celle dudit Juge de Police du 11 Janvier 1675, rendue à l'encontre de Jean Gauerel, Maître Chandelier, dudit Exploit & autres Piéces, & l'Avocat du Roi audit Châtelet oui, ledit avis du Substitut de notre Procureur Général du Roi au Châtelet, auroit été confirmé, & suivant icelui ordonné que les Statuts des Maîtres Boisseliers, Vanniers & Tourneurs, Réglemens & Arrêts seroient exécutés, & conformément à iceux, auroit été dit qu'à eux seuls appartiendroit le droit d'acheter & vendre des Sabots, Pelles & autres Marchandises de leur Métier, tant en gros qu'en détail, défenses audit Tirpré & à tous autres Maîtres Chandeliers d'entreprendre d'en faire aucun trafic, & en conséquence ladite saisie auroit été déclarée bonne & valable; ce faisant ordonné que les Marchandises saisies seroient portées à la Halle pour y être vendues à la diligence desdits Jurés Vanniers, Quincaillers, Tourneurs & Boisseliers, & le prix rendu audit Tirpré, sur icelui déduit la somme de six livres d'amende, en laquelle il auroit été condamné, à la représentation desquelles Marchandises saisies seroit le gardien contraint & en ce faisant déchargé, & en outre icelui Tirpré condamné aux dépens, ce qui seroit exécuté nonobstant oppositions ou appellations quelconques, pourquoi ne seroit différé, ladite Sentence du 11 Janvier 1675, dont est appel par lesdits Jurés Chandeliers rendue par le même Juge entre lesdits Jurés Boisseliers, demandeurs en confirmation de l'avis donné par le Substitut du Procureur Général du Roi au Châtelet le 7 Août 1675 d'une part, & Jean Gauerel, Maître Chandelier à Paris, défendeur, & encore ledit Gauerel demandeur en sommation suivant son Exploit du 3 Décembre audit an 1675 contre Burquet Marchand Forain, défendeur & défaillant, par laquelle lecture faite dudit avis & autres Piéces, ledit avis dudit Substitut dudit jour 7 Août 1675 auroit été confirmé, pour être exécuté de point en point selon sa forme & teneur, ce faisant la saisie de cinquante-deux Pelles à main auroit été déclarée valable, & en conséquence ordonné qu'elles seroient portées à la Halle pour être vendues à la diligence desdits Jurés Boisseliers, par Colas Sergent, seroir les deniers rendus audit Gauerel, sur lesquelles seroit pris trois livres d'amende, & les frais liquidés par icelui à six livres, auxquels Gauerel & à tous autres Chandeliers défenses auroient été faites de plus acheter pareilles Marchandises, à peine de confiscation & de plus grande amende, & en outre ledit Gauerel condamné aux dépens dudit renvoi, & faisant droit sur la sommation, le Marchand Forain auroi tété condamné d'acquitter ledit Gauerel, avec dépens, tant en demandant, défendant, que de la sommation, ladite Sentence du 7 Janvier 1676, dont est aussi appel par lesdits Jurés Chandeliers rendue par le même Juge entre lesdits Jurés Boisseliers, Vanniers & Tourneurs de cette Ville & Fauxbourgs de Paris, demandeurs en saisies suivant l'Exploit du 6 Novembre 1675, & en confirmation de l'avis du Substitut de notre Procureur Général du Roi audit Châtelet du 13 Décembre ensuivant, & ledit Pluyette Maître Chandelier en Suif à Paris; défendeur & demandeur en renvoi dudit avis, par lequel Parties ouies, lecture faite des Ordonnances, de la Sentence dudit jour 27 Août 1675 de ladite saisie de six bottes de fourches à deux fourchons, cinq paires de Sabors à chauffer & trois Pelles ; le tout de bois trouvé à l'étalage dudit Pluyette, dudit avis & autres piéces des Parties, ledit avis auroit été confirmé pour être exécuté selon sa forme & teneur, & suivant icelui la saisie desdites choses déclarée bonne & valable, ordonné qu'elle demeureroit confisquée au profit desdits Jurés, à la restitution seroit ledit Pluyette contraint par corps, l'amende de six livres modérée à trois livres, & condamné aux dépens, liquidé à soixante sols, non compris ladite Sentence qui seroit exécutée nonobstant & sans préjudice de l'appel ou oppositions quelconques : ladite Requête desdits Jurés Chandeliers du 25 Janvier 1676, signifiée le trente dudit mois, à ce qu'en tant que besoin est ou seroit, ils fussent reçus opposans à l'exécution des Arrêts de vérification des Statuts desdits Vanniers, Quincaillers, Boisseliers & Tourneurs des 15 Janvier 1561 & 26 Août 1608, en ce qu'il leur peut faire préjudice seulement, & faisant droit sur l'opposition leur adjuger leurs conclusions avec dépens. Arrêt du 16 Juin 1676, par lequel la Cour sur lesdites appellations auroit appointé les Parties au Conseil, & sur ladite demande en droit & joint. Requête dudit Pluyette du 13 Août audit an, employée pour causes d'appel, écritures & productions. Causes & moyens d'appel servans d'avertissement du 17 dudit mois d'Août, desdits Jurés Chandeliers, contenant leurs Conclusions, à ce que leurs appellations & Sentences dont a été appellé fussent mises au néant, émandant, ayant égard à leurs oppositions, ordonner que les Statuts, Arrêts & Réglemens de la Cour rendus & donnés au profit desdits Jurés Chandeliers seroient exécutés, & suivant iceux maintenus en la possession & jouissance de vendre en détail par forme de regrat les Marchandises de Sabots, Pelles & Batois en question, conformément aux Lettres-Patentes, Arrêts & Réglemens par eux obtenus, défenses auxdits Jurés Boisseliers, Vanniers & Tourneurs de les y troubler ni de faire aucunes saisies sur eux ; que celle par eux faite sur ledit Tirpré Maître Chandelier seroit déclarée nulle, que main-levée lui en seroit faite avec dommages, intérêts & dépens, condamner lesdits Jurés Boisseliers aux dépens des causes principales & d'appel. Requête dudit Tirpré du premier Décembre 1676 employée pour causes d'appel. Requête desdits Jurés Boisseliers, Vanniers, Quincaillers & Tourneurs du 24 Novembre & 2 Décembre 1676, employée pour réponses audites causes d'appel, & Requête d'emploi de causes d'appel. Productions desdits Jurés Chandeliers, Tirpré & Jurés Vanniers. Contredits desdits Jurés Chandeliers du 31 dudit mois de Décembre contre la production desdits Jurés Vanniers, & Requête desdits Jurés Vanniers du 17 du même mois de Décembre, employée pour contredits contre les productions desdits Jurés Chandeliers & Pluyette. Requête de salvations desdits Jurés Chandeliers du 7 Janvier 1677. Sommations de fournir de contredits par lesdits Tirpré & Pluyette, mêmes par lesdits Jurés Vanniers contre la production dudit Tirpré. Production nouvelle desdits Jurés Chandeliers par Requête du 12 dudit mois de Janvier. Requête desdits Jurés Vanniers du 23 du même mois, employée pour contredits contre icelle. Conclusions de notre Procureur général ; tout considéré. NOTREDITE COUR faisant droit sur le tout, a mis & met les appellations & ce dont a été appellé au néant, émandant, a maintenu & gardé lesdits Jurés & Communauté desdits Maîtres Chandeliers en la possession & jouissance de vendre & débiter en regrat & détail en leurs maisons & Boutiques des Marchandises de Sabots, Pelles, Fourches, Batois & autres sujettes à regrat conformément aux Lettres-Patentes, Arrêts & Réglemens de la Cour, lesquelles Marchandises ils ne pourront prendre & acheter que desdits Maîtres Vanniers, Quincaillers, Boisseliers & Tourneurs, & marqués de leurs marques particulieres. Fait défenses auxdits Chandeliers d'en acheter des Marchands Forains, ni d'en vendre qu'elles ne soient marquées, à peine de 50 livres d'amende & de confiscation en cas de contravention ; & pour connoître s'il y a contravention, permet aux Jurés Vanniers, Quincaillers, Boisseliers & Tourneurs de les visiter, assistés d'un Sergent & sans frais ; & néanmoins a donné temps de six mois auxdits Chandeliers pour vendre & débiter les Marchandises non marquées qu'ils ont présentement en leurs Maisons & Boutiques. Et en conséquence fait main-levée auxdits Tirpré & Pluyette des Marchandises sur eux saisies en payant les frais de garde, à la restitution seront les gardiens contraints par corps, ce faisant déchargés, tous dépens compensés. Mandons au premier notre Huissier ou Sergent, mettre à exécution le présent Arrêt. Donné en Parlement le troisiéme Février mil six cens soixante-dix-sept. Par la Chambre. *Collationné, Signé,* JACQUES.

ORDONNANCE rendue par les Trésoriers de France, entre la Communauté des Maîtres Chandeliers, & le Fermier du Sol pour livre sur les Suifs.

Du 12 Novembre *1696.*

LES Présidens, Trésoriers-Généraux de France, en la Généralité de Paris, tenans la Chambre du Domaine & Trésor au Palais à Paris : A tous ceux qui ces Présentes Lettres verront, Salut. Sçavoir faisons : Qu'entre Henri Pocquet, Maître Chandelier à Paris, Demandeur en Requête par lui présentée à la Chambre, le vingt-deuxiéme jour d'Octobre mil six cens quatre-vingt-seize, & Exploit dudit jour fait en conséquence, tendant à ce que le Défendeur, ci-après nommé, fût condamné, & par corps, solidairement avec ses Commis & Préposés, à la perception du droit sur les Suifs, à lui rendre & restituer quarante-quatre mesures de Suif, à lui prises, avec dommages, intérêts & dépens, & que défenses lui fussent faites, & à sesdits Commis de plus à l'avenir user de pareilles voies, sous telles peines & amendes qu'il plairoit à la Chambre, comparant par Mes Louis le Moine & Charles Sausset, ses Avocat & Procureur, d'une part; & Me Etienne Richer, Fermier desdits droits du Suif, ayant pris le fait & cause de Me Jean Moreau, Directeur desdits droits, Défendeur d'autre part. Et entre ledit Me Etienne Richer, audit nom Demandeur, suivant le Procès-verbal & Exploit fait en conséquence des dix-huit & vingt-six Octobre dernier, tendante à ce que la ſaiſie faite ſur ledit Pocquet des quarante-quatre meſures de Suif en queſtion, fût déclarée bonne & valable, avec amende & dépens & confiſcation deſdits Suifs à ſon profit; que défenſes fuſſent faites aux Bouchers de faire à l'avenir leurs meſures de Suif plus fortes que de cinq livres & demie, & les gros pains à proportion, & en cas de contravention, confiſqués à ſon profit, & les contrevenans condamnés en l'amende, & qu'il fût enjoint aux Chandeliers de déclarer à ſon Bureau le poids au juſte de chacunes meſures de Suif, à peine de confiſcation & d'amende, d'une part; & ledit Henri Pocquet, Maître Chandelier à Paris, Défendeur, comparant par leſdits Mes Louis le Moine & Charles Sauſſet, ſes Avocat & Procureur, d'autre part; & entre ledit Henri Pocquet, Demandeur en autre Requête du 26e jour de Nov. 1696, préſentée à la Chambre, tendante à ce qu'il fût reçu oppoſant à la Sentence par défaut d'icelle, du 21 dudit mois de Nov. obtenue par ledit Richer, faiſant droit ſur l'oppoſition que la procédure fut déclarée nulle, & au principal, que les Parties en viendroient au premier jour plaider, comparant comme deſſus, d'une part; & ledit Maître Etienne Richer, audit nom, Défendeur, d'autre part; & encore entre ledit Henri Pocquet, Demandeur en ſommation ſuivant la Requête par lui préſentée à la Chambre, le vingt-ſeptiéme dudit mois de Novembre audit an mil ſix cens quatre-vingt-ſeize, tendante à ce qu'il lui fût permis de faire aſſigner en icelle Guillaume Donot, Défendeur, ci-après nommé, en ſommation & dénonciation de la demande à lui faite par ledit Richer, pour voir déclarer la Sentence qui interviendroit ſur la demande dudit Richer commune avec lui; ce faiſant, condamné à faire ceſſer icelle, & de lui faire donner main-levée de la ſaiſie du Suif en queſtion, & où la Chambre prononceroit quelque condamnation au ſujet de ladite ſaiſie dudit Richer contre lui, il fût condamné de l'en acquitter, garantir & indemniſer, tant en principal, dommages, intérêts, que frais enſemble en ſes dommages & intérêts & aux dépens, tant en demandant, défendant, que de ladite demande en ſommation, comparant

comparant comme dessus, d'une autre part; & Guillaume Donot, Marchand Boucher à Paris, Défendeur, comparant par Maîtres Guillerin & Coulon, ses Avocat & Procureur, d'autre part; & entre les Jurés de la Comuunauté des Maîtres Chandeliers de cette Ville de Paris, Demandeurs en Requête par eux présentée à la Chambre, le quatriéme jour du présent mois de Décembre mil six cens quatre-vingt-seize, tendante à ce qu'il plût à la Chambre les recevoir Parties intervenantes en l'Instance, d'entre Me Etienne Richer, Fermier desdits droits du Suif, Henri Pocquet, & autres pendans en la Chambre; faisant droit sur leur intervention, attendu que le Roi, en s'attribuant un sol pour livre sur les Suifs, il n'a entendu en cela déroger à l'usage pratiqué de tout temps immémorial entre les Bouchers & Chandeliers de cette Ville de Paris, qui est de donner les mesures de Suif de cinq livres trois quarts, pour ce quarteron tenir lieu auxdits Chandeliers du déchet qui se trouve sur lesdits Suifs lors de la refonte qu'en font lesdits Chandeliers pour le mettre en œuvre, & qu'il n'a non plus entendu prendre le droit de sol pour livre que du nombre dont les Bouchers font vente auxdits Chandeliers, & dont ils reçoivent le prix, & non pas de l'excédent donné par lesdits Bouchers aux Chandeliers pour ledit déchet; en conséquence, faisant droit sur leur intervention, ils fussent maintenus dans la possession immémoriale dans laquelle ils sont de recevoir desdits Bouchers le quarteron de Suif qui leur est donné sur chacune mesure, pour les indemniser du déchet & marc qui se trouve dans la refonte desdits Suifs, avec défenses audit Richer d'en percevoir les droits, & qu'Acte leur fût pareillement donné de ce que pour moyens d'intervention, ils employoient le contenu en ladite Requête, & en cas de contestation, les contestans condamnés aux dépens, comparans par Maîtres Martinet & Pierre Charbonnier, leurs Avocat & Procureur, d'une part; & ledit Me Etienne Richer, Fermier des Suifs, Défendeur, & Henri Pocquet, Maître Chandelier à Paris, & Guillaume Donot, Boucher, Défendeurs, comparans; sçavoir ledit

Pocquet, par lesdits Mes Louis le Moyne & Charles Sausset, ses Avocat & Procureur, & ledit Donot, par lesdits Maîtres Guillerin & Coulon, aussi ses Avocat & Procureur, & ledit Richer, Défaillant, d'autre part; sans que les qualités puissent nuire ni préjudicier. La Chambre, Parties comparantes ouies, a reçu & reçoit les Parties de Martinet, Parties intervenantes; & la Partie de le Moyne, opposante à la Sentence par défaut; faisant droit au principal, maintient & garde les Parties de Martinet dans leur possession d'avoir un quarteron franc sur chaque mesure de Suif; fait défenses au Défaillant d'exiger aucun droit pour ledit quarteron, à peine d'exaction; ce faisant, déboute le Fermier Défaillant, de sa demande, fait mainlevée à la Partie de le Moyne des Suifs en question, à la représentation d'iceux les Dépositaires contraints par corps; ce faisant, déchargés, en conséquence sur la demande en sommation de la Partie de le Moyne, contre celle de Guillerin, met les Parties hors de Cour, & faisant droit sur la demande incidente de la Partie de Guillerin, condamne celle de le Moyne, de son consentement, attendu ladite main-levée, à lui payer la somme de quatre-vingt-trois livres douze sols, pour le prix desdits Suifs, condamne le Défaillant en tous les dépens envers toutes les Parties : Si donnons en mandement au premier des Huissiers de la Chambre, autre Huissier ou Sergent Royal sur ce requis, mettre ces Présentes à dûe & entiere exécution, selon leur forme & teneur; de ce faire, lui donnons pouvoir & commission. Donné en la Chambre du Domaine & Trésor au Palais à Paris, & sous le scel d'icelle, le douziéme jour de Décembre mil six cens quatre-vingt-seize.

Collationné, Signé, LE DROIT.

ARREST de la Cour de Parlement, concernant les Echopes de la Halle.

Du 14 Mars 1701.

Extrait des Registres de Parlement.

ENTRE Henri Maillard, Marchand, Bourgeois de Paris, Appellant d'une Sentence rendue par le Lieutenant de Police du Châtelet de Paris, le 20 Décembre 1697, & de ce qui a suivi, d'une part; & Henri Poguet & Claude Cavenelle, Maîtres Chandeliers en ladite Ville, Intimés, d'autre. Et entre Henri Maillard, Demandeur en Requête du 12 Février 1699, d'une part; & lesdits Poguet & Cavenelle, Défendeurs, d'autre. Et entre Nicolas Andresy, Maître Vannier, & Jean Dehalas, Maître Boisselier à Paris, Demandeur en Requête d'intervention du 4 Février 1699, d'une part; & lesdits Maillard, Poguet & Cavenelle, Défendeurs, d'autre. Vû par la Cour ladite Sentence dont est appel, rendue par ledit Lieutenant de Police au Châtelet de Paris, le 20 Décembre 1697, entre Henri Poguet, Claude Cavenelle & Consorts, Maîtres Chandeliers à Paris, Demandeurs en exécution de l'Arrêt du Conseil du 31 Août 1688, d'une part; & ledit Henri Maillard, Maître Boisselier à Paris, Propriétaires de plusieurs arcades sises à la Halle de cette Ville de Paris, Demandeur, d'autre. Et Blaise Bontemps, ci-devant Receveur de la Communauté des Maîtres Chandeliers de cette Ville de Paris, Défendeur & Demandeur en exécution de la Sentence du 26 Avril 1691, & la Communauté des Maîtres Chandeliers de cette Ville de Paris, Défendeurs; par laquelle, oui le Substitut du Procureur Général du Châtelet, lesdits Poguet, Cavenelle & Consorts auroient été reçus opposans à l'exécution de la Sentence par défaut du 26 Avril 1695, faisant droit sur ladite opposition, auroit ordonné que l'Arrêt du Conſeil du dernier Août 1688, ſeroit exécuté ſelon ſa forme & teneur, & conformément à icelui auroit déchargé les Maîtres Chandeliers de payer audit Maillard & à tous autres Propriétaires deſdites Boutiques & Echopes, près deſquelles leſdits Maîtres Chandeliers faiſoient leurs étalages tous les Samedis de chaque ſemaine, aucuns loyers pour l'occupation deſdites places, que leſdits Maîtres Chandeliers ſeroient tenus leſdits jours de garnir ſuffiſamment de Chandelle bonne, loyale & marchande, ſuivant les Réglemens & en la maniere accoutumée, auroit fait défenſes audit Maillard & à tous autres, d'exiger deſdits Maîtres Chandeliers aucuns loyers pour l'occupation deſdites places, ni de les y troubler ou empêcher les étalages & vente de leurs marchandiſes de Chandelles ſur le carreau de la Halle, ainſi qu'ils avoient fait juſqu'audit jour, à peine de trois cens livres d'amende, ſans néanmoins aucune reſtitution de ce qui avoit été payé & reçu pour leſdits loyers juſqu'audit jour; & faiſant droit ſur les concluſions du Subſtitut du Procureur Général du Châtelet, auroit été ordonné que ledit Juge de Police ſe tranſporteroit en ladite Halle, pour, en ſa préſence, les Propriétaires des Maiſons & Echopes qui avoient leur ouverture ſur ladite Halle, & les Jurés Chandeliers préſens ou dûement appellés, être par ledit Juge dreſſé Procès-verbal des places lors occupées par leſdits Maîtres Chandeliers, & voir s'il n'y en avoit point d'autres où ils puiſſent être placés convenablement ſans en porter aucune incommodité auxdites Boutiques, pour ledit Procès-verbal communiqué audit Subſtitut du Procureur Général audit Châtelet, être ordonné ce que de raiſon; & ſur le ſurplus des demandes reſpectives, auroit mis les Parties hors de Cour & de Procès, condamné ledit Maillard en la moitié des dépens envers leſdits Poguet, Cavenelle & Conſorts, les autres dépens compenſés, deſquels ſeroient néanmoins tenus les Jurés de la Communauté des Chandeliers, de rembourſer leſdits Poguet, Cavenelle & Conſorts: enjoint aux Jurés de tenir la main à l'exécution de ladite Sentence, laquelle ſeroit inſérée dans les Regiſtres de leur Communauté, & exécutée nonobftant oppofitions ou appellations quelconques & fans préjudice d'icelles; Arrêt d'appointé au Confeil du 5 Septembre 1698 : caufes & moyens d'appel dudit Maillard du 30 Décembre 1698, contenant fes conclufions, à ce que l'appellation & ce dont avoit été appellé fût mis au néant; qu'en émendant il fût déchargé des condamnations portées par ladite Sentence, & que faifant droit au principal, il fût ordonné que les délibérations faites par les Maîtres Chandeliers de cette Ville de Paris, portant pouvoir de louer dudit Maillard, les places dont étoit queftion, des 24 Février 1669, 9 Mai 1687, & les Arrêts d'homologation d'icelles des 9 Août, 24 & 26 Octobre 1661, 26 Janvier 1662, & 12 Juin 1687, enfemble les Sentences du Châtelet des 25 Octobre audit an 1687, 16 Mai 1692, 20 Janvier, 24 Juillet & 10 Décembre 1694, feroient exécutés felon leur forme & teneur, & que conformement à icelle ledit Maillard fût maintenu & gardé en la poffeffion où il étoit depuis plus de 40 années, de louer les places & arcades à lui appartenantes dans la Halle au Bled, par lui acquifes du Roi, avec défenfes de l'y troubler : en conféquence que les loyers defdites places lui feroient payés par la Communauté defdits Maîtres Chandeliers, fuivant & ainfi qu'ils avoient été perçus, & ordonner en outre que les Jurés de ladite Communauté & leurs Receveurs, payeront les loyers échus, & continuer de payer ceux qui écherroient à l'avenir, en tant & fi long-temps qu'ils établiroient & feroient débit & vente de leurs marchandifes auxdites places & arcades, defquelles ils pafferoient baux à la requifition & volonté dudit Maillard : finon & à faute par lefdits Chandeliers de vouloir payer le loyer commencé, il feroit permis audit Maillard de les expulfer & mettre leurs marchandifes fur le carreau, & de louer lefdites places & arcades à qui bon lui fembleroit; que défenfes fuffent faites auxdits Poguet, Cavenelle & Conforts, & tous autres, de troubler ceux qui loueroient lefdites places dudit Maillard, à peine de cinq cens livres d'amende & de tous dépens, dommages & intérêts, & qu'ils fuffent condamnés en outre en tous les dépens, tant des caufes principales que d'appel.

Réponses desdits Poguet & Cavenelle, Maîtres Chandeliers à Paris, du 9 Mars 1699, auxdites causes d'appel & productions desdits Maillard, Poguet & Cavenelle : contredits dudit Maillard, du 11 Mai 1699, contre la production desdits Poguet & Cavenelle : sommation par eux de fournir de contredirs contre la production dudit Maillard : production nouvelle dudit Maillard, faite par Requête du 11 Mai 1699: contredits desdits Poguet & Cavenelle, du 1 Juin audit an, contre ladite production nouvelle : salvations dudit Maillard, du 22 dudit mois de Juin auxdits contredits : la susdite Requête d'intervention de demande desdits Nicolas Andresy & Jean Dehallas, Maîtres Vanniers & Boisseliers, du 4 Février 1699, à ce qu'ils fussent reçus Parties intervenantes en ladite Instance; que faisant droit sur leur intervention, il fût ordonné qu'ils auroient communication de ladite Instance, pour après icelle communication faite, prendre plus amples conclusions, & telles qu'ils aviseroient bon être, & qu'il leur fût donné acte de ce que pour moyens d'intervention, ils employoient le contenu en leur Requête; Arrêt du 4 Juin 1699, par lequel la Cour auroit reçu lesdits Andresy & Dehallas Parties intervenantes en ladite Instance, & pour faire droit sur ladite intervention, les auroit appointés en droit & joint; Requête dudit Maillard, du 23 Juin 1699, employée pour défenses aux moyens de ladite intervention, & écritures & productions; Requête desdits Andresy & Dehallas, employée pour moyens d'intervention; Requête desdits Poguet & Cavenelle, du 1 Juillet 1699, employée pour écritures & production sur ladite intervention; ladite Requête & demande dudit Henri Maillard, du 12 Février 1699, à ce qu'en attendant le Jugement de l'Instance, il fût ordonné que Me Jean Bochart, Conseiller-Rapporteur, ou tel autre qu'il plairoit à la Cour commettre, se transporteroit dans le Marché de la Halle au Bled de cette Ville de Paris, où sont situées les arcades dont étoit question, à jour de Marché, pour voir & visiter lesdites arcades & les places qui sont sous icelles, occupées par les Maîtres Chandeliers, faire Procès-verbal & description d'icelles en présence des Parties, ou elles dûement appellées, aux offres que faisoit ledit Maillard, d'avancer les frais néceſſaires pour ladite deſcente, ſauf à répéter, s'il y écheoit, pour ledit Procès-verbal de deſcente & du rapport de l'état deſdites arcades & places, fait & rapporté & communiqué au Procureur Général, être joint à la ſuſdite Inſtance, pour ſervir & valoir ce que de raiſon; Arrêt du 18 Mai 1699, par lequel la Cour auroit joint ladite Requête à l'Inſtance, pour en jugeant y avoir tel égard que de raiſon; Requête dudit Maillard du 8 Janvier 1700, contenant ſa demande, à ce qu'en procédant au Jugement de l'Inſtance d'entre les Parties, ou la Cour feroit difficulté, quant à préſent, d'infirmer la Sentence dudit Lieutenant Général de Police du Châtelet de cette Ville de Paris, dont étoit appel, qu'elle jugeât à propos, avant faire droit, d'ordonner la deſcente ſur les lieux, requiſe par ledit Maillard, comme abſolument néceſſaire pour la déciſion de la conteſtation; il fût donné acte audit Maillard des offres qu'il faiſoit d'avancer les frais néceſſaires pour ladite deſcente, ſans aucune répétition contre leſdits Cavenelle & Poguet, encore qu'il obtînt à ſes fins, comme il avoit tout lieu de l'eſpérer; au bas de laquelle Requête ſignifiée, auroit été réſervé à y faire droit en jugeant; Requête deſdits Cavenelle & Poguet, du 27 Janvier 1700, employée pour réponſes à ladite Requête en jugeant; Arrêt du 8 Mars 1700, par lequel la Cour avant faire droit, auroit ordonné que dans un mois les Jurés de la Communauté des Maîtres Chandeliers de Paris ſeroient mis en cauſe pour prendre communication de l'Inſtance, pour y dire ce qu'ils aviſeroient bon être; & que cependant par le Conſeiller-Rapporteur du préſent Arrêt, il ſeroit dreſſé Procès-verbal de la ſituation & l'état des arcades & boutiques appartenantes audit Maillard, ſituées dans la Halle au Bled de cette Ville, enſemble de l'étalage que faiſoient les Samedis & jour du Marché, les Maîtres Chandeliers de cette Ville, contre & au-devant deſdites arcades & boutiques, enſemble des bureaux, panniers & caiſſes dont leſdits Maîtres Chandeliers ſe ſervoient pour leurs commodités & faciliter le débit de leurs marchandiſes;

& à cet effet que ledit Conseiller-Commis se transporteroit à ladite Halle au Bled un Samedi jour de Marché, Parties présentes, ou dûement appellées, à la charge par ledit Maillard, d'avancer les frais nécessaires pour ladite descente, sans aucune répétition, suivant ses offres, pour ledit Procès-verbal fait, rapporté & communiqué au Procureur Général du Roi, & joint à ladite Instance, servir & valoir ce que de raison, dépens réservés; ledit Arrêt signifié le 23 Mars 1700, à Me Porcheron, Procureur; les Exploits d'assignations données les 23 & 24 dudit mois de Mars à la requête dudit Maillard, aux nommés Brasdor, Bourou & Beville, Jurés Chandeliers, pour répondre & procéder aux fins dudit Arrêt, Procès-verbal du 3 Avril 1700, fait en exécution dudit Arrêt, de l'état & situation desdites arcades & boutiques dont étoit question, par le Conseiller-Rapporteur du présent Arrêt; ledit Procès-verbal fait & signifié le 19 Avril 1700 à Mes Porcheron & Petel, Procureurs, par Mortier, Huissier; Requête desdits André Brasdor & Antoine Beville, Maîtres Marchands Chandeliers-Huiliers à Paris, & Jurés en Charge de la Communauté des Maîtres dudit Métier du 4 Mai 1700, employée pour écritures & production pour satisfaire à l'Arrêt du 8 Mars 1700; contredits desdits Brasdor, Bourou & Beville, du 11 Mai 1700, contre la production principale dudit Maillard, & production nouvelle par lui faite; contredits desdits Brasdor & Consorts, du 12 Mai 1700, contre la production nouvelle faite par ledit Maillard, par Requête du 21 Mai 1699, signifiée le 26 dudit mois; Requête dudit Maillard du 26 Mai 1700, employée pour défenses à la requête desdits Jurés Maîtres Chandeliers, du 4 dudit mois de Mai, ladite Requête contenant aussi production nouvelle; contredits desdits Jurés & Communauté des Maîtres Chandeliers de Paris, du 22 Juin audit an 1700, contre ladite production nouvelle; sommation par toutes les Parties de satisfaire à tous les Réglemens : Conclusions du Procureur Général du Roi; tout joint & considéré; LA COUR, faisant droit sur le tout, sans avoir égard à l'intervention & demande desdits Andresy & Dehallas, portée par leur Requête du du 4 Février 1699, de laquelle elle les déboute, a mis & met l'appel interjetté par ledit Maillard au néant; ordonne que ce dont a été appellé sortira effet: condamne ledit Maillard en l'amende ordinaire de douze livres, & aux dépens vers lesdits Poguet, Cavenelle, Brasdor, Bourou & Beville, & Consorts, même en ceux réservés par l'Arrêt du 8 Mars 1700, & lesdits Andresy & Dehallas, aussi aux dépens de leur intervention, vers lesdits Poguet & Cavenelle: sauf audit Maillard, en cas que le Lieutenant de Police du Châtelet de Paris ne trouvât pas de lieu commode pour placer ailleurs lesdits Chandeliers, & qu'ils demeurent en la place où ils sont présentement, à se pourvoir contre qui & ainsi qu'il avisera bon être, pour être indemnisé de l'incommodité, si aucune y a, que peut porter l'étalage desdits Chandeliers à ses boutiques; défenses à ce contraires. FAIT en Parlement le quatorze Mars mil sept cent un. *Collationné, Signé*, DU TILLET.

ARREST de la Cour de Parlement, servant de Réglement entre les Communautés des Maîtres & Marchands Bouchers de Paris, & des Maîtres & Marchands Chandeliers-Huiliers, rendu en faveur desdits Maîtres Chandeliers-Huiliers de Paris.

Du 19 Août 1758.

Extrait des Regiſtres de Parlement.

LOUIS, par la grace de Dieu, Roi de France & de Navarre : Au premier des Huissiers de notre Cour de Parlement, ou autre Huissier ou Sergent sur ce requis; sçavoir faisons, qu'entre les Syndic & Jurés de la Communauté des Maîtres & Marchands Bouchers de Paris, Appellans aux chefs qui leur font préjudice, de la Sentence de la Chambre de Police du Châtelet de Paris, du 5 Septembre 1755, aux fins de l'Arrêt de notredite Cour, du 18 Septembre de la même année, d'une part, les Syndic & Jurés de la Communauté des Maîtres Chandeliers de Paris, Intimés, d'autre part; entre lesdits Jurés Chandeliers, Appellans de ladite Sentence de Police du 5 Septembre 1755, au chef de ladite Sentence, qui ordonne que chaque pain de suif du poids de cinq livres & demie, sera livré par les Bouchers aux Maîtres Chandeliers sans trait & entre-fer, & a en conséquence débouté lesdits Chandeliers de leur demande à fins de trait d'un quarteron pour chaque mesure, ledit appel relevé par les Lettres obtenues en Chancellerie le 26 Mai 1756, & Requête du 28 du même mois d'une part; & lesdits Jurés Bouchers, Intimés, d'autre part; entre lesdits Jurés Chandeliers, Demandeurs en Requête du 3 Juin 1756, d'une part, & les Syndic & Jurés desdits Bouchers, Défendeurs d'autre part; entre lesdits Jurés Bouchers, Demandeurs en Requête du 4 dudit mois de Juin d'une part, & lesdits Jurés Chandeliers, Défendeurs d'autre part; entre les Bouchers, Demandeurs en Requête du 23 Juin 1756, d'une part, & lesdits Jurés Chandeliers, Défendeurs d'autre part; & entre lesdits Chandeliers, Demandeurs en Requête du 17 Juillet 1758, d'une part, & lesdits Bouchers, Défendeurs d'autre part: Vû par notredite Cour la Sentence de Police du Châtelet de Paris, du 5 Septembre 1755, rendue contradictoirement entre les Parties & sur les conclusions de notre Avocat audit Châtelet, qui reçoit les Jurés en Charge de la Communauté des Marchands Bouchers, & les Jurés en Charge de la Communauté des Maîtres Chandeliers, Parties intervenantes en l'Instance; leur donne respectivement Lettres de leur prise de fait & cause; & faisant droit, ordonne que les Arrêts & Réglemens de Police seroient exécutés selon leur forme & teneur; donne Lettres auxdits Jurés Bouchers, de leur consentement de fondre le suif de bœuf séparément de celui de mouton, en conséquence ordonne qu'ils seroient tenus de fondre le suif de bœuf séparément de celui de mouton, conformément auxdits Réglemens; ordonne en outre que chaque pain de suif sera formé d'une mesure de cinq livres

& demie seulement, sans trait & entre-fer; sans avoir égard à la demande desdits Jurés Chandeliers à fin de trait d'un quarteron par chaque mesure, dont ils sont déboutés : la pesée duquel suif sera faite de trois, quatre pains ou plus à la fois, si faire se peut, du consentement desdits Jurés Chandeliers, sur le surplus des demandes, met les Parties hors de Cour, dépens compensés; ce qui seroit exécuté, nonobstant & sans préjudice de l'appel. Arrêt du 4 Février 1756, qui sur le susdit appel, a appointé les Parties au Conseil; productions desdites Parties, en exécution dudit Arrêt, causes & moyens d'appel desdits Jurés Bouchers, du 27 Avril audit an 1756, pour satisfaire au susdit Arrêt; Arrêt du 31 Mai audit an 1756, qui sur ledit appel, appointe les Parties au Conseil, & joint à l'Instance d'entr'elles sur l'appel de la même Sentence interjetté par les Syndic & Jurés de la Communauté des Maîtres & Marchands Bouchers de Paris, appointé au Conseil par Arrêt de notredite Cour du 4 Février précédent, dépens réservés; Requête & demande desdits Jurés Chandeliers du 3 Juin 1756, en ce qui touche l'appel interjetté par les Syndic & Jurés de la Communauté des Bouchers, du chef de la Sentence rendue en la Chambre de Police du Châtelet, le 5 Septembre 1755, par lequel, en ordonnant l'exécution des Arrêts & Réglemens concernant la vente des suifs par les Bouchers aux Maîtres Chandeliers, il est enjoint aux Bouchers de fournir leurs pains de suif à la mesure de cinq livres & demie seulement, & non en plus gros volume, les Jurés Bouchers fussent déclarés non-recevables dans leur appel, ou en tout cas l'appellation fût mise au néant, il fût ordonné que ce dont est appel sortiroit son plein & entier effet, & ils fussent condamnés en l'amende, & en ce qui touche l'appel interjetté par lesdits Jurés Chandeliers du chef de la même Sentence, par lequel il a été ordonné que la pesée desdites mesures de suif sera faite par les Bouchers, sans trait & entre-fer, l'appellation & ce dont est appel fussent mis au néant; émendant, faisant droit sur la demande des Jurés Chandeliers, portée par leur Requête du 5 Août 1755, ils fussent maintenus & gardés dans la possession immémoriale dans laquelle ils sont, & ont été maintenus par une Sentence du 12 Décembre 1696, d'avoir un quarteron de trait par chaque mesure de suif ; ce faisant, il fût ordonné que ladite pesée seroit faite avec trait d'un quarteron, & pour d'autant plus, procurer la justice du trait dudit quarteron, acte fût donné auxdits Jurés & Communauté des Chandeliers du fait par eux articulé en cause principale par leur Requête dudit jour 5 Août 1755, & qu'ils réitérent que si les mesures de suif leur étoient livrées sans trait & entre-fer, comme le pretendent les Bouchers, il en résulteroit une perte pour les Chandeliers sur la quantité de dix-huit mesures, pésant quatre-vingt-dix-neuf livres de plus de quatre livres de déchet desdites mesures, & en cas de déni de la part des Syndic & Communauté des Maîtres Bouchers, il fut ordonné qu'il en seroit fait preuve & expérience sous les yeux du Rapporteur, sur la refonte qui seroit faite par le plus ancien des Jurés en Charge des Chandeliers, de la quantité de dix-huit mesures de suif provenans d'une des fontes qui auroit été vendue par les Bouchers, pour, ladite preuve & expérience faite en présence des Jurés des deux Communautés des Bouchers & des Chandeliers, dont il seroit dressé Procès-verbal, être ordonné ce qu'il appartiendroit, faisant droit sur le surplus des demandes formées par les Jurés & Communauté des Chandeliers, tant au sujet de l'exécution de la part des Bouchers du chef de la Sentence dudit jour 5 Septembre 1755, qui leur enjoint de fondre leurs suifs de bœufs séparément de celui de mouton ; qu'au sujet de l'interversion de l'ordre prescrit pour la tenue du Marché, en ce qu'au lieu par les Bouchers d'apporter ou envoyer par leurs Garçons sur ledit Marché à l'heure indiquée par les Réglemens, une mesure de chaque espece de suif de bœuf & de mouton, pour servir de montre de la quantité des mesures qu'ils ont à vendre provenues de leurs fontes ; ils ne viennent qu'après ladite heure, les uns sur le midi, les autres à la fin du Marché, & la plûpart avec de simples cartes sans montre, d'autres avec une simple montre de suif de bœuf, & que par suite de cette interversion, plusieurs desdits Bouchers, de concert avec les

Commis du Fermier du droit ſur les ſuifs, ne vendent point leurs ſuifs au Marché, & en font des renvois pour en occaſionner le renchériſſement. Pour remédier à tous leſquels abus, il fût ordonné que les Ordonnances, Arrêts & Réglemens de Police concernans la vente des ſuifs, & l'ordre qui doit être obſervé dans le Marché deſtiné à cette vente, ſeroient exécutés; & ſuivant iceux, enjoindre à tous Bouchers de la Ville, Fauxbourgs & Banlieue de la Ville de Paris, d'apporter ou envoyer par leurs Garçons, les Jeudis de chaque ſemaine, & au cas qu'il fût fête, le Vendredi ſuivant, ſur la Place du Marché deſtiné à la vente des ſuifs, à dix heures préciſes du matin que ſonne la cloche pour l'ouverture de la Place, la montre des ſuifs provenans de leur fonte, laquelle montre conſiſtera en deux meſures, l'une de ſuif de bœuf, l'autre de ſuif de mouton, avec une carte paraphée du Maître qui contiendroit ſon nom, & la quantité de meſure de ſuif qu'il auroit fondu du poids de cinq livres & demie chacune; & pour connoître & conſtater ſi tous les Bouchers ou leurs Garçons auroient apporté ſur ledit Marché, les montres de chaque eſpece de ſuif de bœuf & de mouton, avec les cartes contenant la quantité des meſures deſdits ſuifs, provenue de leurſdites fontes, il fut ordonné que leſdits Bouchers ou leurs Garçons, ſeroient tenus d'étaler tous enſemble & en même temps dans la Place dudit Marché, depuis ladite heure de dix, juſqu'à celle d'onze, que le ſecond coup de la cloche ſonneroit pour la vente, ſans pouvoir par leſdits Bouchers ou leurs Garçons, à peine de cinq cent livres d'amende, vendre leſdits ſuifs, ni les Chandeliers les acheter ſous la même peine avant ladite heure d'onze heures, laquelle vente dureroit juſqu'à une heure que la cloche ſonne pour la fin & clôture du Marché; défenſes fuſſent faites aux Commis de la Ferme du droit ſur les ſuifs qui ont leur Bureau audit Marché, de s'entremêler dans la vente des ſuifs, ni de s'ingérer de faire aucune diſtribution après l'heure du Marché ou dans le courant de la ſemaine, à aucuns Maîtres Chandeliers, des ſuifs qui n'auroient pû être vendus dans le cours du Marché, & dont les cartes auroient été remiſes auxdits Commis par les Bouchers ou leurs Garçons ; il fut ordonné que lesdits Commis seroient tenus de faire une Liste exacte, qui seroit transcrite sur un Tableau ou Carton, & attaché en place évidente tous les Jeudis de chaque semaine dans le Bureau du Fermier audit Marché ; laquelle Liste contiendroit les noms des Bouchers, & la quantité de mesures de suifs de bœuf & de mouton qu'ils n'auroient pas vendus aux précédens Marchés, pour que les Maîtres Chandeliers puissent les acheter sur les montres que lesdits Bouchers ou leurs Garçons seroient tenus de laisser audit Bureau ; & pour tenir la main à tout ce que dessus, il fut ordonné que les Jurés en Charge des Maîtres Chandeliers seroient autorisés en vertu de l'Arrêt qui interviendroit, de se faire assister de tel Huissier de notredite Cour qu'il lui plairoit nommer, à l'effet de dresser les Procès-verbaux des contraventions, soit de la part des Bouchers, au cas qu'ils ne viennent pas apporter ou envoyer par leurs Garçons tous les Jeudis de chaque semaine sur la Place du Marché à l'heure de dix heures, les montres des mesures de suifs, tant de bœuf que de mouton provenans de leurs fontes, avec les cartes contenant la quantité des mesures de l'une & de l'autre espece de suifs qu'ils auroient à vendre, soit de la part des Maîtres Chandeliers qui auroient arrhé ou arrêté aucune desdites fontes hors le Marché ou avant l'heure d'onze ; soit enfin de la part des Commis de la Ferme du droit sur les suifs qui s'ingéreroient de distribuer & lottir à qui bon leur sembleroit des Maîtres Chandeliers, les fontes qui n'auroient pû être vendues les jours de Marchés, le tout à peine contre les contrevenans, en tout ou en partie, des injonctions ci-dessus, de cinq cens livres d'amende, & de plus grande peine en cas de récidive ; défenses fussent faites en outre à tous Bouchers, de fourrer dans leurs suifs, de la boullée, du creton, des graisses & autres mixtions, ni de vendre leurs suifs de mouton aux Fabriquans de la cire & la bougie, ni à aucuns autres qu'aux Maîtres Chandeliers, à peine de cinq cens livres d'amende ; défenses fussent faites pareillement à tous Maîtres Chandeliers, ainsi que leurs Jurés en Charge, de leur Communauté y ont conclu par leur Requête en cause principale du premier Septembre 1755, sur laquelle le Lieutenant Général de Police n'a point statué de contrevenir à l'article VI de leurs Statuts à l'Arrêt de notredite Cour du 10 Juin 1623, & à l'Edit du mois d'Avril 1693, qui prohibe la mixtion du suif de tripes avec celui de bœuf & de mouton, destiné pour la fabrique de la chandelle, à peine contre ceux des Chandeliers qui contreviendroient auxdites défenses, de pareille amende de cinq cens livres, lesdits Jurés Bouchers fussent condamnés en tels dommages - intérêts qu'il plairoit à notredite Cour arbitrer, & aux dépens, tant des causes principales, que d'appel & demande ; il fût ordonné que l'Arrêt qui interviendroit, seroit aux frais desdits Bouchers, imprimé & affiché au nombre de cent exemplaires, & inséré sur les Registres de la Communauté des Bouchers, à leurs frais & dépens : Arrêt du 4 Juin 1756, qui, sur ladite demande, a appointé les Parties en droit, & joint à l'Instance d'entre celle appointée au Conseil par Arrêt du 4 Février dernier, dépens réservés ; productions des Parties en exécution dudit Arrêt : Avertissement desdits Jurés & Communauté des Chandeliers du 18 dudit mois, servant de fins de non-recevoir & de causes & moyens d'appel, pour satisfaire aux Arrêts des 31 Mai & 4 Juin 1756 ; Requête desdits Jurés & Communauté des Bouchers du 4 dudit mois de Juin 1756, tendante à ce que, sans s'arrêter à la susdite Requête desdits Jurés & Communauté des Chandeliers du 3, dans laquelle ils seroient déclarés non-recevables, ou en tout cas, ils fussent renvoyés à procéder en la Chambre de Police sur les chefs de demandes, dont notredite Cour n'est & ne peut être saisie, & lesdits Jurés & Communauté des Bouchers n'étant Appellans de la Sentence du 5 Septembre 1755, qu'au chef qui concerne la mesure du suif, lesdits Jurés & Communauté des Chandeliers fussent déclarés non-recevables dans leur appel, ou en tout cas l'appellation fût mise au néant, il fût ordonné que ce dont est appel sortiroit son plein & entier effet, & ils fussent condamnés en l'amende & aux dépens des causes d'appel & demandes. Arrêt du 23 Juin 1756, qui appointe les Parties en droit, joint à ladite Instance d'entr'elles appointée par Arrêt du 4 Février dernier, dépens réservés: production des Parties, en exécution dudit Arrêt; Requête desdits Jurés Bouchers du 23 Juin 1756, tendante à ce que faisant droit sur l'appel interjetté par lesdits Bouchers, de la Sentence rendue en la Chambre de Police du Châtelet de Paris, l'appellation & ce dont est appel, fussent mis au néant, en ce que par ladite Sentence il a été ordonné que chaque pain de suif seroit formé d'une mesure de cinq livres & demie seulement; émandant, quant à ce, il fût ordonné que lesdits Bouchers continueroient, ainsi que cela a été pratiqué dans tous les temps, de fournir chaque pain de suif de trois mesures du poids de cinq livres & demie chacun, & que les Chandeliers seroient tenus de recevoir la livraison du suif par pains de cette espece, & du poids de seize livres & demie chacun; la Communauté des Chandeliers fût déboutée des demandes par eux formées devant les premiers Juges, tendantes à ce que lesdits Bouchers fussent tenus de leur faire la livraison des suifs par pains, formés d'une mesure de cinq livres & demie seulement, lesdits Jurés Chandeliers fussent condamnés aux dépens des causes d'appel & demandes, même en ceux réservés; se réservant lesdits Bouchers, leurs autres droits, même d'interjetter appel des autres dispositions de la Sentence qui peuvent leur faire préjudice, au bas de laquelle Requête aussi employée pour avertissement, écritures & production est l'Ordonnance de notredite Cour, qui l'auroit réglé en droit & joint, & donné acte de l'emploi; Requête desdits Jurés Bouchers du 7 Juillet, employée pour satisfaire aux Arrêts de notredite Cour, des 31 Mai & 23 Juin 1756, pour additions de fins de non-recevoir; & défenses contre la demande des Chandeliers, écritures & production; Réponse desdits Chandeliers, du 23 Juillet 1758, aux susdites causes & moyens d'appel signifiés le 27 Avril 1756, pour satisfaire à l'Arrêt du 4 Février 1756; Requête desdits Jurés Chandeliers, du 17 dudit mois de Juillet 1758, tendante à ce qu'il leur fût donné acte de ce qu'en corrigeant & rectifiant

fiant les chefs des conclusions par eux prises par leur Requête du 3 Juin 1756, ils insistoient seulement dans ceux expliqués par ladite Requête ; ce faisant, sans s'arrêter à ce qui a été dit de la part des Bouchers par leur Requête du 7 Juillet de la même année 1756, en ce qui touche l'appel interjetté par les Jurés & Communauté des Maîtres Chandeliers des chefs de la Sentence du 5 Septembre 1755, par lequel il a été ordonné que la pesée des mesures de suif seroit faite par les Bouchers sans trait & entre-fer, l'appellation & ce dont est appel, fussent mis au néant ; émandant, faisant droit sur la demande des Maîtres Chandeliers, portée par leur Requête du 5 Août 1756, ils fussent maintenus & gardés dans la possession immémoriale où ils sont, dans laquelle ils ont été maintenus par Sentence du 12 Décembre 1696, d'avoir un quarteron de trait par chaque mesure de suif du poids de cinq livres & demie ; ce faisant, il fut ordonné que ladite pesée seroit faite avec trait d'un quarteron ; faisant droit sur les chefs de demandes expliqués dans ladite Requête, il fut ordonné que les Ordonnances, Sentences & Réglemens de Police seroient exécutés selon leur forme & teneur, ce faisant, il fut enjoint à tous les Marchands Bouchers de fondre séparément le suif des bœufs d'avec le suif des moutons, & de porter ou envoyer par leurs Garçons tous les Jeudis de chaque semaine à la Vieille Place aux Veaux, où se tient le Marché pour la vente des suifs, deux pains appellés mesure du poids de cinq livres & demie prescrit par les Réglemens, l'un de suif de bœuf, & l'autre de suif de mouton, pour servir de montres avec une carte qui contiendroit le nom du Boucher, & la quantité de mesure des suifs de bœuf & de mouton qui seroit provenue de sa fonte de la semaine ; laquelle carte seroit de lui signée, le tout à peine contre chaque contrevenant de cinq cens livres d'amende qui demeureroit encourue en vertu de l'Arrêt qui interviendroit, &, pour d'autant plus maintenir l'étroite exécution dudit Réglement, il fut enjoint aux Syndic & Jurés Bouchers d'y tenir la main, & de le faire exécuter par les Maîtres de leurdite Communauté, à peine de répondre en leur propre & privé nom, & pour constater ces contraventions qui pourroient être commises, il fut permis auxdits Jurés Chandeliers de se faire assister de tel Commissaire ou Huissier qui seroit par eux requis, pour dresser les Procès-verbaux desdites contraventions, sauf à notre Procureur Général de prendre telles autres conclusions qu'il appartiendroit; faisant droit sur le second chef de demande desdits Chandeliers expliqué en ladite Requête, il fut enjoint aux Bouchers de livrer auxdits Chandeliers à leur premiere requisition, la quantité de mesure de suif de bœuf & de mouton qu'ils auroient acheté d'eux lors de la tenue du Marché sur les échantillons desdits suifs; & en cas de refus qui seroit constaté par les Commis de la Ferme desdits suifs, qui se transporteroit à cet effet chez les Bouchers refusans, qu'ils seroient dès-lors condamnés aux cinquante livres d'amende, par forme de dommages & intérêts envers les Chandeliers acheteurs, lesquelles cinquantes livres seroient & demeureroient encourues en vertu de l'Arrêt qui interviendroit, sans qu'ils puissent être modérés; il fut ordonné que l'Arrêt qui interviendroit seroit imprimé & affiché aux frais desdits Syndic & Jurés des Bouchers, & inscrit sur le Registre de leur Communauté, au bas de laquelle Requête aussi employée pour avertissement, écritures & production, est l'Ordonnance de notredite Cour qui l'auroit reglée en droit & joint, & donné acte de l'emploi y porté : Requête desdits Jurés Bouchers du 14 Août 1758, tendante à ce qu'il leur fût donné acte de ce que les Chandeliers se sont désistés formellement par leur Requête du 17 Juillet 1758, de cinq des chefs de demandes qu'ils avoient formés par leur Requête du 3 Juin 1756, lesquels cinq chefs de demandes, n'avoient aucune relation ni connexité avec les appels dont notredite Cour est saisie, & étant d'ailleurs destitués de prétextes & d'objets; en conséquence dudit désistement, les Jurés de la Communauté des Maîtres Chandeliers fussent déclarés non-recevables dans lesdits cinq chefs de demandes, & ils fussent condamnés aux dépens faits à cet égard, lesdits Jurés Chandeliers fussent pareillement déclarés non-recevables dans les deux chefs de demandes portés par leur Requête du 17 Juillet 1758, dont le premier a pour objet d'assujettir lesdits Bouchers à fondre séparément le suif de bœuf d'avec celui de mouton, ce qui a déja été ordonné par l'une des dispositions de la Sentence du 5 Septembre 1755, du consentement desdits Bouchers qui ne sont point Appellans de ladite Sentence, quant à cette disposition; & le second de faire enjoindre auxdits Bouchers de livrer aux Chandeliers à leur premiere requisition, la quantité de mesure de suif de bœuf & de mouton qu'ils auroient acheté lors de la tenue du Marché sur les échantillons desdits suifs, à peine de cinquante livres d'amende, en cas de refus de faire la livraison desdits suifs; lequel chef de demande n'a pû être porté directement en notredite Cour, & est d'ailleurs, ainsi que ceux dont les Chandeliers se sont désistés formellement, destitués d'objets & de prétextes, sauf aux Jurés des Maîtres Chandeliers, en cas de contravention de la part de quelques-uns de la Communauté desdits Bouchers, aux Réglemens intervenus entre les deux Communautés, & à la disposition de la Sentence du 5 Septembre 1755, concernant la séparation du suif de bœuf d'avec celui de mouton, à se pourvoir contre les Bouchers contrevenans, pardevant le Lieutenant Général de Police, pour les faire condamner en telle amende qu'il appartiendroit; au surplus, il fut adjugé auxdits Bouchers les autres fins & conclusions qu'ils avoient prises en l'Instance, & lesdits Jurés Chandeliers fussent condamnés aux dépens, même en ceux réservés par les différens Arrêts de notredite Cour, sauf & sur les réserves expresses que font lesdits Bouchers de leurs droits, au bas de laquelle Requête est l'Ordonnance de notredite Cour, qui a réservé à faire droit sur ladite demande en jugeant; Requête des Maîtres Bouchers du 17 Août, tendante à ce qu'il leur fût adjugé les conclusions par eux prises, par laquelle ils ont demandé acte, tant du désistement fait par les Chandeliers par leur Requête du 17 Juillet dernier, seulement de tous les différens chefs de demandes qu'ils avoient injustement & contre toutes les régles, formés en notredite Cour, & ont occasionné de leur part la majeure partie des Ecritures & Requêtes de ladite Instance, que de leur restriction aux chefs, concernant tant le chef de la Sentence de Police du Châtelet dont ils sont Appellans, concernant leur quarteron de trait dont ils ont été déboutés, que celui concernant la quantité de pains de seize livres & demie, dont lesdits Bouchers sont Appellans; ce faisant, en ce qui touche l'appel desdits Bouchers, l'appellation & ce dont est appel fussent mis au néant; émandant, lesdits Bouchers fussent gardés & maintenus dans le droit & possession de fournir les pains de suifs de seize livres & demie, composans trois mesures de chacune cinq livres & demie, & en ce qui touche l'appel des Maîtres Chandeliers, ils fussent déclarés non-recevables dans leur appel, ou en tout cas ils en fussent déboutés, sauf au surplus aux Parties à se conformer respectivement aux Réglemens & Ordonnances dans les temps & circonstances, & de la maniere qu'il plairoit aux Magistrats pour le bien public, au sujet de la vente des suifs, & lesdits Chandeliers fussent condamnés aux dépens, tant des causes principales, que d'appel & demandes; au bas de laquelle Requête est l'Ordonnance de notredite Cour, qui auroit réservé à faire droit sur ladite demande en jugeant; Mémoire imprimé, signifié le 18 Août audit an 1758, par lesdits Jurés Chandeliers contre lesdits Bouchers; Conclusions de notre Procureur Général, tout joint & considéré. NOTREDITE COUR faisant droit sur le tout, a mis & met les appellations & ce dont a été appellé au néant; émandant, ordonne que les Arrêts & Réglemens de Police seront exécutés selon leur forme & teneur; ce faisant, enjoint à tous les Marchands Bouchers de la Ville & Fauxbourgs des Paris, de fondre séparément le suif de bœuf d'avec celui de mouton, & de former de chaque espece de suif, des pains qui ne pourront excéder trois mesures du poids de cinq livres & demie chacune; fait défenses auxdits Bouchers de faire des pains d'un plus grand nombre de mesures, à peine de dix livres d'amende contre chacun des contrevenans; maintient lesdits Jurés Chandeliers dans le droit & possession d'avoir un quarteron de trait par chaque mesure de suif de cinq livres & demie, sans qu'il puisse être exigé aucun droit, pour raison dudit quarteron, au moyen de quoi ledit pain de suif composé desdites trois mesures, pesera, y compris les trois quarterons de trait, dix-sept livres un quart; pourront néanmoins être pesés, un, deux ou trois pains à la fois, & non plus; fait défenses à tous Bouchers de mêler dans leurs suifs, de la boulée, du creton, des graisses & autres mixtions, ni de vendre leurs suifs de mouton aux Fabriquans la cire & la bougie & autres; enjoint à tous Maîtres Chandeliers de se conformer à l'Article VI de leurs Statuts, à l'Arrêt de notredite Cour du 10 Juin 1623, & à l'Edit du mois d'Avril 1693, & en conséquence leur fait défenses de mixtionner le suif de tripes avec celui de bœuf & de mouton destiné pour la fabrique de la chandelle, à peine de cinq cens livres d'amende contre chacun des contrevenans; ordonne en outre, que les Ordonnances, Arrêts & Réglemens concernant la vente des suifs, & l'ordre qui doit être observé dans le Marché destiné à cette vente, seront exécutés; & suivant iceux, enjoint à tous & chacun les Marchands Bouchers, de porter ou d'envoyer les Jeudis de chaque semaine ou le lendemain, lorsqu'il y aura fête le Jeudi, sur la Place du Marché de la Vieille Place aux Veaux à dix heures précises du matin que la cloche sonne pour l'ouverture dudit Marché, la montre des suifs provenus de leurs fontes, laquelle montre consistera en deux mesures; l'une de suif de bœuf, l'autre de suif de mouton, avec une carte signée du Marchand Boucher, qui contiendra son nom & la quantité de suif de chaque espece qu'il aura fondue, sans qu'il puisse en être récélé ni réservé, pour être tous lesdits suifs vendus chaque semaine sans renvoi, à moins d'y être spécialement autorisés par le Lieutenant Général de Police; en conséquence les Chandeliers seront tenus de prendre & enlever lesdits suifs par eux achetés de semaine en semaine, & les Bouchers tenus de les leur livrer à leur premiere requisition, à peine de cinquante livres d'amende contre chacun des contrevenans; enjoint respectivement aux Syndics des Bouchers & aux Jurés des Chandeliers de tenir la main à l'exécution du présent Arrêt, lequel sera imprimé, lû, publié & inscrit sur les Registres des deux Communautés, permet aux Jur s Chandeliers de faire dresser des Procès-verbaux des contraventions par tel Commissaire au Châtelet, qui sera par eux requis; sur le surplus des autres demandes, fins & conclusions des Parties, les met hors de Cour, tous dépens compensés. Mandons mettre le présent Arrêt à exécution selon sa forme & teneur, de ce faire te donnons pouvoir. Donné en notre Parlement, le dix-neuf Août, l'an de grace mil sept cent cinquante-huit, & de notre Regne le quarante-troisieme. Par la Chambre, *Signé*, DUFRANC. *Collationné*, *Signé*, LE SEIGNEUR.

ARREST de la Cour de Parlement, rendu en faveur de la Communauté des Maîtres Chandeliers-Huiliers de la Ville de Paris, contre les Privilégiés du Fauxbourg Saint-Antoine.

Du 6 Octobre 1758.

LOUIS par la grace de Dieu, Roi de France & de Navarre: Au premier Huissier de notre Cour de Parlement, ou autre Huissier ou Sergent sur ce requis: sçavoir, faisons, qu'entre les Jurés de la Communauté des Maîtres Chandeliers de la Ville & Fauxbourgs de Paris, Appellans d'une Sentence rendue en la Chambre de Police du Châtelet de Paris, le 10 Décembre 1756, contr'eux obtenue par le nommé Dumont, par laquelle lesdits Jurés étoient déclarés non-recevables dans leurs demandes, & la saisie faite à leur requête sur le nommé Simon Fontaine, Porte-faix, passant rue de la Limace, Paroisse Saint Germain-l'Auxerrois, de soixante-quinze livres de chandelle, que ledit Fontaine a déclaré venir de chez le sieur Poiret, Chandelier au Fauxbourg Saint-Antoine, étoit déclarée nulle, avec main-levée des choses saisies, dont la restitution étoit ordonnée, d'une part, & Dumont, Maître d'Hôtel de

M. Taboureau, Conseiller au Parlement, Intimé, d'autre part; & entre ledit Dumont, demandeur en Requête du 12 Avril dernier, à ce que lesdits Jurés fussent déclarés non-recevables dans leur appel, avec amende & dépens, d'une part, & lesdits Jurés, Défendeurs, d'autre part; & entre lesdits Jurés Demandeurs en Requête, du 28 Avril dernier, à fin d'opposition à l'exécution de l'Arrêt par défaut, du 15 dudit mois d'Avril, signifiée le 24 du même mois, d'une part, & ledit Dumont, Défendeur, d'autre part; & entre lesdits Jurés, Demandeurs en Requête, du 22 Septembre dernier, à ce que sans s'arrêter à la Requête dudit Dumont, dont il seroit débouté, l'appellation, & ce dont étoit appel fussent mis au néant; émendant, lesdits Jurés fussent déchargés des condamnations portées par ladite Sentence, il plût à notredite Cour déclarer bonne & valable la saisie que lesdits Jurés ont fait faire par Procès-verbal, du 15 Mai 1756, sur ledit Fontaine, Porte-faix, desdites soixante-quinze livres de Chandelle, & condamner ledit Dumont aux dépens des Causes principales d'appel & demandes, d'une part, & ledit Dumont, Défendeur, d'autre part. Après que Benoismont, Avocat des Jurés-Comptables en Charge des Chandeliers de Paris, & Trumeau, Avocat de Dumont, ont été ouis, ensemble Laurencel, Substitut pour notre Procureur Général : NOTRE CHAMBRE reçoit les Parties de Benoismont oppasantes à l'Arrêt par défaut au principal, faisant droit sur l'appel, a mis & met l'appellation & ce dont est appel au néant; émendant, sans s'arrêter aux demandes de la Partie de Trumeau, dont elle est déboutée, déclare bonne & valable la saisie des soixante-quinze livres de chandelle dont est question : en conséquence ordonne que lesdites Chandelles seront & demeureront confisquées au profit des Parties de Benoismont, condamne la Partie de Trumeau en tous les dépens des Causes principales d'appel & demande : Si mandons mettre le présent Arrêt à exécution. Donné en Parlement en Vacations, le six Octobre, l'an de grace mil sept cent cinquante-huit, & de notre Regne le quarante-quatrieme.

Collationné, *Signé*, PANET.

CHASTELET.

SENTENCE, qui condamne le nommé Guillaume Montrouge, Boucher, en cinquante livres d'amende, par faute d'avoir étalé & exposé en vente son Suif.

Du 17 Décembre 1610.

Extrait des Registres de la Police du Châtelet de Paris.

SUR le rapport du Commissaire Aupinot; contre Guillaume Montrouge, Boucher : par faute d'avoir étallé & exposé en vente son suif, lequel a dit l'avoir vendu à Monsieur de Sur, Conseiller en Parlement; Nous, faisant droit sur ledit rapport, & après avoir oui le Procureur du Roi, en ses conclusions; Avons ledit Montrouge, pour la contravention par lui faite aux Réglemens, condamné en cinquante livres d'amende, pour laquelle somme tiendra prison, & que le suif saisi sera débité aux Chandeliers. Fait & ordonné par Monsieur le Lieutenant Civil, les jour & an que dessus.

Signé, PERSON.

SENTENCE,

SENTENCE, qui fait défenses aux Maîtres & Gardes Apoticaires & Epiciers de troubler & empêcher les Jurés Chandeliers de la Ville & Fauxbourgs de Paris, en la visitation du Suif, à peine de tous dépens, dommages & intérêts, & d'amende arbitraire.

Du 7 Février 1626.

A TOUS ceux qui ces présentes Lettres verront, Louis Seguier, Chevalier, Baron de Saint-Brisson, Sieur de Saint-Naur & de Saint-Firmain, Conseiller du Roi, Gentilhomme ordinaire de sa Chambre, & Garde de la Prévôté & Vicomté de Paris, Salut; sçavoir faisons, que vû le Procès mû & pendant en Jugement devant nous, au Châteler de Paris, entre les Maîtres & Gardes de la Marchandise, Grosserie, Epicerie & Apoticairerie de cette Ville de Paris, Demandeur saisissant, & en renvoi d'une part, & les Maîtres Jurés Chandeliers en Suif de cette Ville de Paris, aussi Demandeur en renvoi, & Défendeur d'autre part; pour raisons des demandes, fins, requêtes & conclusions desdits Demandeurs sur ce qu'ils nous auroient dit & remontré que de tout temps & ancienneté & par concession & confirmation de tous les Rois, le Corps & Communauté des Marchands Epiciers, Grossiers de cette Ville de Paris auroient eu la conduite, maniement & négociation de la Marchandise de Grosserie, Epicerie & Apoticairerie, & de toutes autres Marchandises concernant l'œuvre de poids; au sujet de quoi, selon que les anciens Statuts renouvellés de temps en temps faisoient foi; tous Marchands Forains, Merciers, ou leurs Serviteurs & Facteurs faisant venir des Marchandises d'œuvres de poids telles qu'elles soient en cette Ville de Paris, étoient tenus icelles faire avenir au Bureau & Hôtel desdits Maîtres & Gardes de l'Epicerie & Apoticairerie, pour être par eux visitées dans les vingt-quatre heures, gratis, & tôt après exposées en vente, vendues & distribuées à tous venans, avec défenses à quelque personne que ce fût, à peine de vingt livres parisis d'amende, d'exposer en vente & débiter aucune des Marchandises des Etrangers & Marchands Forains, qu'au préalable elle n'eût été ainsi apportée à ladite Chambre & visitée, & n'auroit jamais été révoqué en doute que outre autres Marchandises dont lesdits Marchands Epiciers faisoient trafic de celui du suif, n'en fût un des principaux ni plus ni moins & à plus forte raison que de plusieurs autres comme de laine, fer, liége, plastel & toutes autres marchandises en général qui gissoit en œuvre de poids, & en telle sorte que selon le grand trafic qui se faisoit entre tous les Marchands, Maîtres Epiciers, Grossiers & Apoticaires de cette Ville de Paris, ils faisoient trafic particulier pour la vente du suif, & à cette fin avoient leurs Facteurs qui alloient pour eux en Pays étrangers, à Mestredan & autres endroits en la Normandie, pour faire provision de suifs en tonneaux, barriques & balles, & les faisoient apporter en cette Ville de Paris, à l'instar des autres denrées & Marchandises en œuvres de poids, comme dit est, & n'être chose si vraie commune & vulgaire, que la Police en auroit toujours été telle par les Jugemens rendus en ce Siége, & y auroient été lesdits Maîtres & Gardes de l'Epicerie maintenus & gardés sans aucun contredit selon qu'ils en avoient une preuve très-authentique & ancienne par une Sentence donnée en ce Siége le vingtieme jour du mois de Novembre mil cinq cent soixante-six, par laquelle, sur ce que les Maîtres & Gardes dudit Corps & Communauté auroient eu avis en leur visitation que Damoiselle Marie Danieres avoit quantité de suifs en sa maison pour revendre & regratter, & qu'elle avoit acheté des Forains & Etrangers auparavant qu'ils fussent portés en la Maison & Bureau desdits Marchands Epiciers pour y être vûs & visités, & y en avoit jusqu'à douze tonnes & trois demi tonnes pesant chacune tonne un millier; pour raison de quoi ils auroient dès-lors requis la jonction de Monsieur le Procureur du Roi, lequel seroit convenu dès-lors & demeuré d'accord avec eux, que toutes Marchandises d'œuvre de poids qui s'amenoient en cette Ville, devoient premierement être portées au Bureau de l'Hôtel desdits Marchands Epiciers pour être par eux vûes & visitées, puis exposées en vente à tous venans; surquoi dès-lors seroit intervenue Sentence contradictoire par laquelle il auroit été ordonné que lesdites douze tonnes & trois demi tonnes de suif ainsi trouvées saisies par lesdits Maîtres & Gardes de l'Epicerie, sur ladite Damoiselle, seroient portées au Bureau desdits Epiciers pour y être par eux seuls vûes & visitées, & ce fait vendues à toutes personnes qui en voudroient acheter, & pour la faute commise par ladite Damoiselle Danieres, elle auroit été condamnée en quarante-deux sols parisis d'amende & aux dépens; cette possession auroit été continuée de temps en temps & n'y auroient jamais lesdits Maîtres & Gardes été troublés, ains étoit véritable que de toutes Marchandises en général d'œuvre de poids, laine, fer, pastel, liége & autres que de suif, la descente à Paris s'en faisoit par les Marchands Forains à leur Bureau & étoient par eux visitées gratis, puis par eux vendues & débitées à tous venans; & nouvellement néanmoins au mois d'Avril dernier lesdits Maîtres & Gardes furent avertis qu'un nommé Caron, Marchand Flamand, qui auroit abordé les six vingt barriques de suif dont est question, en un bateau d'un nommé Saint-Gilles, Voiturier, & qu'il les vouloit détourner au lieu de les faire amener audit Bureau; lesdits Demandeurs, sous l'autorité de notre commission obtenue dès le onzieme Décembre auparavant, auroient fait saisir & arrêter ladite quantité de six vingt barriques avec assignation aux Marchands, pour voir dire qu'ils seroient apportés en leur Bureau, & au lieu d'en souffrir la Police, ledit Marchand Forain auroit suscité lesdits Jurés Chandeliers, lesquels par une usurpation & entreprise se vouloient imaginer & faire accroire de prétendre le droit de visitation sur lesdits suifs, se seroient rendus opposans à ladite saisie & auroient fait assigner lesdits Maîtres & Gardes pardevant ledit Sieur Procureur du Roi, que cependant le Commissaire Tubeuf, ayant découvert par la rue que l'on transportoit lesdits barriques de suif, il en auroit fait son rapport pardevant nous, à la Police & à la Chambre Civile, & aurions ordonné dès-lors que pour faire droit aux Parties, leurs piéces

& exploits feroient mis entre nos mains, & que cependant, fans préjudicier aux droits d'icelles, lesdits six vingt barriques feroient vûs & visités par deux des Maîtres & Gardes & deux Jurés Chandeliers, & néanmoins ledit Sieur Procureur du Roi n'auroit laissé de prendre connoissance du différend des Parties, & auroit icelui jugé définitivement & sans instruction ni connoissance, ni sans sçavoir, de ce qui étoit de la vérité du fait, il auroit donné son avis par lequel il auroit ordonné que lesdits barriques feroient transportés à la Halle aux graisses, pour là y être visités par lesdits Jurés Chandeliers, seuls dont lesdits Maîtres & Gardes se feroient plaints & auroient demandé leur renvoi pardevant nous, comme aussi lesdits Jurés Chandeliers de ce qu'il n'y avoit amende & dépens à leur profit & même auroient dit lesdits Maîtres & Gardes, trois choses; la premiere que l'on ne leur pouvoit désunir, comme étant chose toute certaine & commune & qu'ils auroient vérifié par leurs Statuts confirmés de temps en temps & vérifiés en la Cour, que la conduite du maniement & négociation de toutes Marchandises d'œuvre de poids appartenoit à leur Corps & Communauté, en telle sorte que par l'article particulier de leurs Statuts, les Marchands Forains devoient amener à leur Bureau & Hôtel, toutes leurs marchandises pour y être vûes & visitées & vendues, avec défenses de les distraire ailleurs, à peine de l'amende; le fait très-véritable posé pour fondement certain, il étoit vrai qu'entre lesdites marchandises d'œuvre de poids, celles de suif qui se portent en tonneaux, barriques & autres vaisseaux étoient pareillement de la conduite desdits Epiciers & Apoticaires & de leur négociation & de la descente en leur Bureau, & visitation leur appartenoit selon qu'ils en auroient été maintenus en possession par notredite Sentence, donnée avec grande connoissance de cause du vingtieme jour du mois de Novembre mil cinq cent soixante-six, aussi n'étoit-ce chose sans exemple; car, comme il étoit vrai que plusieurs d'entr'eux faisoient trafic particulier de suif, & s'y feroient employés tout-à-fait pour en faire apporter en cette Ville, vendre, & débiter, aussi est & en la même forme & maniere qu'ils faisoient ladite négociation, comme de laine, fer, pastel & leur en être la faculté comme de toutes Marchandises en général d'œuvre de poids, & auroient tort lesdits Jurés Chandeliers de révoquer en doute auxdits Maîtres & Gardes, ladite visitation, ni moins icelle entreprendre pour deux raisons; la premiere, que lesdits Jurés Chandeliers n'étoient que simples Artisans pour la confection du suif en chandelle & icelui façonnner pour brûler, & non pas pour l'employer en autre sorte de vacation, auxquels le suif bon ou mauvais étoit propre & applicable, & de fait quand les tonneaux & barriques de suifs s'amenoient à Paris par les Marchands Forains, c'étoit un fait propre à la Police venir à scellé, & qui concernoit le Corps & Communauté desdits Maîtres & Gardes de l'Epicerie, selon l'attribution qui leur en étoit faite de tout temps & ancienneté, que la descente fut faite en leur Bureau pour y être vûs & visités par eux, gratis, afin de discerner le bon suif d'avec le mauvais, & que celui qui n'étoit propre que pour les Corroyeurs - Baudroyeurs & Charons, ne pût pas être enlevé par les Chandeliers qui étoient obligés de ne se servir que du très-bon suif, pour faire de la Chandelle, & qu'ils n'étoient qu'Artisans pour la confection d'icelle, auquel cas il étoit certain qu'ils ne se pouvoient exempter de ladite visitation, étant d'ailleurs jurables de connoître & discerner le bon d'avec le mauvais suif, lequel ils acheteroient volontiers & le revenderoient indifféremment pour frustrer les autres artisans & métiers, même les Bourgeois, selon que déja l'abus y étoit grand & que la plainte en étoit fort souvent à la Police; de sorte qu'il est préalable tout-à-fait pour l'utilité publique, que ce soient Marchands comme lesdits Maîtres & Gardes qui lors de la visitation qu'ils feroient des tonneaux & barriques de suif apportés à leur Bureau, pour séparer le bon d'avec le mauvais, pour être l'un & l'autre employés à l'usage auquel le public pouvoit être servi, selon la diversité & distinction des métiers qui en pouvoient user; car en pareil cas & touchant le liége qui s'amene & apporte à Paris par les Marchands Forains, les Maîtres Jurés Cordonniers de cette Ville prétendoient que la visitation leur en appartenoit, privativement auxdits Maîtres & Gardes de l'Epicerie; sur quoi par Sentence de nous donnée contradictoirement, du troisieme jour de Juin 1574, il auroit été ordonné que tout le liége qui seroit apporté en cette Ville de Paris par les Forains seroit amené au Bureau desdits Maîtres & Gardes, & lotti avec lesdits Cordonniers & autres, & ainsi des laines, du fer, pastel & autres marchandises & denrées qui étoient en œuvre de poids, & ne servoit de dire par lesdits Jurés Chandeliers qu'ils auroient obtenus Arrêt du deuxieme jour de Juin 1623, par lequel ils étoient maintenus en la visitation des suifs apportés en la Ville de Paris & Halle d'icelle, ledit Arrêt selon que la copie en auroit été par eux fournie, portoit son contredit; sur quoi Parties ouies à l'Audience & contradictoirement, nous aurions ordonné que lesdites Parties mettroient leurs piéces entre nos mains, toutes choses demeurantes pendant en état & surcis à l'exécution, de l'avis dudit Sieur Procureur du Roi; à ces fins auroient lesdits Demandeurs conclus à ce que par notre Sentence & Jugement, la saisie faite à la Requête desdits Maîtres & Gardes de l'Epicerie sur six vingt barriques de suif, appartenans audit Etienne Caron, Marchand Flamand, dans le bateau d'un nommé Saint-Gilles, Voiturier, seroit déclarée bonne & valable, & en ce faisant, ordonner que ladite marchandise de suif seroit portée au Bureau desdits Maîtres & Gardes de l'Epicerie & Apoticairerie, pour y être par eux vûe & visitée, puis vendue à tous venans, selon les anciens us, stiles, coutume & possession, Réglemens & Arrêts & Statuts esquels lesdits Maîtres & Gardes de l'Epicerie auroient toujours été maintenus jusqu'à hui, avec défenses auxdits Jurés Chandeliers d'entreprendre aucune visitation sur le suif apporté à Paris par les Marchands Forains, étant en tonneaux, barriques, balles & auparavant qu'il fût façonné, nonobstant l'avis dudit Procureur du Roi, ni autre chose proposée à ce contraire par lesdits Maîtres Jurés Chandeliers, & Caron, Marchand Flamand, dont ils seroient déboutés & condamnés ès dépens de l'instance, dommages & intérêts tels que de raison & des défenses, demandes, causes, raisons & moyens desdits Jurés Chandeliers, Défendeurs, sur ce qu'ils nous auroient dit & reconnu être, qu'ils n'auroient pas été simplement appellés Chandeliers, mais l'on y auroit ajouté cette qualité, qu'ils étoient Chandeliers en suif pour faire une différence entr'eux & les Epiciers & Apoticaires qui n'étoient en quelque façon Chandeliers, parce qu'ils faisoient des chandelles & luminaires, mais n'étoit encore & ne leur étant pas permis de travailler en suif en façon quelconque, pour ce que le suif ne leur appartenoit point & ne pouvoient ouvrer, vendre ni débiter de la chandelle de suif, leur ayant été interdite par plusieurs Sentences, données contr'eux, & par Arrêt qui auroit infirmé une Sentence, en ce qu'elle ne portoit pas confiscation de la Chandelle, que la Cour par Arrêt auroit confisquée, pour notter par cette confiscation que c'étoit une peine la faute des Epiciers & Apoticaires d'entreprendre ce qui ne leur appartenoit point, & qu'à l'avenir ils ne fussent si libres que d'entreprendre sur le métier des Chandeliers, & voilà la premiere raison par laquelle les Défendeurs auroient soutenu que les Demandeurs n'auroient eu droit de saisir ni de prétendre une visitation de la marchandise foraine de suif & qu'elle fût portée en leur Chambre; laquelle raison étoit prise des qualités des Parties & de la qualité de la marchandise dont est question qu'on étoit Marchand de suif; cette premiere raison étoit suivie d'une seconde, laquelle étoit prise des Ordonnances mêmes des Marchands Epiciers-Apoticaires, par lesquelles, par un article exprès, il leur auroit été interdit de vendre ou faire vendre ni détailler en leurs ouvroirs & boutiques aucunes graisses quelles qu'elles soient, excepté des huiles, laquelle prohibition générale d'avoir des graisses quelles qu'elles soient, les auroient exclus de se mêler en façon quelconque de ce qui étoit du suif, qui n'étoit autre chose qu'une graisse de bœuf ou de mouton préparée, & afin que l'on ne fît point d'équivoque sous ce mot de graisse, leurs Ordonnances exceptent nommément les huiles, pour confirmer d'autant plus cette prohibition générale pour ce que l'exception auroit autorisé & affermi en toutes autres choses l'autorité de la Loi; lesquelles Ordonnances auroient été suivies de nos Sentences & Arrêts, lesquelles auroient interdit aux Epiciers & Apoticaires la Manufacture & vente de la chandelle de suif; la troisieme raison des Défendeurs étoit fondée sur ce qui étoit de l'usage & de l'ancienne possession justifiée par nos Sentences & Arrêts de la Cour, par lesquels avec diverses sortes de métiers de cette Ville de Paris qui leur auroient voulu contester la visitation des suifs, ils auroient été toujours maintenus & reconnus seuls comme capables de cette visitation & auquels elle appartenoit, & ne sçauroient les Epiciers justifier que jamais ils eussent visité les marchandises foraines de suif venans en cette Ville de Paris; si cela eut été, les autres Métiers de cette Ville qui l'auroient contesté auxdits Défendeurs, eussent entré en contestation avec les Demandeurs sur ce sujet; mais n'y ayant eu procès pour ce regard qu'avec les Chandeliers en suif, cela faisoit connoître la possession, & que les Demandeurs n'avoient point de possession contraire; la quatrieme raison étoit que de notoriété de fait toutes les Marchandises foraines qui arrivoient en cette Ville de Paris & qui étoient nécessaires ou dépendoient de quelques-uns des Corps des Artisans de cette Ville, la visitation en appartenoit aux Artisans qui enployoient les marchandises & les lottissoient entr'eux, il étoit loisible aux Marchands Merciers de trafiquer généralement de toutes sortes de marchandises, mais cela s'entendoit des marchandises qu'ils faisoient venir à leurs risques, périls & fortunes, autres que les lieux dans le détroit desquels il leur étoit interdit de trafiquer : mais s'il arrivoit des marchandises foraines dépendantes de quelque Art & Métier de cette Ville, se feroient les Artisans qui visiteroient ces marchandises chacun selon son Métier, & qu'ils les lottisseroient entr'eux pour la nécessité qu'ils auroient pour leur Manufacture & entretenir ce qui étoit de leur Art ou Métier; à ces fins auroient lesdits Jurés Chandeliers conclu à ce qu'il fût dit que la saisie qui auroit été faite à la Requête des Demandeurs, du suif amené en cette Ville par Etienne Caron, Marchand Forain, seroit déclarée nulle, & défenses à l'avenir auxdits Demandeurs de plus faire de telles saisies & entreprendre la visitation du suif qui seroit avenu en cette Ville par le Forain, lequel seroit conduit aux Halles de cette Ville, pour là y être vû & visité par les Jurés Chandeliers & lotti

lotti entre les Maîtres Chandeliers en la maniere accoutumée ; le tout nonobstant chose proposée au contraire par les Demandeurs, dont ils seroient déboutés & condamnés ès dépens de l'instance, auquel procès tellement auroit été procédé, que par Acte & appointement de nous donné entre lesdites Parties, ou Procureurs pour elles, le trente-unieme jour de Mai 1625, eussions ordonné que pour faire droit aux Parties, leurs Lettres, Piéces & Exploits seroient mises ès mains de notre Lieutenant Civil, pour, à son rapport au Conseil, leur être fait droit ainsi que de raison, ainsi plus au long le contient ledit Acte & appointement, duquel nous seroit bien & dûement apparu en ensuivant, & pour satisfaire auquel Acte & appointement, eussent lesdites Parties de leurs parts, ou Procureurs en cettedite Cour, pour elles, mis, écrit & produit pardevers nous à Cour, avoient porté leurs Lettres, Piéces & Exploits, aux fins que dessus, ensemble tout ce dont ils se seroient voulu servir & aider audit Procès ; sur quoi finallement elles nous auroient requis & demandé droit, leur vouloir être par nous fait ainsi que de raison.

Vû de nous lequel Procès, les faits, causes, raisons & moyens desdites Parties, copies des Statuts & Ordonnances tant desdits Maîtres & Gardes d'Epicerie, que desdits Jurés Chandeliers, registrés par lesdits Epiciers, Demandeurs, tant des marchandises foraines au Bureau des Apoticaires & Epiciers ; Sentences de nous données, Arrêts de la Cour de Parlement, l'Exploit de saisie fait à la Requête desdits Maîtres & Gardes du suif en question, & assignation donnée aux Marchands Flamands, pour procéder sur ladite saisie ; avis & renvoi du Procureur du Roi, assignation donnée auxdits Défendeurs pour procéder sur ledit renvoi, Requête à nous présentée par les Demandeurs, réponses, acte & appointement de jonction d'icelle & autres piéces, exploits, significations, procédures, avertissemens, contredits & salvations desdites Parties, & tout vû & considéré : Nous disons, oui sur ce le Procureur du Roi, que le suif saisi sur Etienne Caron, Marchand Flamand, à la Requête desdits Maîtres & Gardes de la marchandise dont est question, sera porté aux Halles de cette

Ville de Paris, pour être vû & visité par les Jurés Chandeliers, ce fait, lotti entre les Maîtres de la Communauté desdits Chandeliers en la maniere accoutumée, avec défenses auxdits Maîtres & Gardes Apoticaires & Epiciers de troubler & empêcher lesdits Jurés Chandeliers en la visitation du suif, à peine de tous dépens, dommages & intérêts, & d'amende arbitraire, le tout nonobstant chose proposée au contraire par lesdits Maitres & Gardes Apoticaires & Epiciers, dont ils sont déboutés & condamnés aux dépens de l'Instance, qui seront taxés en la maniere accoutumée par notre Sentence, Jugement & par droit; En témoin de ce, Nous avons fait mettre à ces présentes le scel de ladite Prévôté de Paris : Ce fut fait & prononcé en Jugement devant Nous audit Châtelet de Paris, en la présence de Me Martin Colement, Procureur desdits Jurés Chandeliers, & en l'absence de Me Nicolas Colement, Procureur desdits Maîtres & Gardes Epiciers & Apoticaires à Paris, le samedi septieme jour du mois de Février, mil six cent vingt-six. *Collationnè, avec paraphe.*

SENTENCE, *qui ordonne que neuf mesures de suif trouvées défectueuses, seront vendues aux Corroyeurs, & fait défenses de récidiver, à peine de trois cent livres d'amende.*

Du 5 Décembre 1629.

A TOUS ceux qui ces présentes Lettres verront; Louis Seguier, Chevalier, Baron de Saint-Brisson, Sieur des Ruaux & de Saint-Firmin, Conseiller du Roi, Gentilhomme ordinaire de sa Chambre, & Garde de la Prévôté de Paris, Salut. Sçavoir faisons, que sur la Requête faite en Jugement devant nous, en la Chambre Civile du Châtelet de Paris, par Me Martin Colement, Procureur des Jurés-Chandeliers de cette Ville de Paris, demandeurs & saisissans la quantité de cent quatre-vingt & une mesure de suif, comme ce contient le Procès-verbal du Commissaire Guynet, du vingt-trois Novembre dernier, l'Exploit de saisie par de Baboye, Sergent-à-Verge, dudit jour, à l'encontre de Me Tinot Dubois, Procureur de Hilaire Tripelet, Marchand Boucher à Paris, sur lequel a été saisi ledit suif, & envers ledit Dubois, Procureur de Noel Tripelet aussi Marchand Boucher, intervenu de faire incidemment demande à l'Audience de la Cause, & est intervenu Me Cointreau, Procureur de qui a dit avoir acheté ledit suif saisi dudit Hilaire Tripelet; & requis main-levée, avec dépens, leur Procureur comparant; lecture faite du rapport de visite, qui en a été fait par Guillaume Pinart & Jacques Boudin, Jurés-Chandeliers, Jean Lehoux & Pierre Husson, Jurés Bouchers : Vû par nous, Simon-André Langlois & Nicolas Delaistre, anciens Echevins de la Ville de Paris & Bourgeois d'icelle; Ordonnons que les neuf mesures de suif trouvées défectueuses, soient vendues aux Corroyeurs, défense de plus exposer en vente tel suif, à peine de confiscation & de trois cent livres d'amende, & pour la faute par eux commise, les avons condamnés en huit livres parisis d'amende, & aux dépens de la poursuite qui seront taxés, & pour cette fois; Faisons main-levée du surplus dudit suif, lequel sera baillé audit comme l'ayant acheté desdits Tripelet, & en témoin de ce, nous avons fait sceller ces Présentes. Fut fait & donné par Messire Michel Moreau, Conseiller du Roi, Lieutenant-Civil, tenant le Siege le vendredi, cinquieme Décembre, mil six cent vingt-neuf. *Collationné.*

SENTENCE, qui fait défenses aux Bouchers de plus à l'avenir exposer ni vendre aucuns suifs dans leurs maisons & sur leurs étaux, sur peine de confiscation, & de trois cent livres parisis d'amende.

Du 29 Janvier 1633.

A TOUS ceux qui ces présentes Lettres verront; Louis Seguier, Chevalier, Baron de Saint-Brisson, Sieur des Ruaux & de Saint-Firmin, Conseiller du Roi, Gentilhomme ordinaire de sa Chambre, & Garde de la Prévôté & Vicomté de Paris, Salut. Sçavoir faisons, que sur le rapport fait en Jugement devant nous, en la Chambre Civile du Châtelet de Paris, par Me Jean Guynet, Commissaire & Examinateur en la Cour de ceant, à la requête des Maîtres & Jurés Chandeliers de cette Ville de Paris, à l'encontre des nommés Guillaume Potton, Toussaint Richard & Mathieu Loyson, tous Marchands Bouchers, trouvés vendans du suif à mesure sur leurs étaux & dans leurs maisons, contre & au préjudice des Ordonnances & Réglemens de Police, ce qui fait que le marché est dégarni & altéré; au moyen de quoi lesdits Jurés leur auroient fait donner assignation aujourd'hui; Nous, oui ledit Commissaire en son rapport, & Me Louis Turpin, Procureur desdits Jurés Chandeliers, présent en personne, & par vertu du défaut de nous donné contre lesdits Bouchers susnommés; & leur avons fait & faisons inhibitions & défenses, & à tous autres Bouchers vendans en cette Ville & Fauxbourgs, de plus à l'avenir exposer ni vendre aucun suif dans leurs maisons ni sur leurs étaux, sur peine de confiscation desdits suifs qui se trouveroient exposés ailleurs qu'en la place publique, & de trois cent livres parisis d'amende, suivant les Réglemens de Police, sur ce par nous faits, & pour la faute commise par les défendeurs, les avons pour cette fois condamnés chacun en seize livres pariſis d'amende, & ès frais des Jurés : En témoin de ce, nous avons fait mettre à ces Préſentes le ſcel de ladite Prévôté. Ce fut fait & donné par Meſſire Michel Moreau, Conſeiller du Roi en ſes Conſeils d'Etat privé, & Lieutenant Civil de ladite Prévôté, tenant le Siege le ſamedi vingt-neuvieme jour de Janvier, mil ſix cent trente-trois. *Collationné.*

SENTENCE, qui condamne les Jurés Bouchers, en quatre cent livres pariſis d'amende, pour n'avoir point expoſé leur ſuif, à la Place aux Veaux.

Du 7 Janvier 1640.

A TOUS ceux qui ces préſentes Lettres verront; Louis Seguier, Chevalier, Baron de Saint-Briſſon, Sieur des Ruaux & de Saint-Firmin, Conſeiller du Roi notre Sire, Gentilhomme ordinaire de ſa Chambre, Garde de la Prévôté & Vicomté de Paris, Salut; Sçavoir faiſons, ſur le rapport fait en Jugement devant nous, en la Chambre Civile du Châtelet de Paris, par Me Etienne Cointreau, Commiſſaire & Examinateur en la Cour de ceans, de ce que jeudi dernier, cinquieme jour du préſent mois, s'étant, à la requête des Jurés Chandeliers, transporté en la Place aux Veaux, lieu & heure, pour dépoſer & vendre les ſuifs des Marchands Bouchers de cettedite Ville, il n'y en auroit pas trouvé une ſeule meſure, comme de fait, il ne s'y en eſt point expoſé & vendu du tout ledit jour; au moyen de quoi, à la requête des Jurés Chandeliers, il a donné aſſignation pardevant nous, aux Jurés Bouchers de Paris, en parlant à Pierre Gilbert l'un d'iceux, pour répondre ſur ledit rapport, & en être par nous ordonné, ce que de raiſon : Nous, oui Me Turpin, Procureur des Jurés Chandeliers, & Me Etienne Guillier, Procureur deſdits Jurés Bouchers; enſemble, Me Jacques le Picart, Avocat du Roi en la Cour de ceans, & attendu nos Réglemens & Jugemens précédens, pour la contravention faite à iceux par lesdits Marchands Bouchers; avons lesdits Jurés Bouchers, condamnés & les condamnons solidairement en quatre cens livres parisis d'amende, au payement de laquelle ils seront contraints par corps, & enjoint à tous lesdits Marchands Bouchers d'obéir & satisfaire & exécuter lesdits Réglemens & Jugemens, sur peine du carcan contre chacun des contrevenans. Sera la présente Sentence exécutée, nonobstant opposition ou appellation, faite ou à faire, pour lesquelles ne sera différé, & sans préjudice d'icelles; en témoin de quoi, nous avons fait sceller ces présentes. Ce fut fait & donné par Messire Isaac de Laffeucas, Conseiller du Roi, Maître des Requêtes ordinaire de son Hôtel, & Lieutenant Civil de la Ville, Prévôté & Vicomté de Paris, tenant le Siége le samedi septieme Janvier mil six cens quarante. *Collationné.*

SENTENCE, qui fait défenses à Claude Dupont, & à Claude Destouches sa femme, & à tous autres de plus à l'avenir colporter ni débiter par les rues aucunes marchandises de chandelles, & les condamne en douze livres parisis d'amende.

Du 23 Septembre 1648.

A TOUS ceux qui ces présentes Lettres verront; Louis Seguier, Chevalier, Baron de Saint-Brisson, Seigneur des Ruaux & de Saint-Firmin, Conseiller du Roi notre Sire, Gentilhomme ordinaire de sa Chambre & Garde de la Prévôté & Vicomté de Paris, Salut. Sçavoir faisons, que vû le procès mû & pendant en Jugement devant nous au Châtelet de Paris, entre les Jurés & Gardes de la Communauté des Maîtres Chandeliers en suif de cette Ville de Paris, intervenans avec Antoine Gosset, Maître dudit Métier, demandeurs, d'une part, & Claude Dupont aussi Maître dudit Métier, & Claude Destouches sa femme, défendeurs, d'autre part ; pour raiſon des demandes, fins & concluſions deſdits demandeurs, tendantes à ce que défenſes ſoient faites auxdits défendeurs & à tous autres, de plus à l'avenir colporter, vendre ni débiter aucunes marchandiſes de chandelles, & pour l'avoir fait par leſdits défendeurs, condamner en quatre-vingt livres pariſis d'amende, & leſdits défendeurs, condamnés en tous les depens : Procès-verbal du Commiſſaire de la Vaigne, en date du préſent jour du mois de Juillet dernier, an préſent mil ſix cent quarante-huit, contenant la plainte à lui rendue par Antoine Goſſet, Claude Leroux, Jean Haroiſe & Marin Guillet, Maîtres Chandeliers en ſuif; à ſçavoir de ce que journellement leſdits Dupont & ſa femme colportent & vendent par les rues, de la chandelle, & ce ſur les ſept, huit & neuf heures du ſoir, & qu'il y a une demie heure que leſdits complaignans paſſant proche l'horloge du Palais, ils avoient vû que la femme dudit Dupont, vendoit & débitoit de boutique en boutique leſdites chandelles; requérant a été de leur plainte, en informer des excès à eux commis par ladite femme Dupont, & des injures, deſquelles il leur a octroyé Acte : autre Sentence, en date du quinzieme jour du mois de Juillet mil ſix cent quarante-huit, par laquelle, après l'intervention deſdits Jurés, il leur eſt permis de faire preuve pardevant le Commiſſaire de la Vaigne, que leſdits Dupont & ſa femme ayent colporté de la chandelle : Enquête faite à la requête deſdits Jurés, pardevant le Commiſſaire de la Vaigne, le vingt-ſeptieme jour du mois de Juillet dernier audit an, mil ſix cent quarante huit; extrait des noms & ſurnoms des témoins ouis & examinés en ladite Enquête, & ſigniſiée audit défendeur, à la requête des demandeurs, le cinquiéme jour du mois d'Août auſſi dernier audit an, mil ſix cent quarante-huit, notre Sentence en date dudit jour cinquieme du mois d'Août mil ſix cent quarante-huit, par laquelle eſt ordonné, que l'Enquête faite à la requête deſdits demandeurs & les remontrances, piéces & exploits deſdites Parties, ſeroient miſes en nos mains, avec tout ce que bon leur ſemblera, & pour leur être fait droit dans trois jours, sans autre forclusion ni signification de Requête ; signification de ladite Sentence faite auxdits défendeurs le sixieme jour du mois d'Août audit an 1648, inventaire de production desdits demandeurs ; Et tout vu & considéré en cette partie : NOUS DISONS, que défenses sont faites auxdits défendeurs & à tous autres de plus à l'avenir colporter ni débiter par les rues aucunes marchandises de chandelles, & pour l'avoir fait par les défendeurs, ils sont condamnés en douze livres parisis d'amende, applicables au pain des Prisonniers du Grand-Châtelet, nonobstant choses proposées au contraire par lesdits défendeurs, qui n'ont produit, dont ils sont déboutés & condamnés aux dépens à taxe par notre Sentence, Jugement, & par droit; En témoin de ce, nous avons fait mettre & apposer à cesdites présentes Lettres le scel ordinaire de ladite Prévôté & Vicomté de Paris. Ce fut fait & prononcé en Jugement devant Nous, audit Châtelet de Paris, en la présence de Me Louis Turpin, Procureur desdits Jurés & Gardes de la Communauté des Maîtres Chandeliers de cette Ville, intervenans avec ledit Goffet, & demandeurs, & en l'absence de Me Philippes Maigret, Procureur desdits Dupont & sa femme, défendeurs, & par vertu du défaut contre lui donné, le mercredi vingt-troisieme jour de Septembre mil six cent quarante-huit. *Collationné*.

SENTENCE contradictoire de M. le Lieutenant-Général de Police du Châtelet de Paris, servant de Réglement entre la Communauté des Maîtres Chandeliers de Paris, & la Communauté des Bouchers de la même Ville,

Du 8 Novembre 1695.

A TOUS ceux qui ces présentes Lettres verront ; Charles-Denis de Bullion, Chevalier, Marquis de Gallardon, Seigneur

gneur de Bonnelles & autres lieux, Conseiller du Roi en ses Conseils, Garde de la Ville, Prévôté & Vicomté de Paris, Salut : Sçavoir faisons, que sur la Requête faite en Jugement devant nous en la Chambre de Police du Châtelet de Paris, par Me Louis Meny, Procureur des Jurés de la Communauté des Maîtres Chandeliers en cette Ville de Paris, saisissans plusieurs suifs en branche en contravention, suivant l'Exploit fait par Derigny, Sergent, en présence du Commissaire Dumesgnil le 4 du présent mois, contrôlé à Paris le 5 par Ledrel, tendant à ce que les suifs en question fussent confisqués, défenses aux Défendeurs & à tous Bouchers de vendre du suif en branche, ains de les fondre & les porter à la Place au suif, sans les pouvoir vendre ailleurs, Défendeurs à la requête d'intervention & demande en main-levée des choses saisies, & encore Demandeurs suivant leurs moyens de ce jourd'hui, assistés de Me Maurice leur Avocat, contre Me Roch Hubert, Procureur d'Antoine Barré, Pierre Troquet & Gilles Paulmier, Marchands Bouchers, qui ont vendu ledit suif en branche, Défendeurs à ladite saisie & exploit susdaté, & à ladite intervention & moyens susdatés, assisté de Me Porchon son Avocat ; & contre Me Pierre de la Corrée, Procureur de André Bru & Guillaume Doux, Intéressés en la Manufacture des Chandelles au Fauxbourg Saint-Antoine, Intervenans, Demandeurs, suivant la Requête à nous présentée, & exploit fait en conséquence du jour d'hier, tendant à fin de main-levée, ou en tout cas à fin de restitution par les Bouchers des sommes qu'ils leur ont payées, tant pour pot-de-vin, que pour le prix dudit suif en branche à eux livré chacun à leur égard, suivant les quittances énoncées en ladite Requête, avec dépens, dommages & intérêts, & Défendeurs aux moyens susdatés, assistés de Me Barbier leur Avocat. Parties ouïes, ensemble Me Jacques Brochard, Avocat du Roi, en ses conclusions, lecture faite de notre précédente Sentence du 22 Mars 1693, portant défenses aux Bouchers de vendre le suif en branche ni ailleurs, qu'à la Place des anciens Réglemens à ce sujet, & autres piéces des Parties : NOUS avons déclaré la saisie desdits suifs en branche dont est question, bonne &

valable, lesdites choses saisies, confisquées au profit des Parties de Maurice : Déclarons les marchés faits entre les Parties de Porchon & de Barbier nuls & résolus : Ordonnons que les sommes qui ont été payées aux Parties de Porchon, pour les pots-de-vin portés auxdits marchés, seront, demeureront & appartiendront à l'Hôpital Général, au profit duquel nous les avons adjugées; & à payer lesdites sommes au Receveur dudit Hôpital Général; seront ledites Parties de Porchon, contraintes chacun à leur égard : Condamnons lesdites Parties de Porchon & de Barbier chacun en cent livres d'amende, & en tous les dépens envers les Parties de Maurice, défenses à elles de récidiver, & à tous autres Bouchers de faire de pareils marchés, & de vendre des suifs en branche, & ailleurs que dans les marchés, sous plus grandes peines. Ce qui sera exécuté sans préjudice de l'appel. En témoin de ce nous avons fait sceller ces Présentes, qui furent faites & données par Messire Gabriel-Nicolas de la Reynie, Conseiller d'Etat ordinaire, & Lieutenant-Général de Police, tenant le Siége le Mardi huîtieme de Novembre, mil six cent quatre-vingt-quinze. *Collationné, Signé,* TARDIVEAU.

SENTENCE rendue au sujet des Etalages qu'occupent les Maîtres Chandeliers à la Halle.

Du 7 Juin 1697.

A TOUS ceux qui ces présentes Lettres verront : Charles-Denis de Bullion, Chevalier, Marquis de Gallardon & autres lieux, Conseiller du Roi en ses Conseils, Prévôt de Paris, Salut. Sçavoir faisons, que sur la Requête faite en Jugement devant nous, à l'Audience de la Chambre de Police du Châtelet de Paris, par Me Jacques-François Mallet, le jeune, Procureur au lieu & place de feu Me Claude Moreau, le jeune, Procureur de Henri Pocquet, Claude Cavenel & Consorts, Maîtres Chandeliers à Paris, demandeurs en exécution de l'Arrêt du Conseil du trente-un Août 1688, qui fait défenses aux principaux Locataires des maisons sises à la Halle, de se faire ni louer aucune place sur le pavé, à peine de 1500 liv. d'amende, suivant la Requête & Exploit des 13 Mars 1694, & 21 Février 1695, contrôlé à Paris le 24, & encore aux fins de la Requête du 5 Septembre 1695, & suivant les moyens signifiés par Fouquet, Audiencier, le 12 Décembre 1696, tendantes lesdites piéces à ce qu'en exécution dudit Arrêt du Conseil du 31 Août 1688, la Communauté des Maîtres Chandeliers seroit à l'avenir déchargée des loyers des places qu'ils occupent les samedis à la Halle, sur le pavé & voie publique, devant la porte de la maison d'un nommé Maillard & autres Particuliers Propriétaires & principaux Locataires des maisons, ayant issue dans les Halles; que défenses seroient faites audit Maillard & autres d'exiger dorénavant aucun loyer desdites places sur le pavé & voie publique, à peine de 1500 livres d'amende, & outre condamné de rapporter ceux par lui perçus & exigés de concert avec les Jurés depuis ledit Arrêt, & pour la contravention, ladite amende de 1500 liv. portée par ledit Arrêt, déclarée encourue contre lui avec dépens, le tout aux risques, périls & fortunes desdits Jurés, attendu les sommations à eux faites de se pourvoir contre les Propriétaires & principaux Locataires desdites maisons de la Halle, en exécution de la Sentence du 8 Mars 1695, pour faire décharger ladite Communauté desdits loyers par eux exigés, au préjudice dudit Arrêt du Conseil, & defendeurs, assistés de Me Maurice leur Avocat, contre Me Lhéritier, le jeune, Procureur de Henri Maillard, Maître Boissellier à Paris, propriétaire de plusieurs arcades sises à la Halle de cette Ville de Paris, demandeur en exécution de nos Sentences & Réglemens des 25 Octobre 1687, 12 Mai 1692, 20 Janvier, 24 Juillet & 10 Décembre 1694, & encore demandeur en reprise d'Instance & constitution de nouveau Procureur, suivant l'Exploit fait par Fouquet, Huissier-Audiencier en cette Cour, le 15 Novembre dernier; ensuite duquel est la présentation du 3 Décembre ensuivant, signé Quentin, assisté de Me Porchon son

Avocat, & encore de Me Mallet, le jeune, audit nom, demandeur, suivant l'Exploit d'offres du 29 Avril 1695, fait par Grannote, Sergent à Verge en cette Cour, contrôlé à Paris ledit jour, en exécution de la Sentence contradictoire, rendue sur délibéré le 8 Mars audit an, & opposans à l'exécution de la Sentence du 26 Avril audit 1695, suivant la Requête verbale du 7 Juin ensuivant, & encore demandeurs aux fins de ladite Requête du 5 Septembre audit an, à ce qu'entr'autres choses les offres faites par les demandeurs le 29 Avril, fussent déclarées bonnes & valables, le tout avec dépens; défenses à l'Exploit du 9 Mars dernier, sur lequel ils se sont présentés au Greffe le 26 dudit mois, contre Me Jean-Baptiste Decamps, Procureur de Blaise Bontemps, ci-devant Receveur de ladite Communauté des Maîtres Chandeliers, défendeur & demandeur en exécution de la Sentence du 26 Avril 1695, & encore en reprise d'Instance & constitution de nouveau Procureur, suivant l'Exploit du 9 Mars dernier; ensuite desquels est la présentation du 23 dudit mois, contrôlé à Paris par Robert, ledit jour 9 Mars; & encore ledit Decamps, Procureur dudit Bontemps audit nom, demandeur en sommation & dénonciation de la prétention & demande des Parties de Mallet, suivant la Requête verbale du 12 Février audit an 1695, à l'encontre dudit Lheritier, Procureur dudit Maillard & Me Meny, Procureur des Jurés de la Communauté desdits Maîtres Chandeliers à Paris, défendeurs; & encore ledit Me Mallet, le jeune, audit nom, demandeur, suivant les Requêtes & Exploits susdatés, & sommation du 30 Avril 1695, à ce que les Jurés Chandeliers fussent tenus de se pourvoir contre ledit Maillard & autres Propriétaires & principaux Locataires des maisons sises à la Halle, en exécution de la Sentence du 8 Mars 1695, à fin de faire décharger ladite Communauté des loyers des places qu'ils occupent les samedis à la Halle, sur le pavé & voie publique, au préjudice dudit Arrêt du Conseil du 31 Août 1688, sinon que les demandeurs se pourvoiroient contre iceux, à leurs risques, périls & fortunes, aux dépens, dommages & intérêts contre Me Meny, Procureur des Jurés de ladite Communauté des Maîtres Chandeliers, défendeurs: Parties ouies, entre lesdits Maurice Porchon & Decamps, & par vertu du défaut de nous donné contre ledit Meny audit nom, non comparant, dûement appellé, lecture faite des piéces des Parties; Sommations faites aux Jurés de notre Sentence du 17 Mai 1697, par laquelle il est ordonné, que pour faire droit aux Parties sur toutes leurs demandes & contestations, leurs piéces seront mises sur le Bureau, pour en être délibéré; Tout vû & considéré, & après qu'il en a été par nous délibéré: NOUS, sans que les qualités puissent nuire ni préjudicier aux droits des Parties; disons, qu'avant faire droit par le Commissaire Palley, il sera fait Procès-verbal de la place qu'occupe les étalages des Maîtres Chandeliers, à l'endroit des Arcades dudit Maillard & vis-à-vis ses boutiques, pour le tout, rapporté & communiqué au Procureur du Roi, être ordonné ce qu'il appartiendra, tous dépens réservés: En témoin de ce, nous avons fait sceller ces Présentes faites & données par Messire Marc-René d'Argenson, Conseiller du Roi en ses Conseils, Lieutenant-Général de Police, tenant le Siege le vendredi sept Juin mil six cent quatre-vingt-dix-sept.

SENTENCE, *qui ordonne que les samedis de chaque semaine, les Comptoirs des Maîtres Chandeliers à la Halle, seront placés dans le rang qu'occupent les Maîtresses Beurrieres.*

Du 26 Août 1718.

A TOUS ceux qui ces présentes Lettres verront, Charles-Denis de Bullion, Chevalier, Conseiller du Roi en ses Conseils, Garde de la Prévôté & Vicomté de Paris; Salut, sçavoir faisons, que vû par nous Louis-Charles de Machault, Chevalier, Seigneur d'Arnouville, Conseiller du Roi en ses Conseils, Maître des Requêtes Honoraire de son Hôtel,

Lieutenant Général de Police de ladite Ville, Prevôté & Vicomté de Paris, la Sentence par nous précédemment rendue en la Chambre de Police le vendredi 29 Juillet dernier, sur le rapport de Me Claude Duplessis, Commissaire en cette Cour & ancien Commissaire du Quartier des Halles, au sujet de la contestation formée entre les Jurés de la Communauté des Maîtres Chandeliers de cette Ville, & les Propriétaires & principaux Locataires des Boutiques & Arcades situées en la Halle au Bled, dans le rang qui conduit de la Porte à la Graisse, à la Porte de la Beausse, au-devant desquelles les comptoirs des Chandeliers avoient coutume d'être placés, par laquelle Sentence nous avons ordonné qu'il en seroit par nous délibéré, & que nous nous transporterions incessamment en ladite Halle au Bled, pour (en conséquence de l'Arrêt du 14 Mars 1641) connoître par nous-même s'il ne se peut pas trouver en ladite Halle au Bled un autre lieu commode pour placer ailleurs lesdits Chandeliers : nous nous sommes en conséquence transporté en ladite Halle au Bled, dans le rang susdésigné, où après avoir entendu par leur bouche les Propriétaires & principaux Locataires desdites Arcades & Boutiques, qui nous ont représenté le préjudice que leur causent les comptoirs & étalages des Chandeliers au-devant de leursdites Boutiques & Arcades, & qu'on peut commodément placer les comptoirs desdits Chandeliers, dans le rang étant vis-à-vis lesdites Arcades qui n'est occupé que par des Beurrieres, lesquelles, conformément aux Réglemens de Police, ne doivent emplir lesdites places que les lundi, mardi, jeudi & vendredi de chacune semaine, en sorte que les Maîtres Chandeliers n'occupant lesdites places que les samedis de chacune semaine, les Maîtresses Beurrieres pourroient continuer leur commerce pendant les autres jours de la semaine librement, ce qui feroit cesser toutes les contestations de part & d'autre, & éviteroit un Procès qui pourroit causer des frais considérables entre la Communauté desdits Maîtres Chandeliers & les Propriétaires desdites Arcades; & après avoir entendu le Commissaire Duplessis, ancien dudit Quartier des Halles, qui nous a confirmé que, suivant les anciens Réglemens de Police, les Maîtreſſes Beurrieres qui ſont placées vis-à-vis deſdites Arcades ne doivent occuper leſdites places que les lundi, mardi, jeudi & vendredi de chacune ſemaine, & que c'eſt par tolérance qu'elles y ſont ſouffertes les mercredi & ſamedi, & auſſi après que les Maîtres Chandeliers, pour ce mandés, nous ont déclaré qu'ils conſentent d'avoir les ſeize places dans le rang deſdites Beurrieres, pourvû qu'il nous plaiſe ordonner que leurs comptoirs & les 2 comptoirs des Chandeliers privilégiés ſeroient placés en diſtances égales, depuis ladite Porte à la Graiſſe, juſqu'à la Porte de la Beauſſe, ſans qu'ils puiſſent être troublés ni inquiétés par les Maîtreſſes Beurrieres, tous les ſamedis de chacune ſemaine : NOUS, après avoir examiné ce que deſſus, pour éviter à toutes conteſtations, avons ordonné que par le Commiſſaire Dupleſſis que nous propoſons à cet effet, les comptoirs des Chandeliers ſeront placés dans le rang qu'occupent leſdites Maîtreſſes Beurrieres, aux frais & dépens de la Communauté des Maîtres Chandeliers ; enjoignons auxdites Maîtreſſes Beurrieres de retirer à cet effet leurs tables, pour qu'on puiſſe placer leſdits comptoirs, & que leſdits Chandeliers les puiſſent occuper tous les ſamedis de chacune ſemaine ; permettons auxdites Maîtreſſes Beurrieres d'occuper leſdites places & de ſe ſervir deſdits comptoirs pendant les autres jours de la ſemaine ſeulement, & ſur le requiſitoire deſdits Jurés Chandeliers, nous leur avons permis de faire mettre à leurs frais & dépens des auvents de planches au-deſſus de chaque comptoir, à condition néanmoins que leſdits auvents n'embarraſſeront point la voie publique, qu'ils ne ſeront point élevés de plus de huit pieds, & que l'égoût des eaux pluviales tombera du côté dudit rang & non du côté des tables deſtinées pour les Maîtres Chaircuitiers de cette Ville, & que de tout ſera dreſſé Procès-verbal par ledit Commiſſaire Dupleſſis ; enjoignons aux Propriétaires ou principaux Locataires qui occupent leſdites Arcades & Boutiques, de ſe retirer en dedans leſdites Arcades, pour ne point embarraſſer la voie publique par leurs marchandiſes, à peine de trois cent livres d'amende, ce qui ſera exécuté nonobſtant oppoſition ou appellation quelconques & ſans préjudice d'icelle : En témoin de quoi nous avons fait ſceller ces Préſentes. Ce fut fait & donné par nous Juge ſuſdit, le vendredi vingt-ſixieme jour d'Août mil ſept cent dix-huit. *Collationné*, *Signé*, CARDINEAU.

ORDONNANCE de Police, portant Réglement pour la vente des Suifs & de la Chandelle.

Du 2 Août 1720.

SUR ce qui Nous a été remontré par le Procureur du Roi; qu'au préjudice des anciennes & nouvelles Ordonnances, Arrêts & Réglemens qui enjoignent aux Marchands Bouchers, Tripiers & Cretonniers de cette Ville de Paris, de donner tous les Jeudis matin un Memoire ſigné & certifié d'eux de la quantité des meſures de Suifs, tant de bœuf, de vache, que de mouton, du poids de cinq livres & demie, qu'ils auront fondu pendant la ſemaine, de porter le même jour de Jeudi, depuis dix heures juſqu'à une heure après midi, au Marché deſtiné à cet effet, vulgairement appellé la vieille Place au Veaux, tous leurs Suifs, ou au moins des échantillons de chaque ſorte, d'avoir à leur place un Ecriteau paraphé du Maître, contenant ſon nom & la quantité du Suif qu'il aura fondu, & de le vendre dans ce délai ſur ces échantillons aux Maîtres Chandeliers, avec défenſes d'en receler, réſerver & ſaler aucun, de le mêler ni corrompre d'aucunes graiſſes, de le vendre dans leurs maiſons, ſoit aux Chandeliers, ſoit à d'autres perſonnes ſans permiſſion, de retenir dans leurs maiſons ou dans des magaſins hors la Ville & Fauxbourgs de Paris des Suifs d'une ſemaine à l'autre, de le vendre en branche, & non fondu; que ces mêmes Ordonnances & Réglemens qui font auſſi défenſes aux Chandeliers d'avoir plus de trois milliers de Suif, ſoit en nature, ſoit convertis en chandelles, d'acheter aucuns Suifs fondus & en branche chez les Bouchers ni ailleurs qu'au Marché, juſqu'à ce qu'ils ayent vendu les deux tiers de ladite quantité, & d'en arrher chez leſdits Bouchers, avec injonction auxdits Chandeliers de fabriquer de jour à autre de la chandelle,

delle, d'en fournir les places des Halles pour le Public, de se dénoncer les autres sur les contraventions dont ils seront informés, tant contre les Bouchers & Chandeliers, que contre ceux qui participeront aux monopoles : Ordonnent encore qu'il sera fait des visites dans les Echaudoirs, Magasins, Boutiques & autres lieux où lesdits Suifs & chandelles pourront être resserrés par les Bouchers & Chandeliers, lesquels seront tenus d'en faire ouverture, & de souffrir lesdites visites ; le tout à peine de quatre cent livres d'amende, à quoi les Bouchers & les Chandeliers assemblés se sont volontairement soumis par le Réglement général du 23 Mars 1640, fait en exécution de l'Arrêt du Parlement, contradictoire du 28 Février audit an ; confirmatif de celui du 3 Décembre 1639 ; & par l'Ordonnance du 21 Décembre 1718, rendue par M. de Machault, lors Lieutenant Général de Police, qui en rappellant toutes ces différentes dispositions, après avoir encore entendu les Jurés de ces deux Communautés, & avoir pris d'eux une nouvelle soumission, leur fait défenses de vendre la mesure de Suif bon, loyal & marchand, pesant cinq livres & demi, plus de trente-six sols la mesure, & la chandelle bonne, loyale & marchande plus de neuf sols six deniers la livre.

Que quoiqu'il ait plû au Roi par Arrêt de son Conseil du 19 Septembre 1719, de supprimer en faveur du Public les deux sols par livre pesant accordés aux Visiteurs & Contrôleurs des Suifs par Edit du mois d'Avril 1693, & Déclaration de Sa Majesté du 26 Mars 1707, ce qui devoit opérer une diminution du prix de cette marchandise ; néanmoins les Bouchers & les Chandeliers se voyant libres, & n'étant plus sujets à aucune inspection, méprisent totalement l'observation de tous les Réglemens de Police, en sorte qu'ils n'envoyent plus leurs Suifs à la Place, qu'ils n'en font que de très-foibles déclarations, puisque de 14 à 15000 mesures qu'elles étoient chaque semaine, elles ne sont plus que de quatre à cinq mille ; qu'ils le recelent, & le vendent dans leurs maisons le prix qu'il leur plaît, soit aux Bourgeois, ou aux Particuliers, soit aux Chandeliers qui les ont arrhés ; que ces derniers, ainsi que les Bouchers, en font des magasins ; & par un concert très-préjudiciable au Public, l'ont porté à un prix si excessif, que les Bouchers vendent la mesure de Suif jusqu'à 4 livres, les Tripiers 50 sols, & les Chandeliers la livre de chandelle 20 & 22 sols. Que cet abus également criminel & défendu tend à un renversement général du bon ordre & des Réglemens, & est d'autant plus repréhensible qu'il a été vérifié que la consommation de la viande de Boucherie est augmentée à présent de plus du quart, & qu'il se trouve actuellement dans cette Ville & Fauxbourgs une assez grande quantité de Suif pour la fourniture du Public : Pourquoi il Nous requiert d'y pourvoir, en renouvellant & mettant en vigueur l'observation desdits Réglemens ; Surquoi Nous, ayant égard audit Requisitoire, & voulant faire cesser le désordre & le monopole que les Bouchers & les Chandeliers ont introduit dans le commerce des Suifs, pour en entretenir la cherté :

Article Premier.

Avons ordonné & ordonnons qu'à la Requête du Procureur du Roi, il sera informé contre les Maîtres Bouchers & Chandeliers qui ont fait & feront dorénavant aucun magasin de Suifs & Chandelles, & en ont fait ou feront hausser le prix ; comme aussi contre ceux qui ont participé ou participeront aux monopoles, pardevant les Commissaires du Châtelet qu'il nous plaira de nommer, pour ladite information rapportée, être par Nous ordonné ce qu'il appartiendra.

II.

Que les Arrêts & Réglemens de Police des mois de Mai 1567, Octobre 1577, 16 Septembre 1630, 3 Octobre 1639, 7 Janvier, 28 Février & 23 Mars 1640, 17 Novembre & 16 Décembre 1678, 21 Octobre 1679, 21 Mars 1693, 9 Août 1698, & 16 Décembre 1718, seront exécutés selon leur forme & teneur ; & conformément à iceux, que les Bouchers & les Tripiers de chaque quartier de la Ville & Fauxbourgs de Paris, seront tenus tous les Jeudis matin avant l'ouverture du Marché de nous remettre, ou à celui qui sera par Nous préposé, un état certifié véritable du Maître & non du Garçon, contenant la quantité des mesures de Suif que chacun d'eux aura fondu dans la semaine, ou la déclaration de ceux qui n'auront fait aucune fonte, de faire lesdites déclarations exactes & fidelles, à peine de mille livres d'amende, & de déchéance de leur maîtrise.

III.

Leur enjoignons en conformité des mêmes Réglemens d'aller ou d'envoyer ledit jour de Jeudi de chaque semaine au Marché de la vieille Place aux Veaux, à dix heures précises du matin pour y rester jusqu'à une heure après midi, & d'y porter au moins des montres ou échantillons de leurs Suifs, tant bœuf que mouton, sur lesquels échantillons ils seront tenus de vendre le même jour dans le Marché, & pendant le temps ci-dessus prescrit tous les Suifs de leur fonte, sans aucune réserve ni renvoi, & qu'à cet effet ils auront chacun un écriteau paraphé du Maître, qui contiendra son nom, & la quantité de Suif qu'il aura fondu, sous les mêmes peines, sauf à ordonner par la suite qu'ils porteront tous leurs suifs sur la Place.

IV.

Leur faisons pareillement défenses de mêler les Suifs de différentes qualités ou de les falsifier par d'autres graisses ou Suifs défectueux, d'en garder d'une semaine à l'autre, de les vendre dans leurs maisons ou ailleurs qu'au Marché public, ni d'en saler ou vendre en branches, & non fondu, sous quelque prétexte que ce soit, comme aussi d'en fabriquer de la chandelle pour l'usage particulier de leur maison, au-delà de la quantité qui leur sera accordée sur la déclaration qu'ils seront tenus d'en faire préalablement audit préposé, à peine de confiscation, de mille livres d'amende, & de plus grande peine en cas de récidive.

V.

Faisons défenses sous les mêmes peines aux Maîtres Chandeliers & à tous autres, d'acheter des Suifs dans les maisons des Bouchers, ou ailleurs qu'audit Marché, & dans le temps de l'ouverture de la Place seulement, comme aussi d'en avoir chez eux plus de trois milliers pesant, soit en nature, soit converti en chandelles, & d'en acheter d'autres sur la Place, ou en arrher, jusqu'à ce qu'ils en ayent vendu les deux tiers.

V I.

Leur enjoignons de fabriquer de jour à autre de la chandèlle bonne, loyale & marchande, faite de Suif de bœuf & mouton, sans être fourrée ni mélangée d'aucune graisse & beurre, & d'en fournir les Places des Halles pour le Public les jours de Marchés ordinaires & accoutumés : comme aussi enjoignons aux Jurés de ladite Communauté d'y en faire porter au défaut de ceux qui manqueront chacun à leur tour, de remplir leurs places, à peine de cent livres d'amende contre les uns & contre les autres, sauf à pourvoir au remboursement des Jurés ainsi qu'il appartiendra.

V I I.

Ordonnons que les Bouchers & Chandeliers seront tenus de faire chacun à leur égard audit préposé le jour de Marché, ou au plûtard le lendemain matin, des déclarations qui contiendront; sçavoir celles des Bouchers, les noms des Chandeliers, & la quantité des Suifs qu'ils leur auront vendus le marché de la veille; & les Chandeliers les noms des Bouchers, & la quantité des Suifs qu'ils auront acheté d'eux, à peine de confiscation & de 500 livres d'amende contre les uns & contre les autres.

V I I I.

Enjoignons aux Chandeliers d'enlever de chez les Bouchers avant le Mercredi de chaque semaine, tous les Suifs qu'ils auront achetés les Jeudi précédent, sur les échantillons qui auront été portés à la place; à peine d'en être privés, le suif délivré au premier Chandelier qui se présentera pour l'acheter, & de 100 livres d'amende.

I X.

Enjoignons aux Bouchers & aux Chandeliers de se dénoncer les uns & les autres sur les contraventions aux Réglemens, & seront toutes autres personnes reçues à le faire, auquel cas le tiers des amendes & des confiscations leur sera adjugé.

X.

Ordonnons en outre que les Commis qui seront par Nous préposés, se transporteront dans les Maisons, Echaudoirs, Boutiques, Magasins desdits Bouchers & Chandeliers à l'effet de faire des visites & des inventaires des Suifs ou Chandelles qu'ils y auront trouvés, & de connoître si les déclarations des uns & des autres sont exactes; Enjoignons aux Bouchers & aux Chandeliers de faire ouverture de leurs portes, de souffrir lesdites visites, même l'enlevement qui sera fait des marchandises non déclarées, pour les mettre en bonne & sûre garde, après que par ces mêmes Commis il en aura été dressé procès-verbal, à peine d'être procédé extraordinairement contre les contrevenans, & punis suivant la rigueur des Ordonnances.

X I.

Enjoignons aux Commissaires du Châtelet, chacun à leur égard, de se transporter à l'instant qu'ils en seront requis par les Commis qui seront par Nous préposés dans les maisons desdits Bouchers & Chandeliers, pour être présens à la visite & inventaire qui sera fait par lesdits Commis; & en cas de refus d'ouverture des lieux où les uns & les autres resserrent leurs Suifs, de les faire ouvrir par un Serrurier, suivant l'Ordonnance: leur enjoignons en outre, & à tous Officiers de Police, du Guet, & autres, de prêter main forte, & de tenir la main à l'exécution de notre présente Ordonnance, qui sera lue, publiée & affichée par-toût où besoin sera, & nommément aux portes de toutes les Boucheries de cette Ville, celles des Halles, & à la vieille Place aux Veaux, à ce que nul n'en prétende cause d'ignorance, & exécutée nonobstant oppositions ou appellations quelconques, attendu ce dont il s'agit.

Ce fut fait & donné par Messire Gabriel Taschereau, Chevalier, Seigneur de Baudry, Lignieres & autres lieux, Conseiller du Roi en ses Conseils, Maître des Requêtes ordinaire de son Hôtel, Secrétaire des Commandemens de Madame, & Intendant de ses Maisons & Finances; & Lieutenant Général de Police de la Ville, Prévôté & Vicomté de Paris, le deux Août mil sept cent vingt.

Signé, TASCHEREAU DE BAUDRY.

ORDONNANCE de Police, concernant les Suifs & la Chandelle.

Du 12 Novembre 1720.

SUR ce qui Nous a été remontré par le Procureur du Roi, que depuis notre Ordonnance du 23 Août dernier, par laquelle Nous avons taxé le prix du Suif sur le pied de cinquante-cinq sols la mesure, le prix des bœufs & des moutons étant considérablement diminué, leur qualité de beaucoup augmentée, ainsi que l'abondance des Suifs, ensorte que la taxe par Nous faite est au-dessus de sa juste valeur; pourquoi il estimoit que dans les circonstances présentes il seroit avantageux au bien public de laisser aux Bouchers & aux Chandeliers la liberté de la vente & de l'achat des Suifs, en prenant néanmoins les précautions nécessaires, pour que les uns & les autres observent exactement les Ordonnances & Reglemens de Police, & que conformément à iceux, la Place soit toujours abondamment fournie: Sur quoi Nous, ayant égard au Requisitoire dudit Procureur du Roi, Nous avons levé la taxe que nous avons mise sur le prix des Suifs par notre Ordonnance du 23 Août dernier, & en conséquence laissons aux Bouchers la liberté de vendre leurs Suifs à la Place le prix qu'ils conviendront avec les Chandeliers; & aux Chandeliers la liberté d'en acheter comme ils aviseront, sauf à être par Nous pourvû dans les cas où les uns & les autres pourroient abuser de cette liberté au préjudice du Public: Enjoignons aux Bouchers de fournir la Place de Suif de bœuf & de monton de bonne qualité, loyal & marchand; & aux Chandeliers de fournir les Halles & leurs Boutiques de Chandelles aussi bonnes, loyales & marchandes, sous les peines portées par tous les anciens & nouveaux Réglemens, qui seront exécutés seſon leur forme & teneur : Enjoignons aux Commiſſaires du Châtelet, & tous autres Officiers de Police d'y tenir la main, & à cet effet la préſente Ordonnance ſera lûe, publiée & affichée par-tout où beſoin ſera, même au Marché au Suif & dans les Halles, à ce que perſonne n'en prétende cauſe d'ignorance. Ce fut fait & donné par Meſſire GABRIEL TASCHEREAU, Chevalier, Seigneur de Baudry, Lignieres & autres Lieux, Conſeiller du Roi en ſes Conſeils, Maître des Requêtes ordinaire de ſon Hôtel, Secrétaire des Commandemens de Madame, & Intendant de ſes Maiſon & Finances, Lieutenant Général de Police de la Ville, Prévôté & Vicomté de Paris, le Mardi douziéme Novembre mil ſept cent vingt.

Signé, TASCHEREAU DE BAUDRY.

SENTENCE *de Police, concernant les Suifs; qui ordonne aux Bouchers d'envoyer au Marché tous les Jeudis, des Echantillons de leurs Suifs, ſous peine d'amende.*

Du 16 Janvier 1721.

Extrait des Regiſtres du Greffe de l'Audience de la Grande Police du Châtelet de Paris.

SUR le Rapport à Nous fait à l'Audience de la Grande Police, par Me Jean Hubert, Conſeiller du Roi, Commiſſaire en cette Cour, & ancien Commiſſaire prépoſé pour la Police au quartier de S. Jacques de la Boucherie, qu'en viſitant le Marché au Suif qui ſe tient le Jeudi de chaque ſemaine en la vieille Place aux Veaux, dépendante dudit Quatier, il a remarqué que depuis quelque temps les Mds Bouchers contrevenoient à une partie eſſentielle des diſpoſitions des Ordonnances, Arrêts & Réglemens de Police qui ont établi l'ordre & la diſcipline qui doit être obſervée dans le commerce des Suifs, & qu'au lieu que ſuivant les Ordonnances & Réglemens, ce Marché doit être tenu à dix heures du matin, & ne finir qu'à une heure après midi, une grande partie des Bouchers affectent de ne s'y trouver qu'à onze heures, même à midi, de maniere qu'à l'ouverture du Marché il y en a souvent près d'un tiers qui manquent, ensorte que la quantité de Suifs qui devroit se trouver au Marché ne paroissant point, les Maîtres Chandeliers s'empressent pour en avoir & vont à l'enchere les uns sur les autres, ce qui entretient la cherté de cette Marchandise qui augmente de jour en jour; & comme cette contravention paroît concertée entre quelques Bouchers & Chandeliers mal intentionnés pour le Public, dans la seule vue d'entretenir la cherté du Suif, lui Commissaire étant au Marché tenu le jour d'hier Jeudi, assisté de Jean Roy, Huissier à Cheval, auroit surpris les Garçons de Guillaume Gouet, demeurant rue Vertbois, de Sagot, demeurant rue Aumaire, & de Bonnefoy, demeurant Porte Saint-Antoine, tous Marchands Bouchers qui arriveroient avec leur Suif audit Marché étant près de midi; pour quoi lui Commissaire les auauroit fait assigner de son ordonnance par ledit Roy, en parlant à la personne de leursdits Garçons, à comparoir cejourd'hui par-devant Nous à cette Audience, pour répondre au présent Rapport: Sur quoi après avoir oui ledit Commissaire en son Rapport, & Me Jean le Nain, Avocat du Roi en ses Conclusions, nous avons donné défaut contre lesdits Gouet, Sagot & Bonnefoy non comparans, dûement appellés, & pour le profit, ordonnons que les Ordonnances, Arrêts & Réglemens seront exécutés selon leur forme & teneur; ce faisant, que les Bouchers seront tenus d'aller ou envoyer ledit jour Jeudi de chaque semaine au Marché de la vieille Place aux Veaux, à dix heures précises du matin, pour y rester jusqu'à une heure après midi, & d'y porter des montres ou échantillons de leurs Suifs, tant de bœufs que de moutons, sur lesquels échantillons ils seront tenus de vendre le même jour dans le Marché & pendant le temps ci-dessus prescrit, tous les Suifs de leur fonte sans aucune réserve, à peine de 500 livres d'amende; leur faisons très-expresses inhibitions & défenses d'en garder d'une semaine à l'autre, les vendre en leur maison

ſon ou ailleurs qu'au Marché public, & d'en ſaler ou vendre en branche, ſous quelque prétexte que ce ſoit, à peine de confiſcation & de pareilles 500 livres d'amende, même de plus grande peine en cas de récidive. Faiſons auſſi défenſes ſous les mêmes peines, aux Maîtres Chandeliers & à tous autres d'acheter des Suifs dans les maiſons des Bouchers, ou ailleurs qu'audit Marché, & en cas de récidive, ſeront en outre les Chandeliers privés & déchus de leur Maîtriſe; & pour la contravention commiſe par leſdits Gouet, Sagot & Bonnefoy, les avons condamnés chacun en dix livres d'amende. Mandons audit Commiſſaire Hubert, & à tous autres, de tenir la main à l'exécution de la préſente Sentence, qui ſera exécutée nonobſtant oppoſitions ou appellations quelconques, & ſans y préjudicier, lûe, publiée & affichée dans tous les endroits accoutumés de cette Ville, & par-tout où beſoin ſera, à ce qu'aucun n'en ignore. Ce fut fait & donné par Meſſire Gabriel Taſchereau, Chevalier, Seigneur de Baudry, Lignieres & autres lieux, Conſeiller du Roi en ſes Conſeils, Maître des Requêtes ordinaire de ſon Hôtel, Secrétaire des Commandemens de Madame, Intendant de ſes Maiſon & Finances, & Lieutenant Général de Police de la Ville, Prévôté & Vicomté de Paris, tenant le Siége de l'Audience de la Grande Police, le Vendredi ſeize Janvier mil ſept cent vingt-deux.

Signé, TASCHEREAU DE BAUDRY.

ORDONNANCE de Police, concernant la vente des Suifs.

Du 13 Septembre 1729.

SUR ce qui Nous a été remontré par le Procureur du Roi, qu'au préjudice des Ordonnances, Arrêts & Réglemens qui enjoignent aux Marchands Bouchers de porter tous les Jeudis au Marché deſtiné à cet effet, appellé la vieille Place aux Veaux, tous leurs Suifs, ou au moins une meſure de chaque ſorte, d'y reſter depuis dix heures du matin, juſqu'à une heure après midi, & de le vendre dans ce délai sur ces échantillons aux Maîtres Chandeliers, avec défenses de le remporter ni d'en vendre dans leurs maisons, ou ailleurs qu'à ladite Place, sous les peines y portées : il est informé que plusieurs Marchands Bouchers, par une contravention manifeste auxdits Réglemens, ne portent point leurs Suifs à ladite Place, ou que s'ils le portent, lorsqu'ils n'en trouvent pas le prix excessif qu'ils le veulent vendre, ils le remportent & le vendent dans leurs maisons à des Chandeliers à eux affidés, après la fermeture de ladite Place, ce qui entretient la cherté de cette Marchandise & augmente le prix de la Chandelle : à quoi il nous requiert de pourvoir. Sur quoi Nous, ayant égard audit requisitoire, avons ordonné que les Arrêts & Réglemens de Police seront exécutés selon leur forme & teneur, & que conformément à iceux, les Marchands Bouchers seront tenus d'aller ou d'envoyer le Jeudi de chaque semaine au marché de la vieille Place aux Veaux, à dix heures précises du matin, pour y rester jusqu'à une heure après midi, & d'y porter des montres ou échantillons de leurs Suifs, tant bœuf que mouton, sur lesquels échantillons ils seront tenus de vendre le même jour dans ledit Marché, & dans le temps prescrit pour la tenue d'icelui, tous les Suifs de leur fonte, sans aucune réserve ni renvoi, à peine de mille livres d'amende & de déchéance de leur Maîtrise.

Faisons défenses sous les mêmes peines aux Maîtres Chandeliers & à tous autres, d'acheter des Suifs dans les maisons des Marchands Bouchers, ou ailleurs qu'audit Marché & pendant la tenue d'icelui.

Enjoignons aux Chandeliers d'enlever de chez les Bouchers avant le Mercredi de chaque semaine, tous les Suifs qu'ils auront achetés le Jeudi précédent sur les échantillons qui auront été portés à la Place, à peine d'en être privés, de cent livres d'amende, & le Suif délivré au premier Chandelier qui se présentera pour l'acheter sur le pied du cours de la précédente place.

Ordonnons aux Commis préposés de se transporter dans les maisons & échaudoirs des Marchands Bouchers, à l'effet de faire des visites exactes des Suifs qu'ils pourront avoir, & connoître s'il y en aura eu de renvoi du Marché précédent, & au cas qu'ils en trouvent, d'en faire la saisie, même l'enlevement, qu'ils mettront en bonne & sûre garde, dont ils dresseront Procès-verbal sur lequel sera par Nous statué.

Mandons au Commissaire Hubert & à tous autres, de tenir la main à l'exécution de notre présente Ordonnance, qui sera exécutée nonobstant oppositions ou appellations quelconques, & sans y préjudicier, lûe, publiée & affichée dans tous les endroits accoutumés de cette Ville, & par-tout où besoin sera, même dans ladite vieille Place au Veaux, à ce qu'aucun n'en ignore. Ce fut fait & donné par Nous RENÉ HERAULT, Chevalier, Seigneur de Fontaine-Labbé & de Vaucresson, Conseiller du Roi en ses Conseils d'Etat & Privé, Conseiller d'Honneur en son Grand-Conseil, Maître des Requêtes ordinaire de son Hôtel, Lieutenant Général de Police de la Ville, Prévôté & Vicomté de Paris, le treize Septembre mil sept cent vingt-neuf.

Signé, HERAULT.

ORDONNANCE de Police, portant Réglement, & qui fait défenses à tous Bourgeois d'acheter aucuns Suifs, sans avoir une Permission expresse de Monsieur le Lieutenant Général de Police.

Du 23 Juillet 1734.

A TOUS ceux qui ces présentes Lettres verront, Gabriel-Jerôme de Bullion, Chevalier, Comte d'Esclimont, Mestre de Camp du Régiment de Provence, Infanterie, Conseiller du Roi en tous ses Conseils, & Prévôt de Paris; Salut, sçavoir faisons, que sur la Requête faite en Jugement devant Nous à l'Audience de la Chambre de Police du Châtelet de Paris, par Me Jean Bonnefoy, Procureur des Jurés & Gardes en Charge de la Communauté] des Marchands Chandeliers de cette Ville & Fauxbourgs, Demandeur aux fins de la Requête du 18 Août 1743, & Exploit des saisies faites en conséquence de la quantité d'onze demi-queues égeublées, remplies des marchandises de Suif de place, sur le sieur Charles Meurant, Marchand de Vin à Paris; ledit Exploit fait par Gelle, Huissier à Verge en cette Cour, le 19 Août audit an, en présence de Me Aubert, Commissaire; ledit Exploit contrôlé à Paris & présenté, tendant à fin de validité de ladite saisie & confiscation desdites matchandises au profit de la Communauté desdits Jurés; avec défenses audit Meurant de plus récidiver, & en outre à fin de condamnation de mille livres de dommages-intérêts, avec amende; à la répartition desquelles marchandises, Baury, gardien, sera contraint, comme dépositaire de biens de Justice, Défendeur à ce fait des Exploits des 19 & 22 Septembre 1733; l'Exploit présenté, & encore Demandeur suivant l'Exploit fait par Gelle le 30 dudit mois de Septembre, contrôlé & présenté avec dépens, assisté de Me Duret, leur Avocat, contre Me Buquet, Procureur dudit sieur Meurant, Marchand de Vin, Partie saisie, Défendeur audit Exploit & Requête susdits, & encore Procureur des sieurs Pierre Paupardin & Etienne Viollet, aussi Marchands de Vin à Paris, intervenans & prenans le fait & cause dudit sieur Meurant, suivant leur Requête & Exploit fait en conséquence le 22 Septembre 1733, par Girard, Huissier à Verge en cette Cour, tendante en nullité de ladite saisie & main-levée d'icelle, avec dépens, assistés de Me Sandrier, leur Avocat. Parties ouies, Nous ordonnons que les Réglemens de Police, nos Sentences & Arrêts du Parlement, seront exécutés selon leur forme & teneur, & en conséquence avons la saisie des Suifs en question, déclarée bonne & valable; disons, que lesdites marchandises de Suif seront portées sur le carreau de la Halle au Suif pour y être vendues, & les deniers en provenans être rendus aux Parties de Sandrier, par grace, & sans tirer à conséquence; faisons très expresses inhibitions & défenses à tous Bourgeois d'acheter des Suifs sur le carreau & Marché de la Halle, pour leur consommation, sans auparavant avoir de Nous obtenu notre permission ; condamnons les Parties de Sandrier aux dépens, & sera notre présente Sentence imprimée, lûe, publiée & affichée par-tout où besoin sera ; ce qui sera exécuté nonobstant & sans préjudice de l'appel. En témoin de ce, nous avons fait sceller ces Présentes. Fait & donné par Messire René Herault, Chevalier, Seigneur de Fontaine-Labbé, Vaucresson & autres lieux, Conseiller d'Etat, Lieutenant Général de Police de la Ville, Prévôté & Vicomté de Paris, le Vendredi vingt-trois Juillet mil sept cent trente-quatre.

Collationné, Signé, CUYRET.

ORDONNANCE de Police, concernant ce qui doit être observé, tant par rapport au Suif, que par rapport à la Chandelle.

Du 16 Septembre 1741.

SUR ce qui Nous a été remontré par le Procureur du Roi, Que les Bouchers & les Chandeliers, par un concert très-répréhensible, ont formé le dessein de faire augmenter le Suif, afin de vendre la chandelle au prix le plus excessif ; que les Bouchers ont répandu dans le public que leurs abbatis produisoient beaucoup moins de Suif qu'à l'ordinaire ; & pour le justifier, n'ont exposé sur la place aux Suifs, qu'une partie de leurs fontes, & vendu le surplus en fraude dans leurs maisons à des Chandeliers ou à d'autres Particuliers ; Que les Chandeliers de leur côté ont annoncé une disette totale, & fait entendre que la Chandelle vaudroit cet hyver plus de vingt sols la livre ; que plusieurs d'entr'eux en ont fabriqué pour la campagne, & envoyé des quantités assez considérables jusques dans les Provinces les plus reculées ; que ce monopole, s'il n'étoit reprimé, pourroit devenir très-préjudiciable aux Habitans de cette Ville, & même à ceux de la Campagne ; en ce que le bruit venant à se répandre d'une augmentation aussi énorme

& auſſi précipitée que celle qu'ils ſe propoſent de faire à Paris, les Villes voiſines en ſeroient allarmées, & le Public deviendroit la victime de quelques Particuliers, dont le but eſt de s'enrichir de l'effet de leur manœuvre; comme ces ſortes de voies ſont prohibées par les Loix, & qu'il eſt important de les reprimer, il a crû ſon miniſtere intéreſſé à requérir qu'il Nous plût y pourvoir. A CES CAUSES, vû les Arrêts & Réglemens des mois de Mai 1567, Octobre 1577, 16 Septembre 1630, 3 Octobre 1639, 7 Janvier, 28 Février & 23 Mars 1640, 17 Novembre & 16 Décembre 1678, 21 Octobre 1679, 21 Mars 1693, l'Edit du mois d'Avril de la même année, enſemble les Ordonnances de Police des 27 Mai & 16 Décembre 1718, 2 Août 1720, 13 Septembre 1729; & tout conſidéré :

NOUS, faiſant droit ſur le Requiſitoire du Procureur du Roi, ordonnons qu'à ſa diligence il ſera informé contre les auteurs du monopole concerté entre les Bouchers & les Chandeliers, pour ſur l'information faite & communiquée au Procureur du Roi, être enſuite par Nous ordonné ce que de raiſon, & cependant que les Edits & Ordonnances du Roi, Arrêts & Réglemens du Parlement & les Ordonnances de Police, ſeront exécutés ſelon leur forme & teneur, & en conſéquence, faiſons défenſes aux Bouchers de vendre chez eux aucunes parties de leurs fontes de Suif, ſoit aux Chandeliers, ſoit à d'autres Particuliers, d'en cacher dans leurs maiſons ni ailleurs, ni d'en envoyer à la campagne, ſous quelque prétexte que ce ſoit; leur enjoignons très-expreſſément de les vendre à la Place aux Suifs tous les Jeudis de chaque ſemaine, ſuivant l'uſage ordinaire, à peine de mille livres d'amende, & de confiſcation du Suif, qu'ils auroient vendu chez eux, qu'ils auroient caché ou envoyé à la campagne, même de déchéance de leur Maîtriſe.

FAISONS pareillement défenſes aux Chandeliers d'aller acheter ni arrher le Suif chez les Bouchers; diſons qu'ils ne pourront acheter qu'au Marché après l'ouverture qui en ſera faite, ſans qu'ils puiſſent courir les uns ſur le marché des autres, à peine de cinq cent livres d'amende pour chaque contravention, de saisie & de confiscation du Suif qu'ils auroient arrhé ou acheté chez les Bouchers ou ailleurs, même d'être privés de leur Maîtrise.

NE pourront lesdits Chandeliers faire passer à la campagne, soit sous leurs noms, soit sous le nom de gens à eux affidés, aucuns Suifs ni Chandelle, à peine de confication de la Marchandise qui sera saisie en contravention, & de pareille amende de cinq cens livres.

DISONS que les Bouchers seront tenus d'aller eux-mêmes ou d'envoyer leurs Femmes ou leurs Garçons tous les Jeudis de chaque semaine, à dix heures du matin, à la vieille Place aux Veaux, & d'y apporter ou envoyer des montres & échantillons des Suifs de leurs fontes, tant de bœuf que de mouton; sur lesquelles montres ils seront tenus de les vendre le même jour dans le Marché, depuis ladite heure, jusqu'à celle d'une heure après midi, sans qu'ils puissent en mettre aucune partie en réserve, ni en faire le renvoi d'une semaine à l'autre, à peine de saisie & de confiscation du Suif qu'ils auroient mis en réserve & de mille livres d'amende; à l'effet de quoi les Commissaires du Châtelet pourront faire des visites chez eux, & la saisie des Suifs qui s'y trouveroient cachés, mis en réserve ou de renvoi, dont ils dresseront des Procès-verbaux, pour être sur iceux ordonné ce que de raison.

ENJOIGNONS sous les mêmes peines auxdits Bouchers d'avoir ou de donner à leurs Garçons un écriteau d'eux signé, qui contiendra le nom & la demeure du Boucher, & la quantité de Suif qu'il aura fondu.

DE'FENDONS auxdits Bouchers de se servir d'aucuns Gagne-deniers, & autres particuliers connus sous le nom de Porteurs de Suif, pour les représenter à la vieille Place aux Veaux, & auxdits Gagne-deniers & Porteurs de Suif d'y paroître, à peine de trois cens livres d'amende, tant contre les uns, que contre les autres, de laquelle amende les Bouchers seront responsables pour les Gagne-deniers & Porteurs de Suif dont ils se seroient servis; pourront même lesdits Gagne-deniers & Porteurs de Suif être emprisonnés en cas de contravention.

Ne pourront les Chandeliers avoir chez eux au-delà de la quantité de trois milliers de Suif, soit en nature, soit de converti en Chandelle ; ni en acheter d'autres sur la Place, qu'ils n'en ayent vendu les deux tiers, à peine de saisie, confiscation & de mille livres d'amende : & seront tenus les Jurés Chandeliers de faire des visites chez leurs Confreres, pour nous rendre compte de leurs diligences ; & dans le cas où ils ne feroient pas leur devoir, les Commissaires se transporteront chez tous les Maîtres de la Communauté, pour sur les Procès-verbaux des fraudes qu'ils auront constatées, être par Nous ordonné ce que de raison.

Faisons défenses auxdits Chandeliers d'employer dans la fabrication de leur Chandelle aucunes graisses, beurre, suif de tripes, ni autres drogues de pareille espece, même d'en avoir chez eux, le tout à peine de saisie & de confiscation, mille livres d'amende, & d'être les Maîtres trouvés en contravention, privés de leur Maîtrise.

Enjoignons aux Chandeliers d'enlever de chez les Bouchers avant le Mercredi de chaque semaine tous les Suifs qu'ils auront achetés au Marché le Jeudi précédent, à peine d'en être privés & de mille livres d'amende : seront en outre tenus sous les mêmes peines de garnir leurs Places à la Halle les jours de Marché d'une quantité suffisante de Chandelle bonne & bien fabriquée, afin que le Public soit à portée d'y acheter celle dont il aura besoin ; à laquelle fourniture les Jurés tiendront la main, à peine d'en répondre.

Ordonnons aux Commis préposés de se transporter dans les maisons & échaudoirs des Marchands Bouchers, à l'effet de faire des visites exactes des Suifs qu'ils pourroient avoir retenus ou cachés, & connoître s'il n'y en aura point de renvoi du Marché précédent ; & s'ils en trouvent, d'en faire la saisie, même l'enlevement pour le déposer, dont ils dresseront des Procès-verbaux, sur lesquels sera par Nous statué ce qu'il appartiendra.

Mandons aux Commissaires au Châtelet & enjoignons aux Officiers de Police, même aux Commis des Fermes, de tenir la main à l'exécution de notre présente Ordonnance, qui sera

ſera imprimée, lûe, publiée & affichée par-tout où beſoin ſera, & notamment aux portes des Boucheries, à celles des Halles, à la Vieille Place aux Veaux, aux portes d'entrée de cette Ville & Fauxbourgs, à ce que perſonne n'en ignore. Ce fut fait & donné par Nous CLAUDE-HENRI FEYDEAU DE MARVILLE, Chevalier, Conſeiller du Roi en ſes Conſeils, Maître des Requêtes ordinaire de ſon Hôtel, Lieutenant Général de Police de la Ville, Prévôté & Vicomté de Paris, le ſeize Septembre mil ſept cens quarante-un. *Signé*, FEYDEAU DE MARVILLE.

SENTENCE, *qui ordonne que les Suifs & Chandelles que les Marchands Epiciers, & tous autres qui ont droit d'en acheter, feront venir en cette Ville, des Provinces du Royaume & des Pays Etrangers, par eau & par terre, ſeront vûs, viſités & marqués par les Jurés Chandeliers, &c.*

Du 17 Janvier 1749.

A TOUS ceux qui ces préſentes Lettres verront : Gabriel-Jerôme de Bullion, Chevalier, Comte d'Eſclimont, Seigneur de Wideville & autres lieux, Maréchal des Camps & Armées du Roi, ſon Conſeiller en ſes Conſeils, Prévôt de Paris, SALUT. Sçavoir faiſons : Que ſur la Requête faite en Jugement devant Nous à l'Audience de la Chambre de Police du Châtelet, par Me François Duperrier, Procureur des Jurés en Charge de la Communauté des Maîtres Chandeliers-Huiliers de la Ville, Fauxbourgs & Banlieue de Paris : ayant, en vertu de l'Ordonnance de Monſieur le Lieutenant Général de Police du 23 Juin 1746, étant au bas de la Requête à lui préſentée, & par Procès-verbal de Compaigne, Huiſſier à Cheval au Châtelet de Paris, du 28 des mêmes mois & an, contrôlé à Paris le même jour par Courtois, &

présenté le 6 Septembre audit an par Humblot; Fait saisir sur Pierre Millot, Marchand Epicier en gros, ci-après nommé, la quantité de vingt pieces en tonneaux remplis de suifs de Moscovie d'environ cinq pieds d'hauteur sur deux pieds & demi de diamètre chacun, composant en total la quantité d'environ quinze milliers de suifs, pour par ledit Millot les avoir récélés & gardés pendant plus d'une année, & ne les avoir pas fait visiter & marquer par lesdits Jurés, Demandeurs aux fins de l'assignation portée audit Procès-verbal, tendante à fin de validité de saisie, de confiscation des suifs saisis au profit de la Communauté des Chandeliers, & de condamnation en cinq cens livres de dommages-intérêts, défenses de réitérer, autres fins & conclusions avec dépens; Défendeurs à l'Ordonnance de Monsieur le Lieutenant Général de Police, rendue sur le refus fait en son Hôtel le premier Juillet 1746, par laquelle main-levée provisoire a été faite audit Millot desdits suifs, visite préalablement faite d'iceux par les Jurés Bouchers, Demandeurs aux fins de la Requête du 26 Août audit an, tandant à ce que les Statuts & Réglemens de la Communauté des Maîtres Chandeliers, les Lettres-Patentes, Arrêts d'enregistrement, Sentences d'enthérinement d'icelle, notamment la Sentence du 7 Février 1626, rendue audit Châtelet entre les Maîtres & Gardes de la Marchandise d'Epicerie-Grosserie & Apoticairerie, & les Jurés Chandeliers; ensemble l'Arrêt confirmatif d'icelle du 21 Août 1627, & l'Arrêt du 13 Août 1667, qui, entr'autres choses, ordonne la visitation & marque des suifs être faites par les Jurés Chandeliers, & les Réglemens de Police soient exécutés; en conséquence que la Communauté des Maîtres Chandeliers soit maintenue & conservée dans le droit de visiter, & marquer les suifs & chandelles qui arrivent à Paris. A cet effet, les Maîtres qui ont droit d'en acheter & d'en faire venir en cette Ville, tenus d'avertir lesdits Jurés de l'arrivée desdites Marchandises aux Ports, lesquelles y resteront pendant trois jours, pour être par les Jurés Chandeliers visitées; qu'il sera enjoint aux Marchands de faire conduire & transporter leursdits suifs, aussitôt la visite, sur la Place ordinaire des suifs, pour y être vendus aux Chandeliers & lotis entr'eux, conformément audit Arrêt de 1667, à ce que défenses soient faites à tous Marchands ayant droit d'acheter & de faire arriver des suifs, d'en faire aucun magasin ni entrepôt, à peine de mille livres d'amende & de confiscation d'iceux au profit de la Communauté des Chandeliers, à ce qu'il leur soit donné Lettre de l'aveu fait par Millot, d'avoir depuis un an lors en ses magasins, les marchandises de suifs sur lui saisies; & attendu que le Procès-verbal de visite desdits suifs fait en vertu de l'Ordonnance sur référé du premier Juillet par lesdits Jurés Bouchers, le 2 du mois de Juillet de la même année, contrôlé le 12 par Blondelu, qui en tant que besoin en seroit enthériné, lesdits suifs sont en général d'une très-médiocre qualité par leur vétusté, mal-façon, odeur de vieux, & la plus grande partie gâtés & moisis, ne pouvant servir qu'à différens usages, en prononçant la validité de ladite saisie; que lesdits suifs seroient à la diligence desdits Jurés, portés sur la Place aux suifs, pour y être vendus, à cet effet Millot tenu de les représenter, sinon condamné aux dommages-intérêts, & au cas de représentation, & pour la contravention commise par ledit Millot, qu'il seroit donné Lettre auxdits Jurés de ce qu'au lieu de la confiscation demandée à leur profit, ils consentoient que le prix desdits suifs soit appliqué en partie au profit de l'Hôtel-Dieu, l'Hôpital Général, & des Prisonniers du Grand-Châtelet; que le surplus de leurs conclusions prises par leur Procès-verbal de saisie leur seroient adjugées; Défendeurs à la Requête d'intervention des Maîtres & Gardes des Marchands Epiciers, Apoticaires-Epiciers de cette Ville, du 14 Décembre 1746, tendant à ce qu'ils soient reçus Parties intervenantes; faisant droit sur leur intervention, il soit dit & ordonné que leurs Statuts & Réglemens seroient exécutés; ce faisant, que lesdits Marchands Epiciers, Apoticaires-Epiciers seroient maintenus & gardés dans le droit & possession d'acheter, faire venir du dedans & du dehors du Royaume, & vendre toutes sortes de suifs, & que sans s'arrêter à la saisie faite sur ledit Millot, qui seroit déclarée nulle & injurieuse;

que la main-levée provisoire à lui faite, demeureroit définitive; que défenses seroient faites aux Jurés Chandeliers de récidiver & troubler les Epiciers dans leur commerce, & pour l'entreprise des Jurés Chandeliers, qu'ils seroient condamnés en telle amende qu'il plairoit, aux dommages-intérêts dudit Millot & du Corps des Epiciers, & que la Sentence seroit imprimée & publiée avec dépens. Demandeurs aux fins de leurs Requête & moyens du 18 Janvier 1747, tendant à ce qu'il leur soit donné Lettres de ce qu'ils n'entendent contester aux Epiciers le droit d'acheter & de faire venir en cette Ville des suifs des Provinces du Royaume & Pays Etrangers; & au surplus, que sans s'arrêter à l'intervention ni aux demandes des Epiciers, dans lesquelles ils seroient déclarés non-recevables ou déboutés, & ordonner l'exécution des Statuts, Réglemens, Lettres-Patentes, Arrêt d'enregistrement, Sentence d'enthérinement, notamment l'Arrêt du 13 Août 1667; & suivant iceux, ordonner que les suifs que les Marchands Epiciers feront venir, soit par eau, soit par terre en cette Ville, seront vûs, visités & marqués par lesdits Jurés Chandeliers, & qu'à cette fin lesdits suifs tiendront Ports & Marchés pendant trois jours, pour ensuite être portés à la Halle & Place aux suifs, pour ceux qui se trouveront bons par la visite être vendus aux Chandeliers & lotis entr'eux, & les défectueux vendus aux Maîtres des autres Métiers, qui employent ces suifs; défenses aux Epiciers d'en récéler, à peine de confiscation & de mille livres d'amende, & que pour empêcher la sortie de Paris desdits suifs, que les Ordonnances de Police qui enjoignent aux Commis des Barrieres de visiter les voitures qui sortent de Paris, & d'arrêter celles chargées de suifs, seroient exécutées, le surplus de leurs conclusions adjugé, Millot condamné en quinze cens livres de dommages-intérêts, & aux dépens, la Sentence imprimée, publiée & affichée, & inscrite sur les Registres des Epiciers, le tout à leurs frais; & encore ledit Me Duperrier, Procureur de la Communauté en Corps des Maîtres Chandeliers-Huiliers de cette Ville, Fauxbourgs & Banlieue, Intervenans & Demandeurs, suivant leur Requête du 30

Janvier 1747; tendant à ce qu'il soit donné Lettres à ladite Communauté de ce qu'elle adhéroit aux conclusions prises en l'Instance par les Jurés, avec dommages-intérêts & dépens, tant contre ledit Me Millot, que contre les Gardes Epiciers. Lesdits Jurés de ladite Communauté des Chandeliers, Défendeurs à la Requête & à la demande incidente dudit Millot & des Gardes Epiciers, des 6 Juillet 1747, & 7 Mai 1748, tendant à fin d'exécution de leurs Statuts & Réglemens, & d'un Arrêt du 11 Avril 1704, de nullité de ladite saisie, à fin de défenses de les troubler, & aussi de nullité du Procès-verbal de visite fait par les Jurés Chandeliers des suifs du sieur Martel, Epicier, & de condamnation en deux mille livres de dommages-intérêts, suivant les moyens desdits Jurés Chandeliers & de leur Communauté, des 18 Janvier & 9 Avril 1748, tendant à ce que sans s'arrêter auxdites Requêtes & demandes incidentes desdits Millot & Gardes Epiciers, dans lesquelles nouvelles demandes ils seroient déclarés non-recevables, ou en tout cas déboutés, les conclusions prises par les Jurés & la Communauté des Chandeliers leur seroient adjugées avec dommages-intérêts & dépens, assistés de Me Benoismont leur Avocat, contre Me Devitry, Procureur du sieur Pierre Millot, Marchand Epicier en gros en cette Ville, Partie saisie, Défendeur audit Procès-verbal de saisie, & à l'assignation y portée, Demandeur en exécution de l'Ordonnance sur référé dudit jour premier Juillet 1746, Défendeur à la Requête dudit jour 26 Août audit an, & encore ledit Me Devitry, Procureur des Maîtres & Gardes du Corps & Communauté des Marchands Epiciers, Apoticaires-Epiciers de la Ville, Fauxbourgs & Banlieue de Paris, intervenans, suivant leur Requête du 14 Décembre susénoncée, tous Défendeurs aux Requêtes & moyens des 18 & 30 Janvier 1747, 18 Janvier & 9 Avril dernier, & Demandeurs aux fins de leursdites Requête & demandes incidentes desdits jours 6 Juillet 1747, & 7 Mars & 15 Mai suivans, à ce que sans s'arrêter ni avoir égard à la saisie faite des marchandises de suifs chez le sieur Millot qui sera déclarée nulle, & dont en tout cas main-levée avec dépens, dommages-intérêts, ni avoir égard aux demandes & prétentions, tant desdits Jurés Chandeliers que de leur Communauté, dont ils seront déboutés en ce qui concerne le droit & possession immémoriale dans lesquels se trouve le Corps des Marchands Epiciers & Apoticaires-Epiciers de cette Ville & Fauxbourgs de Paris, de faire venir & acheter des suifs, tant du dedans, que du dehors du Royaume, & toutes sortes de marchandises de leur commerce à leurs risques, périls & fortunes, de les faire directement transporter dans leurs maisons, boutiques & magasins, & de les y vendre, il sera dit & ordonné que les Statuts & Réglemens du Corps des Maîtres & Gardes Epiciers & Apoticaires-Epiciers, ensemble l'Arrêt du 28 Août 1661, 20 Juin 1637, Sentence de Police du trois Décembre 1652, 31 Janvier 1662, Arrêt de la Cour du premier Août 1708, par lesquels lesdits Marchands Epiciers & Apoticaires-Epiciers sont maintenus & conservés dans le droit de faire charger, décharger & transporter des Ports & autres lieux de cette Ville de Paris & Fauxbourgs d'icelle, en leurs maisons, magasins & boutiques, directement toutes les marchandises de leur commerce, & qu'ils font venir à leurs risques, périls & fortunes, tant par eau que par terre, sans être tenus de les porter aux Halles, & ensemble l'Arrêt contradictoire du 11 Avril 1704, rendu en forme de Réglement entre le Corps des Marchands Epiciers & Apoticaires-Epiciers, & la Communauté des Jurés & Maîtres de la Communauté des Chandeliers à Paris, seront exécutés; en outre que le Corps des Marchands Epiciers & Apoticaires-Epiciers seront & demeureront maintenus dans le droit & possession immémoriale d'acheter & faire venir des suifs, tant du dedans, que du dehors du Royaume, & de les faire porter directement dans leurs maisons, boutiques & magasins, & de les y vendre, suivant l'article XXV de leurs Statuts, sans être obligés de les laisser sur le Port, ni de les porter aux Halles ou Marchés, n'étant lesdits Marchands Epiciers, Apoticaires-Epiciers sujets à aucun droit de visite, ni de marque de la part desdits Jurés Chandeliers; que lesdits Marchands Epiciers, Apoticaires-Epiciers seront maintenus &

conservés dans tous leurs droits & priviléges portés par leurs Statuts, Arrêts, Sentences & Réglemens; que défenses seront faites aux Jurés Chandeliers & à leurs successeurs, de les y troubler, & d'user à l'avenir de pareilles voies de saisie, & que défenses seront faites à tous Maîtres Chandeliers de vendre des suifs, tant en gros qu'en détail, suivant & aux termes dudit Arrêt du 11 Avril 1704, dans lequel droit de vendre, tant en gros qu'en détail, lesdites marchandises de suifs, lesdits Marchands Epiciers & Apoticaires - Epiciers seront & demeureront conservés, & condamner lesdits Jurés Chandeliers & ladite Communauté aux dépens, dommages-intérêts, & la Sentence qui interviendra, imprimée, lûe, publiée & affichée & inscrite sur les Registres, tant desdits Maîtres & Gardes, que des Jurés Chandeliers, aux frais & dépens desdits Jurés Chandeliers & de leur Communauté, & autres fins y portées avec dépens. Le tout fut énoncé, assistés de Me Thiebart leur Avocat. Parties ouies, ensemble noble homme Monsieur Moreau, Avocat du Roi, en ses conclusions, sans que les qualités puissent nuire ni préjudicier; lecture faite des Arrêts, Sentences, Ordonnances & Réglemens, notamment de l'Arrêt du 13 Août 1667, par lequel les Maîtres Jurés Chandeliers sont maintenus & gardés au droit de visiter les chandelles & suifs qui arrivent en cette Ville, tant par eau que par terre, & est ordonné qu'à cette fin elles tiendront Ports & Marchés pendant trois jours, ce fait, portées aux Halles pour être loties entre les Maîtres Chandeliers & par eux débitées en détail, les suifs qui se trouveroient bons par la visite convertis en chandelles, sinon les défectueux vendus aux Maîtres des autres Métiers qui se servent de suif, pour être employés à leur usage; comme aussi est fait défenses au nommé Bellette & à tous autres Marchands de vendre ni faire vendre aucunes chandelles, soit en gros ou en détail, & icelles ensemble les suifs qu'ils feroient venir en cette Ville, ne pourroient être vendus qu'en gros auxdits Chandeliers sur les Ports & Halles, & lesdits suifs qui ne seront trouvés bons à faire chandelle par la visitation & marque qui en seroit faite par lesdits Chandeliers, vendus aux Maîtres des autres Métiers, qui se servent de ces suifs, ensemble des autres Arrêts dont les Parties se sont servis en l'Instance. NOUS recevons les Maîtres & Gardes Epiciers & la Communauté des Maîtres Chandeliers, Parties intervenantes, donnons Lettres aux Parties de Benoismont de la déclaration par eux faite, qu'ils n'entendent point contester aux Epiciers le droit d'acheter & de faire venir des Provinces du Royaume & des Pays Etrangers, des suifs & chandelles en cette Ville pour les y vendre, & sans s'arrêter aux Requêtes & demandes des Parties de Thiebart, dont les avons déboutés, & ayant égard à celles des Parties de Benoismont, disons que les Sentences, Arrêts & Réglemens de Police sur la vente & débit des suifs & chandelles, & notamment l'Arrêt du 13 Août 1677, seront exécutés selon leur forme & teneur : en conséquence avons maintenus les Jurés de la Communauté des Maîtres Chandeliers, Parties de Benoismont, dans le droit & possession de visiter & marquer les suifs & chandelles qui arrivent en cette Ville, soit par eau, soit par terre : ordonnons que les suifs & chandelles que les Marchands Epiciers & tous autres qui ont droit d'en acheter, feront venir en cette Ville des Provinces du Royaume & des Pays Etrangers, par eau & par terre, seront vûs, visités & marqués par les Jurés Chandeliers, qu'à cet effet lesdits suifs & chandelles tiendront Ports & Marchés pendant trois jours; de l'arrivée desquelles marchandises les Jurés Chandeliers seront avertis par les déclarations qui en seront faites en leur Bureau sur leur Registre à ce destiné, & qu'après ladite visite, lesdits suifs & chandelles seront portés à la place aux suifs, pour ceux qui auront été trouvés de bonne qualité, être vendus aux Chandeliers & lotis entr'eux, pour être convertis en chandelles, & les défectueux vendus aux Maîtres des autres Métiers qui employent ces sortes de suifs; faisons défenses auxdits Marchands Epiciers, & à tous autres qui ont droit de faire venir des suifs, de les récéler ou de les faire sortir de cette Ville, à peine de confiscation & d'amende; déclarons la saisie faite sur le nommé Millot, & dont est question, bonne & valable, & attendu leurs mauvaises

vaises qualités, ordonnons que lesdits suifs seront à la requête & diligence des Parties de Benoismont, portés à la Place aux suifs pour être vendus aux Maîtres des Métiers qui employent cesdites sortes de suifs défectueux, & le prix en provenant, remis audit Millot par grace, pour cette fois seulement, & sans tirer à conséquence, les frais de vente préalablement prélevés; à la représentation desdits suifs, sera ledit Millot contraint par corps, & sur la demande en dommages-intérêts, avons mis les Parties hors de Cour, condamnons les Parties de Thiebart en tous les dépens. Et sera notre présente Sentence, imprimée, lûe, publiée & affichée où besoin sera, & ensuite sur les Registres des Communautés des Parties de Thiebart & de Benoismont aux frais des Parties de Thiebart, ce qui sera exécuté, nonobstant & sans préjudice de l'appel. En témoin de ce, Nous avons scellé ces Présentes. Ce fut fait & donné par Messire NICOLAS-RENÉ BERRYER, Chevalier, Conseiller du Roi en tous ses Conseils, Maître des Requêtes ordinaire de son Hôtel, Lieutenant Général de Police de la Ville, Prévôté & Vicomté de Paris, tenant le Siége le Vendredi dix-sept Janvier mil sept cent quarante-neuf. *Signé*, LAFONTAINE.

SENTENCE, qui fait défenses au nommé Louis Langlois, Maître Chandelier à Paris, de ne plus avoir à l'avenir deux Boutiques ouvertes, & le condamne en cinquante livres de dommages & intérêts envers sa Communauté, & aux dépens.

Du 20 Novembre 1750.

A TOUS ceux qui ces présentes Lettres verront, Gabriel-Jerôme de Bullion, Chevalier, Comte d'Esclimont, Prévôt de Paris, Salut; sçavoir faisons, que sur la Requête faite en Jugement devant Nous à l'Audience de la Chambre de Police du Châtelet de Paris, par Me Duperrier, Procureur des

Jurés en Charge de la Communauté des Maîtres Chandeliers-Huiliers, Demandeurs aux fins de l'Exploit du 7 Octobre dernier, exécuté le 19 par de la Fleuterie, & présentée le 23 par Mauriceau aux fins y contenues, contre Louis Langlois, Maître Chandelier à Paris, & y tenant deux Boutiques ouvertes, Défendeur : Oui ledit Me Duperrier en son Plaidoyer, & par vertu de défaut de nous donné contre le Défendeur non-comparant, ni Procureur pour lui dûement appellé; lecture faite des piéces, Nous disons que les Réglemens de la Communauté des Chandeliers seront exécutés, en conséquence le Défendeur sera tenu d'opter dans huit jours, en laquelle des deux Boutiques qu'il tient, il entend faire son commerce & son domicile, sinon & ledit temps passé, autorisons dès-à-présent les Parties de Duperrier à faire fermer sa Boutique qu'il tient rue des Vieilles Thuileries, & à ses frais; lui faisons défenses de l'ouvrir, & de tenir à l'avenir deux Boutiques sous telles peines qu'il appartiendra; lui enjoignons de se conformer aux Réglemens, & pour sa contravention, le condamnons en cinquante livres de dommages-intérêts envers la Communauté, & aux dépens, dans lesquels entrera le coût de la sommation & du Procès-verbal, ce qui sera exécuté nonobstant & sans préjudice de l'appel, & sera signifié. En temoin de ce, nous avons fait sceller ces Présentes; ce fut fait & donné par Monsieur le Lieutenant Général de Police au Châtelet de Paris, tenant le Siége, le Vendredi vingt Novembre mil sept cent cinquante. *Collationné, Signé*, MORISSET.

SENTENCE *de Police, qui condamne plusieurs Marchands Bouchers en cinquante livres d'amende chacun, pour avoir vendu leurs Suifs à un plus haut prix que celui courant du Marché.*

Du 19 Novembre 1756.

Extrait des Registres du Greffe de l'Audience de la Chambre de Police du Châtelet de Paris.

SUR le rapport à Nous fait à l'Audience par le Commissaire Chastelus, qu'il y a quantité de Marchands Bouchers de cette Ville, qui voulant vendre leurs suifs un plus haut prix qu'il n'est convenable, aux Chandeliers de cette Ville, lequel prix nous leur avons fait sçavoir, magasinent lesdits suifs, & les mettent en reste, ne voulant pas obtempérer à nos ordres à ce sujet, & par-là forment une disette au marché de cette marchandise ; ce qui est exactement contraire aux Réglemens de Police à tous égards, & notamment à l'abondance de ce marché, si utile pour les Habitans de cette Ville, qui est le motif que nous nous proposons en toute circonstance ; & comme Jean-Marc Cornu, Jean-François Sergent, la veuve Frere, François Couard, Jean Cheveneau, la veuve Thibert, Henri Rudemard, Claude Daine, Simon Couard, Jean Perceval, Jean Triperet, François Noiseux, Eustache Aubert, Antoine Maurice, Charles Maurice, Marc Cornu, Jean Gallier, Jean Petit, Pierre Anselme, Jean Legrand, Michel Petir, & Jacques Boucault, tous Maîtres & Marchands Bouchers de cette Ville de Paris, se sont trouvés dans ladite contravention.

OUI ledit Commissaire en son Rapport, ladite veuve Frere & le sieur Couard en leurs défenses, & les Gens du Roi en leurs Conclusions, Nous avons donné défaut contre les Défaillans ; & pour le profit, Nous ordonnons que les Réglemens, Sentences & Ordonnances de Police, ce concernant, seront exécutés selon leur forme & teneur ; enjoignons auxdits susnommés, & à tous les Maîtres & Marchands Bouchers de cette Ville, de s'y conformer : Et pour la contravention commise par lesdits susnommés, les condamnons en cinquante livres d'amende chacun ; & leur faisons défenses de récidiver, sous plus grandes peines : Et sera notre présente Sentence, lue, publiée, imprimée & affichée par-tout où besoin sera, & exécutée nonobstant & sans préjudice de l'appel. Ce fut fait & donné par Messire NICOLAS-RENÉ BERRYER, Chevalier, Conseiller d'Etat, Lieutenant-Général de Police de la Ville, Prévôté & Vicomté de Paris, tenant le Siége les jour & an que dessus.

MORISSET, *Greffier.*

SENTENCE de Police, qui condamne les nommés Douceur *en trente livres d'amende,* Sellier *en cinquante livres,* Phelippon *en vingt-cinq livres, &* Bossage *en trente livres aussi d'amende, pour avoir acheté leur Suif à un plus haut prix que celui courant du Marché.*

Du 19 Novembre 1756.

Extrait des Registres du Greffe de la Chambre de Police du Châtelet de Paris.

SUR le rapport à Nous fait à l'Audience par le Commissaire Chastelus, que dans sa Police du Matché au Suif de la vingthuitiéme semaine, le sieur Garry, Chandelier, est venu faire sa déclaration au Bureau, de deux cent cinquante-trois mesures de suif par lui achetées de Lucas, Boucher, tant pour lui, que pour le sieur Douceur, les Jurés ont accordé deux cent mesures au sieur Garry de cette fonte, & ont donné les cinquante-trois mesures restantes au sieur Adeline, Chandelier; que quand les sieurs Garry & Adeline se sont présentés chez Lucas, Boucher, pour enlever les parts qui leur revenoient dans cette fonte, Lucas a fait refus de les leur livrer, sous prétexte d'une opposition que le sieur Douceur avoit fait en ses mains, à ce qu'il n'eût à se désaisir de la moitié à lui revenante dans sadite fonte; ce qui intervertit la discipline de la Communauté; plus, que le sieur Sellier, Chandelier, vieille rue du Temple, a forcé le prix courant du Marché, dans les vingt-huit & vingt-neuvieme semaines, dans lesquels deux Marchés il a donné quarante sols de la mesure de suif à Etienne Huraut, Boucher, suivant les déclarations de Grasse & Legrand, Chandeliers, qui n'ont pu se faire livrer ce qui leur avoit été reparti sur ces deux fontes d'Etienne Huraut, qui leur a dit que son suif avoit été vendu quarante sols audit Sellier, qui l'a avoué audit Legrand; plus, que Phelippon, Chandelier, vieille rue du Temple, a forcé le prix de la Place au Marché de la vingt-septieme semaine, & a donné trente-huit sols & demi du suif d'Antoine Maurice, Boucher, suivant la déclaration du nommé Jean Prevost, à qui il en avoit été reparti au Bureau quatre-vingt-dix-sept mesures sur la fonte dudit Maurice, qui a exigé ledit prix dudit Prevost, en lui disant que ledit Phelippon les avoit achetées sur ce pied; plus, que le sieur Bossage, Chandelier, rue S. André-des-Arts, a forcé le prix de la Place, & a donné trente-neuf sols du suif de Louis Huraut, au Marché de la trente-huitieme semaine, suivant la déclaration contre lui de la part du nommé Cheurin, Chandelier, à qui il avoit été reparti soixante-quinze mesures dans cette fonte, & qui n'a pu se les faire livrer qu'en les payant à raison de trente-neuf sols, que le Boucher a exigé de lui, qui étoit le prix fait par ledit Bossage.

OUI ledit Commissaire en son rapport, & les Gens du Roi en leurs conclusions, nous avons donné défaut contre lesdits susnommés; & pour le profit, disons que les Réglemens, Sentences & Ordonnances de Police, ce concernant, seront exécutés selon leur forme & teneur; enjoignons auxdits susnommés, & à tous les Maîtres Chandeliers de cette Ville de Paris, de s'y conformer. Et pour la contravention commise par lesdits susnommés, les condamnons; sçavoir, ledit Douceur en trente livres d'amende, ledit Sellier en cinquante livres d'amende, ledit Phelippon en vingt-cinq livres d'amende, & ledit Bossage en trente livres aussi d'amende; leur faisons défenses de récidiver sous plus grandes peines: Et sera notre présente Sentence, lue, publiée, imprimée & affichée par-tout où besoin sera, & exécutée nonobstant & sans préjudice de l'appel. Ce fut fait & donné par Messire NICOLAS-RENÉ BERRYER, Chevalier, Conseiller d'Etat, Lieutenant-Général de Police de la Ville, Prévôté & Vicomté de Paris, tenant le Siége les jour & an que dessus. MORISSET, *Greffier.*

SENTENCE, qui ordonne que les Statuts, Ordonnances & Réglemens de la Communauté des Maîtres Chandeliers de la Ville & Fauxbourgs de Paris, qui défendent de colporter & faire colporter la chandelle, seront exécutés; & condamne les Contrevenans aux dommages & intérêts & aux dépens.

Du 10 Mars 1758.

A TOUS ceux qui ces Présentes verront, Alexandre de Segur, Chevalier, Seigneur de Franc & autres lieux, Conseiller du Roi en ses Conseils, Prévôt de Paris, Salut. Sçavoir faisons, que sur la Requête faite en Jugement devant nous à l'Audience de la Chambre de Police du Châtelet de Paris, par Me François Duperrier, Procureur des sieurs Pierre Biron, Jacques Caron, Louis Malo, & Denis-Louis Chaussée, Maîtres Chandeliers-Huiliers, Jurés en Charge actuellement en exercice de la Communauté des Maîtres Chandeliers-Huiliers de la Ville & Fauxbourgs de Paris, saisissans par Procès-verbal du quatorze Février dernier, sur le ſieur Clerambourg, Maître Chandelier, ès mains de Jean-Antoine Aubry, ſon Garçon, demandeurs en validité d'icelle ſaiſie aux fins de leur Exploit du dix-ſept Février dernier, fait par Saulnier, Huiſſier, contrôlé le vingt par Mierbeau, & préſenté le même jour par le Caueil, tendant aux fins y contenues avec amende & dépens, contre Mᵉ Delaſalle, Procureur du ſieur Alexandre-Nicolas Clerambourg, Maître Chandelier à Paris, & Jean-Antoine Aubry, ſon Garçon, Parties ſaiſies, défendeurs. Parties ouies, ſans que les qualités puiſſent nuire ni préjudicier : NOUS diſons, que les Statuts, Ordonnances & Réglemens, qui défendent de colporter & de faire colporter la chandelle, ſeront exécutés ; en conſéquence avons la ſaiſie faite ſur les Parties de Delaſalle, de la chandelle dont eſt queſtion, déclarée bonne & valable : Diſons que les choſes ſaiſies, ſont & demeureront confiſquées au profit de la Communauté des Parties de Duperrier, pour en faire & diſpoſer par les Jurés, ainſi qu'ils aviſeront, attendu la modicité de la ſaiſie, qui n'eſt que de ſept à huit livres de Chandelles ; faiſons défenſes aux Parties de Delaſalle de récidiver, & pour leur contravention, condamnons les Parties de Delaſalle en dix livres de dommages & intérêts envers ladite Communauté & aux dépens, qui ſeront payés par Clerambourg, l'une des Parties de Delaſalle : ce qui ſera exécuté nonobſtant & ſans préjudice de l'appel, & ſoit ſignifié ; En témoin de ce, nous avons fait ſceller ces Préſentes faites & données par M. le Lieutenant-Général de Police audit Châtelet de Paris, y tenant le Siége, le Vendredi dix Mars mil ſept cent cinquante-huit. *Collationné*,

Signé, MORISSET.

MODELE du Livre dont on se sert pour la Réception des Maîtres Chandeliers.

ENSUIVENT les Points & Articles que sont tenus de faire les Jurés Chandeliers de Suif, de la Ville de Paris, à ceux qui ont été Apprentifs six ans, & qui ont servi leurs Maîtres bien & dûement, & que leursdits Maîtres soient contens d'eux; après que les Fils de Maîtres auront fait leur expérience, & que lesdits Apprentifs auront fait Chef-d'œuvre en l'Hôtel d'un des Jurés, & que par eux & par les Bacheliers auront été expérimentés, en la forme & maniere du temps passé, comme ils ont d'usage & coutume de faire.

ET PREMIEREMENT

diront les Jurés.

ITEM. Vous ferez bonnes Chandelles, de bon Suif, tant de Bœuf que de Mouton, loyale, & sans y mettre mauvaises graisses, infectées ni corrompues, ni aussi le ferez faire par vos gens. Ainsi le promettez.

II.

ITEM. Vous peserez à bon poids & à bonne balance, & vendrez à bonne mesure, & ferez peser & mesurer par vos gens bien & loyalement & fidelement. Ainsi le promettez.

III.

ITEM. Vous garderez les quatre Fêtes annuelles, sçavoir, Pâques, Pentecôtes, Toussaint & Noël, les Saints Dimanches, les cinq Fêtes de Notre-Dame, les Apôtres & Evangelistes, par la forme & maniere que le commande notre

notre Mere Sainte Eglise ; c'est à sçavoir que ces jours vous ne travaillerez ni ne ferez travailler par vos Serviteurs, ne porterez ni ne ferez porter ni colporter par vos Serviteurs, ni par autres, nulles Chandelles dans Paris ni dehors, pour vendre auxdits jours ci-dessus déclarés, si lesdites Chandelles n'étoient vendues & pesées en votre Hôtel, pour les porter ou faire porter par vos gens ou autres, en l'Hôtel d'un Bourgeois ou Marchand, ou autre, sans y avoir poids ni balances. Ainsi le promettez.

I V.

ITEM. Vous n'aurez ni ne pourrez avoir qu'un Apprentif, & ne le pourrez prendre à moins de six ans, s'il n'est Fils de Maître, & serez tenu de lever la Lettre dudit Apprentif & l'apporter aux Jurés dedans trois semaines, sur peine de l'amende contenue en l'Ordonnance du Métier.
Ainsi le promettez.

V.

ITEM. Vous ne retirerez aucun Fils de Maître, ni Serviteur, ni Apprentif d'avec leur pere & mere, Maître ou Maîtresse ; s'il venoit vers vous pour vous servir ou à refuge, vous serez tenu de le faire à sçavoir à leur pere ou mere, Maître ou Maîtresse, & vous ne le tiendrez pas plus d'un jour ou d'une nuit sans leur faire à sçavoir. Ainsi le promettez.

V I.

ITEM. Aussi vous n'acheterez ni Suif, ni Coton, ni Ustansiles servant à notre Métier, soit de Fils de Maître ni de Serviteur, Apprentif ni de Chambriere ou Servante ; mais s'ils venoient à votre connoissance, vous le retiendrez, ou ferez à sçavoir à leur pere ou mere, Maître ou Maîtresse. Ainsi le promettez.

V I I.

ITEM. Aussi vous obéirez aux Maîtres & Jurés de notre

Métier qui ſont & ſeront dorénavant : c'eſt à ſçavoir, que quand ils vous manderont pour le fait de notre Métier, vous ne ferez faute d'y venir, & aiderez de vos deniers s'ils mouvoient aucun Procès à l'encontre du Métier, pour l'aider, ſoutenir & défendre, ainſi qu'ils trouveront bon par leurs conſeils. Ainſi le promettez.

VIII.

ITEM. Auſſi s'il venoit à avoir connoiſſance qu'aucun ou aucune, tant de notre Métier, comme d'autres gens, fiſſent aucune choſe qui fût au préjudice dudit Métier, vous le viendrez annoncer & dire aux Jurés & Gardes de notre Métier. Ainſi le promettez.

IX.

ITEM. Vous ne ferez ni ferez faire par vos gens Chandelles dites des Rois, figurées ni peintes, pour vendre ni donner, ni porter par la Ville, ou faire porter par vos gens, à peine de l'amende portée par les Réglemens ci-devant donnés, qui eſt de vingt livres pariſis. Ainſi le promettez.

X.

ITEM. Vous promettez que, quand vous aurez pris un Apprentif, ſi vous le mettez dehors, vous n'en pourrez prendre un autre que ledit Apprentif n'ait achevé ſon temps. Ainſi le promettez.

XI.

ITEM. Vous promettez que quand un Bourgeois, Marchand Boucher, ou autre perſonne, vous enverreront chercher, pour faire de la Chandelle en leurs Maiſons, d'en avertir les Jurés, & de leur faire ſçavoir le nom deſdites perſonnes, leurs demeures, & la quantité qu'ils voudront faire, & le jour que vous y travaillerez. Ainſi le promettez.

XII.

ITEM. Auſſi vous ſerez de la Confrairie, ſi vous n'en êtes, en payerez vos aumônes, & aiderez comme les autres de vos deniers, s'il y venoit aucune néceſſité à ladite Confrairie, pour aider à faire le Service, ou pour avoir aucune choſe à la Chapelle, & ferez faire un Cierge pour mettre devant notre Patron Monſieur Saint Jean l'Evangeliſte, afin qu'il vous puiſſe ſi bien conduire, & prier pour vous le Pere, le Fils, le Saint-Eſprit & la Vierge Marie, qu'en la fin vous en puiſſiez acquérir la gloire du Paradis. Ainſi le promettez.

XIII.

TOUCHEZ à nos mains, Nous vous recevons Maître de notre Métier, pour avoir la franchiſe comme un de Nous, à la louange de Dieu, de la Vierge Marie & de Monſieur Saint Jean l'Evangeliſte. AMEN.

STATUTS

Arrests Sentences servant de Reglement pour ce qui concerne Létallon Royal des mesures a l'Huille de la Ville et Faubourgs de Paris.

Imprimé du temps et à la Diligence de

Pierre Hudde.	*Jacques Dosseur fils.*
Marc Hautefeuille.	*Pierre Isaac Hiard.*
Nicolas la Forest.	*Gabriel Houry.*
Etienne François Chebrié	*Leon Jean de l'Etoille.*

Pour lors tous Jurés et Gardes en Charge.

et Conjointement avec

Louis Malo.	*Nicolas le Jour.*
Denis Louis Chaussé	*Nicolas Boucher.*

Dernier Sorti de Charge en l'Année 1759.

Mon destin est aussi glorieux
Que celui du Flambeau des Cieux;
De mon Sein éclôt la Lumiere
Qui brille dans le Sanctuaire.

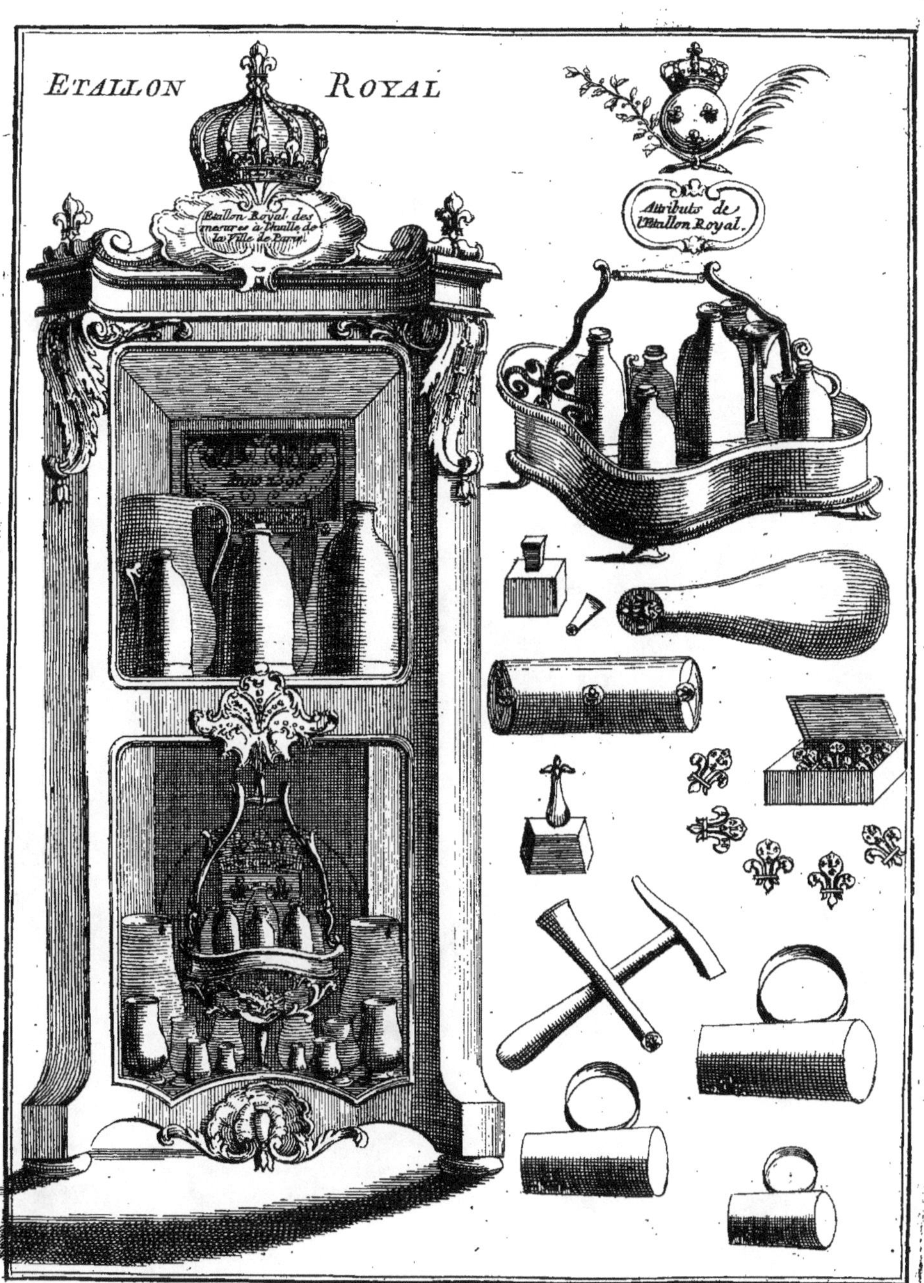
ETAILLON ROYAL
Etallon Royal des mesures à l'huille de la Ville de Paris
Attributs de l'Etallon Royal.

RECUEIL

DES STATUTS, ARRESTS ET SENTENCES de Réglement, concernant le COIN ET L'ÉTALON ROYAL des Mesures à Huile de la Ville & Fauxbourgs de Paris.

CONSEIL.

ANCIENS STATUTS & Ordonnances des Huiliers, portant faculté de faire, vendre & débiter Huiles d'Olives & autres,

Des 16 Octobre 1396. & 11. Avril 1431.

Extraict des Registres de la Chambre du Procureur du Roi au Châtelet.

TOUS ceux qui ces présentes Lettres verront, Iean, Seigneur de Folleille, Chevalier, Conseiller du Roi nostre Sire, & Garde de la Prevosté de Paris, Commissaire & Reformateur general sur tous les Mestiers & Marchandises de la Ville de Paris; SALUT. Pour ce qu'il est venu à notre cognoissance, que où Mestier de Huillerie & des Faiseurs d'huille en la Ville de Paris, l'on a commis & commet de iour en iour plusieurs fraudes & malices; appellé ad ce le Procureur du Roy nostre Sire, Avons fait venir devant nous les Huilliers & personnes dudit Mestier dont les noms s'ensuivent: C'est à sçavoir, Iean le Carron, Iean le Picard, Guillaume Cocaigne, Iean Gillet, Bellier, Droüin, le Causarre, & Iean Carbonnel, faisant la plus grande & saine partie de ceux dudit Mestier, ausquels nous avons exposé les fraudes & malices dessusdites, en leur faisant lecture de l'Ancien Registre d'iceluy mestier, & de tous les poincts contenus en iceluy, dont la teneur en suit. Quiconques veult estre Huillier à Paris, este le peut, pourveu qu'il sçache faire le Mestier, & qu'il ayt dequoy. Quiconques est Huillier à Paris, il peut faire huilles d'olives, d'amendes, de noix, de chenevis, & de pavots. Quiconques est Huillier à Paris, il peut avoir tant de Vallets & d'Apprentifs comme il lui plaist, & à tel terme qu'il voudra, & si peut ouvrer de iour & de nuit toutes les fois qu'il luy semble bon. Nul Huillier de Paris ne doit point de coustume de noix, ne chenevis qu'il a acheрté à Paris, soit en gros ou en détail: Partant ny en aura, soit qu'il advient à Paris, ou par terre ou par eau, & en sont quittes pour raison de la coustume qu'ils payent de l'huille. Nul Huillier de Paris ne autre, ne peut ne doit achepter huille à homme estrange, qu'elle ne soit mesurée par les Iurez qui y sont establis par leur serment de la bien mesurer & loyaulment, aussi pour le vendeur, comme pour l'achepteur, & pour l'estranger comme pour le prochain, si ils ne s'asseurent à ce de leur bonne volonté, que elle ne soit pas mesurée; Les Mesureurs ne doivent prendre ne demander pour leur salaire de la somme mesurée, que un denier, de la demie somme maille, & de moins néant, ne pour courtaige, ne pour autre chose: & s'il y estoit reprins, il devroit être mis hors comme parjurez: Cil qui livre l'huile soient privez ou estrangers, doit payer le mesurage. Nul Huillier ne doit rien de coustume ne de l'huille qu'il vend en détail; C'est à sçavoir, vendre par quartes, & le peut-il même mesurer, ja tant de quartes ny en aura, & s'il vendoit par sommes ou par demie sommes, ou par le quart d'une demie somme, il devroit le toulieu, & le mesurage devant dit si le mesureur l'a mesuré. Nuls Huilliers ne Marchand d'huile, ne nuls autres soient estrangers de Paris, ou Forains ne fera mesurer son huille s'il ne luy plaist; & ce entre luy & l'achepteur se peuvent consentir à la mesure. Si comme il a esté dit par-dessus la somme d'huile doit tenir vingt-quatre quartes, la demi somme quatorze quartes, le quart de la somme de sept quartes, & la quarte de laquelle l'on mesure l'huille plus forte & plus grande que celle dequoy l'on mesure le vin largement le tiers : C'est à sçavoir, que la quarte d'huille tient une quarte & demy quarte plus que celle à vin ou mestier devant dit, à deux Preudhommes Iurez & sermentez de par le Roy nostre Sire, lesquels le Prevost de Paris met & oste à sa volonté, lesquels Iurez sur Saincts, que le mestier devant dit garderont bien & loyaument à leurs pouvoir, & que ils toutes les mesprentures qu'ils sçauront qui faites seront au Prevost de Paris à son commandement, le seront assavoir par raison au plustost qu'ils pourront; Et les Huilliers de Paris doivent guet, & les autres ordonnances que les autres Bourgeois de Paris doivent au Roy, & les deux Preudhommes Iurez & sermentez de par le Roi nostre Sire, sont quittes du guet pour la peine & travail qu'ils y ont de son Mestier garder; nul Huillier qui ayt soixante ans ne doit point de guet, ne s'il à qui sa femme gist d'enfans, tant comme elle gist; mais ils sont tenus de le faire sçavoir à celui qui le guet garde de par le Roy nostre Sire, en la présence desquels & de leur accord & consentement, Nous le dit ancien Registre & les poincts contenus en icelui, avons corrigez, reveus, augmentez & diminuez par la forme & maniere qui en suit.

PREMIEREMENT, Quiconques voudra estre Huillier à Paris, estre le pourra, partant qu'il sçache faire le mestier; C'est assavoir, l'huille de noix, chenevis, & de navette, de pavot, d'olives, de pignons, & d'autres graines, comme contenus en l'ancien Registre, que pour entrer, il paye trente sols; c'est assavoir au Roi vingt sols, & aux Iurez dix sols, excepté les fils de Maistres qui ne payeront point d'entrée.

ITEM, Que tous Huilliers peuvent avoir tant d'Aprentifs & de Vallets, comme bon leur semblera, pour ouvrer de iour & de nuit, & toutes fois qu'il leur plaira.

ITEM, Que tous Huilliers demeurans à Paris, soit de coustume de chenevis, de noix qu'ils acheteront à Paris, soit en gros ou en détail, & en sont quittes pour raison de la coustume qu'ils payent de l'huille, comme autrement est ordonné.

ITEM, Que tous Huilliers doivent faire bonne huille loyalle & marchande, & ce en huille par eux faite à faute ou par trop chauffée, ou pour être poupillée, celui qui aura la faute dessusdits payera cinq sols au Roi, où les Iurez auront la moitié, & rendront à partie le dommage au cas qu'il y aura plaintifs.

ITEM, Et ce les Huilliers ou autres personnes de dehors apportent à Paris toute sorte de chenevis pour estre vendus, ils ne le pourront vendre jusques à ce qu'elles soient visitez par les Iurez, sur peine de perdre les deniers de cinq sols d'amende au Roy, dont lesdits Iurez y auront moitié.

ITEM, Que si les Huilliers acheptent huille, icelle huille doit être mesurée par les Iurez Mesureurs à ce ordonnez, si l'achepteur ne se tient pour contant de la mesure.

ITEM, Et toutesfois lesdits Huilliers ne doivent point achepter de l'huille à Paris, si ce n'est à la Halle à ce ordonnez, ou en l'Hostel d'un Bourgeois demeurant à Paris qui huille aura fait faire, sur peine de forfaire la somme d'huille par lui acheptée.

ITEM, Nul Marchand de dehors ne peut vendre d'huille à Paris, si ce n'est à la Halle à ce ordonnez, sur la peine devant dit.

ITEM, Et que les Huilliers de Paris de l'huille par eux vendue en détail, C'est à assavoir par quarte ne par mesures, ne devront ne coustume de toulieu comme au temps passé a esté ordonné.

ITEM, Et que pour entendre la mesure de l'huille, il est assavoir que la somme doit tenir vingt-huict quartes, & la quarte

quarte de laquelle l'on mesure l'huille doit estre plus forte & grande que celle à quoi l'on mesure le vin & le tiers bien largement; car la quarte de l'huile doit tenir quarte & demie quarte de celle à vin.

ITEM, Que les Mesureurs Iurez pour leurs salaires n'auront de la somme mesurée que huict deniers, c'est à sçavoir de l'achepteur ; & plus ne pourront prendre pour courtaige, & huict deniers du vendeur, ne pour autre chose sur peine d'être réputez parjures & d'amende volontaire, & ne seront aucuns receus audit office de mesurage s'ils ne sont suffisans à ce, & pour tels tesmoignez par les Iurez.

ITEM, Que les Mesureurs Iurez seront tousiours deux ensemble pour mesurer, & ne pourront mesurer l'un sans l'autre.

ITEM, Que si un Huillier va de vie à trepassement, sa femme tant comme elle sera vefve, pourra tenir ledit Mestier, & jusques à ce qu'elle soit mariée à un autre homme d'autre Mestier.

ITEM, Et pour ce que plusieurs dudit Mestier ont aucune fois les outils à quoy ils font l'huille, employez à autre chose faire, & puis ouvroient à faire huille, qui n'est pas chose bien honnestement faite : Doresnavant nul ne pourra faire faire à ses outils autre chose que de l'huille, sur peine de vingt sols d'amende, & de perdre les outils, en laquelle amende les Iurez auront le tiers.

ITEM, Et que audit Mestier aura deux ou trois Preudhommes qui seront Iurez, & feront serment de bien & loyaulment garder & avoir l'Estalon, dont ils pourront prendre deux deniers pour piece, & non plus, en la maniere accoustumée.

ITEM, Que nul Huillier de Paris ne dehors, ne pourra mettre en œuvre de chenevis, noix, ny autre chose que iceluy chenevis, sur peine de cinq sols d'amende, & de perdre les deniers.

Tous les lesquelz devoirs, Poincts & Articles nous ont esté tesmoignez par les dessus nommez, par les fermens solemnellement faits aux Saints Evangiles de Dieu, estre bonnes, nécessaires, suffisans & convenables pour le profit dudit Mestier, & de la chose publique : Et pour ce, Nous iceux avons loüé, gréé, ratiffié & approuvé; loüons, gréons & approuvons, & les avons confirmez & confirmons par ces Presentes : En tesmoins de ce, Nous avons fait mettre à ces Lettres le scel de ladite Prevosté de Paris. Ce fut fait audit Chastele tle Lundy seiziesme jour d'Octobre l'an mil trois cens quatre vingt seize. Ainsi Signé DE FRESNES.

POUR ce qu'il a esté venu à cognoissance de Justice, & quand les Huiliers de Paris font quelques huiles pour le peuple ils ont aucuns d'eux, retiennent & appliquent à leur proffit, les tourtes ou pains de noix, pavots, de chenevis, & autres matieres que le peuple leur baille pour faire huile, & les vendent bien chere, & néantmoins se payent de leurs salaires de faire ladite huile, laquelle chose être contre raison : Et pour ce avons deffendu & deffendons ausdits Huiliers, que doresnavant ne retiennent aucunes des tourtes ne pains des susdits : Mais leur avons ordonné & commandé, ordonnons & commandons, qu'ils les rendent aux bonnes gens avec leurs huiles, en eux payant raisonnablement & modérément de leurs salaires & façons de ladite huile, selon la qualité & quantité qu'ils en feront, sur peine de vingt sols parisis d'amende pour la premiere fois qu'ils en seront reprins, de quarante sols pour la seconde, & pour les autres fois d'amende arbitraire. Publiez en Jugement, présens Jean le Grenetier, Jean Louvet, Jurez dudit Mestier, Jacques Massonart, Perrin, Buchot, Audriet, Jolly, Yvonnet, Yland & Simonnet Poret, tous Huiliers, présens & assemblez au Châtelet de Paris, en la Chambre du Procureur du Roi, le Mercredi onziéme Avril après Quasimodo mil quatre cens trente & un. Collationné. Ainsi Signé, BILLART.

LETTRES-PATENTES, accordées aux Jurés Huiliers, Gardes du Coin & de l'Etalon Royal, par Louis XI, à Rouen au mois de Novembre, l'an de grace 1464.

LOUIS, par la grace de Dieu, Roi de France. Sçavoir faisons : A tous présens & advenir. Nous avons receuë l'humble supplication des Maistres Huiliers de nostre Ville de Paris : Contenant, qu'ils ont Statuts & Ordonnances en leurdit Mestier, lesquelles sont enregistrées en la Chambre de nostre Procureur ou Châtelet de Paris, Que lesdits Supplians ou leurs prédécesseurs Jurés & ceux qui sont à présent audit Mestier, ont gardé & fait garder & entretenir, & sont encore chacun jour au mieux de leur pouvoir : Et pour ce que puis nagueres, ils avoient & ont advisé qu'il estoit bon & expédient pour leurdit Mestier, entretenir & le bien & profit de la chose publique, d'adjouster & accroistre en leursdites Ordonnances, aucuns points & Articles qu'ils ont baillé par escript à nostre Prevost de Paris, lui requerant que lui avec ses Lieutenans, nos Advocat & Procureur oudit Châtelet, voulsissent iceux Articles voir, les corriger & augmenter ou diminuer, ainsi qu'ils le verroient estre à faire pour le profit de la chose publique & dudit Mestier, pour iceux veus, estre adjoustez en leursdits Statuts & Ordonnances, à ce que doresnavant ils fussent gardez & entretenus comme les autres Statuts & Ordonnances de leurdit Mestier, lequel nostre Prevôt de Paris, ouys ladite Requête, & veüe par sesdits Lieutenans, nosdits Advocat & Procureur, & autres nos Conseillers oudit Chastelet lesdits points & Articles; Et après qu'aucun desdits Supplians en grand nombre, ont affermé par serment iceux Articles estre bons & profitables pour le bien de la chose publique & l'entretenement dudit Mestier, & sur ce advis & meûre délibération de Conseil. A JOINTS ET ADJOUTEZ lesdits Articles avec les autres Ordonnances du Meſtier, & iceux a ſtatuez & ordonnez eſtre entretenus & gardez, ainſi & par la forme & maniere qu'il eſt contenu & déclaré en ſes Lettres-Patentes, deſquelles la teneur enſuit. A TOUS CEUX qui ces préſentes Lettres verront. Jacque de Villiers, Seigneur de l'Iſle-Adam, Conſeiller-Chambellan du Roy noſtre Sire, & Garde de la Prevoſté de Paris, Commiſſaire, Gardien & Réformateur général donné & député par le Roy noſtredit Seigneur ſur le fait de la Police, viſitation & gouvernement de tous les Meſtiers de la Ville de Paris; Salut. Comme puis nagueres Jean le Girieu, Girard Sanſon & Nicaiſe de Sainct Denis, Jurez & Gardes du Meſtier d'Huilier à Paris, nous ayent fait remonſtrer, Que jaçoit qu'ils ayent Statuts & Ordonnances en leurdit Meſtier faites dès long-temps, & par l'un de nos prédéceſſeurs Prevoſt de Paris, & enregiſtrées en la Chambre du Procureur du Roy noſtre Sire ou Chaſtelet de Paris, Que leſdits Jurez, leurs prédéceſſeurs Jurez, & ceux qui ſont à préſent oudit Meſtier, ont gardez & fait garder & entretenir à leur pouvoir: Néantmoins ils, avec les gens dudit Meſtier, avoient & ont adviſé qu'il eſtoit bon & expédient pour leurdit Meſtier entretenir & le profit de la choſe publique, de adjouſter & accroiſtre en leurſdites Ordonnances aucuns points & Articles qu'ils nous avoient & ont baillé par eſcript, & qui ſont tranſcrits cy-après, En nous requérant que leſdits points & Articles nous voulſiſſions voir avec nos Lieutenant, Advocat & Procureur du Roy noſtredit Seigneur oudit Chaſtelet, & d'iceux corriger, augmenter ou diminuer, ainſi que verrions eſtre à faire au profit de la choſe publique & dudit Meſtier, Pour iceux veus eſtre adjouſtez en leurs Ordonnances de leurdit Meſtier, à ce que doreſnavant ils ſoient gardez & entretenus, comme les autres Statuts & Ordonnances de leurdit Meſtier. Sçavoir faiſons, Que ouys de nous ladite Requeſte & veüe par noſdits Lieutenant, Advocat & Procureur du Roy, noſtredit Seigneur oudit Chaſtelet & autres Conſeillers d'iceluy Seigneur, leſdits points & Articles. ET après ce que Jean le Grenetier l'aiſné, Jean le Grenetier le jeune, Jean Louvet, Pierre le Grenetier, Colin le Grenetier, Pievin, le Terrier, Mathelin Hebert, Guillaume Rioust, Martin de Sainct Denis, Pierre Esglault, Guillaume Magdelaine, Guillaume Desgrez, Jean Lelot, Simon Costeret, Pierre le Fizelier, Jacquin Bachot, Mathieu Vaudemer, & Jean le Bret, tous Huiliers à Paris, pour ce mandez pardevant Nous, ont affermé lesd. Articles, dont lecture leur a esté faite, estre bons & profitables pour le bien de la chose publique, & l'entretenement de leurdit Mestier; Et tout considéré, ce qui faisoit à considérer en cette partie. NOUS, par délibération de Conseil, de l'accord & consentement des dessusdits, en augmentant lesdites anciennes Ordonnances, AVONS statué & ordonné, statuons & ordonnons par ces Présentes, que quiconques voudra être Huilier en cette Ville de Paris, & il aura esté trois ans Apprentif audit Mestier, s'il est trouvé & rapporté en Justice Ouvrier suffisant par les Jurez & Gardes dudit Mestier, il sera reçu & passé Maistre en faisant le serment en tel cas accoutumé, & payera pour son entrée ou Réception audit Mestier trente sols parisis, c'est à sçavoir vingt sols au Roy, & dix sols aux Jurez & Gardes dudit Mestier, excepté que les fils des Maîtres ne payeront rien. Item, qu'aucun doresnavant ne s'entremette dudit Mestier ne des dépendances d'iceluy, sinon qu'il ait esté reçeu en la maniere dessusdite, sur peine de trente sols parisis d'amende, à appliquer comme dessus. Item, nul Huilier n'aura qu'un Apprentif ou deux au plus, & trois ans de service du moins; mais bien pourra avoir tant de Varlets pour besongner jour & nuit qu'il voudra, sur ladite peine de trente sols parisis, à appliquer comme dessus. Item, nul Huilier ne pourra fortraire l'Apprentif ou Varlet de l'autre, ne iceluy mettre en besongne sans son congé sur ladite peine, à appliquer comme dessus. Item, nul Huilier ne mixtionnera en son Huile de noix ou de pavot autre Huile sur peine de confiscation d'icelle Huile ainsi mixtionnée, & de l'amende dessusdite, à appliquer comme dessus. Item, nul Marchand Forain ne pourra vendre Huile à Paris, si ce n'est en la Halle à ce ordonné & en gros; c'est à sçavoir par queuës, muids, demi queuës, caques & sommes, & non à moindre mesure, &

ne la pourront transporter jusques à ce qu'elle soit vendue ; & après veuë & visitée en la présence du vendeur & achepteur, ainsi qu'il est accoutumé, sur peine de confiscation & de l'amende dessusdite, à appliquer comme dessus. Item, si lesdits Huiliers ou autres achetent Huile, icelle Huile doit estre mesurée par deux Mesureurs Jurez à ce establis, se le vendeur & achepteur ne sont comptans ensemble de la mesure, & ne pourront prendre pour leur vacation, courtage, persage, & mesurage que huict deniers de l'achepteur & huict deniers du vendeur pour somme, & ne pourront mesurer l'un sans l'autre se ils ne sont exomez, sur peine de dix sols parisis d'amende, à appliquer comme dessus. Item, Et la vesve d'un Huilier durant son veusvage pourra tenir ledit Mestier, pourveu qu'elle se gouverne honnestement, & autrement non. Item, Audit Mestier aura trois prudhommes, qui seront esleus pour la Communauté dudit Mestier, qui feront le serment pardevant M^r le Prevost de Paris ou son Lieutenant, qu'ils garderont ou feront garder les Ordonnances dudit Mestier bien & loyaulment, Rapporteront à Justice les fraudes & fautes qu'ils y trouveront, & garderont l'Estalon & le Coing dudit Mestier, & visiteront les mesures, & prendront deux deniers pour piece, & les marqueront d'une fleur de Lys dudit Coing si Mestier est, & ne prendront de chacune fleur de Lys que seize deniers parisis, tant pour la fasson que pour l'asseoir, ainsi qu'il est accoutumé de faire. Lesquels poincts & Articles ci-dessus contenus les dessusdits Jurez & autres dudit Mestier, ont promis & juré garder & faire garder & entretenir sur les peines que dessus : Et seront cesdites Présentes adjointées & jointes avec les autres Ordonnances anciennes dudit Mestier ; Et si avons ordonné qu'elles seront leuës & publiées en l'Auditoire Civil dudit Chastelet, & enregistrées en la Chambre dudit Procureur du Roy, pour doresnavant en jouir & estre entretenus, sans enfraindre : En tesmoin de ce, Nous avons fait mettre à ces Présentes le Scel de ladite Prevosté de Paris. Ce fut fait le Jeudi vingt-cinquieme jour d'Octobre, l'an de grace mil quatre cens soixante-quatre. Et combien que lesdits Articles ayent été jointes & adjouftées en leurfdits anciens Statuts & Ordonnances, & par autorité de Juftice, nos Gens Officiers appellez en la maniere que dit eft, Et que par ce, iceux Supplians ayent intention de les faire entretenir & garder, toutefois ils doutent que s'ils n'avoient fur ce nos Lettres de confirmation & approbation d'iceux, on leur y voulfift ou temps advenir mettre ou donner empefchement, en nous humblement requérant icelles. Pourquoy, NOUS, ces chofes confidérées, ayant agréables iceux Articles, dont deffus eft fait mention, AVONS iceux, pour les caufes & confidérations deffufdites, Confermez, ratifiez & approuvez, Confermons, ratifions & approuvons de grace fpéciale, pleine puiffance & authorité Royal par ces Préfentes, pour en jouir par lefdits Supplians & leurfdits Succeffeurs oudit Meftier, doresnavant & à toufiours felon fa forme & teneur defdites Lettres deffus tranfcrites. Si donnons en mandement par cefdites Préfentes à noftredit Prevoft de Paris ou à fon Lieutenant préfent & advenir, que de nos préfens graces, confirmation, ratification & approbation, face, fouffre & laiffe jouir & ufer pleinement & paifiblement lefdits Supplians, & chacun d'eux & leurfdits fucceffeurs oudit Meftier, fans leur mettre ou donner, ne fouffrir eftre fait, mis ou donné ores ne pour le temps advenir aucun détourbier ou empefchement au contraire : Lequel fi fait, mis ou donné leur avoit été ou eftoit ores & pour le temps advenir, Si l'oftent & mettent, ou faffent ofter & mettre tantoft & fans délai à pleine délivrance. Et afin que ce foit chofe ferme & ftable à toufiours, Nous avons fait mettre noftre Scel à cefdites Préfentes, fauf en autre chofe noftre droict, & l'autruy en toutes. DONNÉ à Roüen au mois de Novembre, l'an de grace mil quatre cens foixante & quatre, & de notre regne le quatriéme, foubs noftre Scel ordonné en l'abfence du Grand. Ainfi figné fur le reply. Par le Confeil, REYNAULT. Et fcellées de cire verte fur un lac de foye rouge & verte. Et encores eft efcript fur ledit reply. Et fa collation faite à l'original.

PARLEMENT.

ARREST de la Cour de Parlement, qui fait défenses à tous Marchands Epiciers & Apoticaires-Epiciers, de vendre au poids au-dessous de vingt-cinq livres, aucunes Huiles, autres que Médicinales, & Huile d'olive; & leur enjoint de les vendre en Mesures de cuivre de jauge, flétries & étalonnées suivant les Arrêts ci-après énoncés.

Du 21 Août 1627.

Appert par le prononcé d'icelui être ordonné ce qui suit.

SUR les Conclusions de M. le Procureur Général, le tout joint & considéré : NOTREDITE COUR, par son Jugement & Arrêt, sans s'arrêter à nosdites Lettres de l'onzieme du présent mois, & Requête du 12 Juillet 1625, en tant que touche nosdites Lettres en forme de Requête civile, & appel interjetté par lesdits Epiciers & Apoticaires de l'exécution dudit Arrêt du 5 Mars, & Procès-verbal, a mis & met les Parties hors de Cour & de Procès, & faisant droit tant sur les appellations desdits Huiliers, qu'Instance de nosdites Lettres du 26 dudit mois de Juillet, & demandes incidentes, a mis & met lesdites appellations & ce dont a été appellé au néant, sans amende. Emendant, a fait & fait inhibitions & défenses audit Vassart & tous autres Epiciers & Apoticaires, vendre au poids au-dessous de vingt-cinq livres aucunes huiles, autres que médicinales & huiles d'olive, sinon & où ils voudroient vendre lesdites huiles à la mesure; Enjoint à eux les vendre

vendre en mesures de cuivre de jauge flétries & étalonnées suivant lesdits Arrêts des 23 Décembre, 7 Octobre & 5 Mars, a condamné & condamne lesdits Maîtres & Gardes Epiciers & Apoticaires ès dépens de ladite Instance de Lettres du 26 Juillet sans dépens, tant de la cause principale, que causes d'appel & Requête civile, & sur l'appel interjetté par lesdits Maîtres & Gardes Epiciers & Apoticaires de ladite Sentence du 7 Février, a mis & met l'appellation au néant sans amende; a ordonné & ordonne que ladite Sentence de laquelle a été appellé, sortira son plein & entier effet; & a condamné & condamne lesdits Maîtres & Gardes Epiciers & Apoticaires ès dépens de la cause d'appel, la taxe des adjugés pardevers Notredite Cour réservée. SI DONNONS EN MANDEMENT au premier des Huissiers de notredite Cour de Parlement ou autre notre Huissier ou Sergent sur ce requis; qu'à la Requête desdits Jurés Chandeliers, le présent Arrêt tu mettes à dûe & entiere exécution, selon sa forme & teneur: Contraignant à ce faire & souffrir, tous ceux qu'il appartiendra par toutes voies dûes & raisonnables; de ce faire te donnons pouvoir. DONNÉ à Paris, en notre Parlement, le vingt-unieme jour d'Août, l'an de grace mil six cent vingt-sept, & de notre Regne le dixieme. Par Jugement & Arrêt de la Cour.

Signé, PRENESGNE, avec grille & paraphe.

ARREST de la Cour de Parlement, qui fait défenses aux Marchands Epiciers & Apoticaires-Epiciers, de vendre Huiles à brûler en détail au poids au-dessous de vingt-cinq livres; & ordonne qu'elles seront vendues en Mesures de cuivre & de jauge, flétries & étalonnées par les Jurés Huiliers, Gardes du Coin & de l'Etalon Royal: & enjoint auxdits Epiciers & Apoticaires-Epiciers de recevoir lesdits Jurés Huiliers, Gardes du Coin & de l'Etalon Royal, lors de leurs visites, & de leur fournir l'eau nécessaire pour faire l'essai de leursdites Mesures, à peine d'amende, &c.

Du 29 Mai 1655.

Appert par le prononcé d'icelui être ordonné ce qui suit.

SUR les Conclusions de Monsieur le Procureur Général, le tout joint & considéré: NOTREDITE COUR, par son Arrêt, faisant droit sur le tout, sans avoir égard auxdites Requêtes & oppositions desdits Ferté, Chrestien, le Loup, Pillon, Gontier, Fauveau & consorts, Maîtres & Gardes Epiciers, & desdits Ferté & Jesu, & interventions desdits Besson, le Loup, Guilloire & consorts, & desdits Maîtres & Gardes Epiciers & Apoticaires; & ayant aucunement égard à l'opposition desdits Jurés Huiliers, a débouté & déboute lesdits Chrestien, Ferté, Besson & consorts desdites Lettres en forme de Requête civile, a mis & met les appellations & ce dont a été appellé par lesdits Jurés Huiliers & Gardes de l'Etalon Royal au néant; émendant, fait défenses auxdits Epiciers & Apoticaires de vendre ci-après huiles à brûler en détail au poids au-dessous de vingt-cinq livres; ordonne qu'elles feront vendues en mefures de cuivre & de jauge, flétries & étalonnées par lefdits Jurés Huiliers de l'Etalon Royal ; enjoint auxdits Epiciers & Apoticaires de les recevoir avec modeftie lorfqu'ils feront leurs vifites, & leur fournir l'eau néceffaire pour faire l'effai de leurfdites mefures, à peine d'amende arbitraire ; & à l'égard de appellations defdits Cormier, de Beauvais & conforts, Fauveau, Julien, Joffier, Hebert & conforts, Ferté, Chreftien, le Loup, Caffal, Fauveau & conforts, ordonne que ce dont a été appellé fortira effet; condamne lefdits Demandeurs en Lettres intervenantes, & lefdits Ferté, Chreftien & le Loup, Pillon, Gontier & autres, Marchands Epiciers & Apoticaires, en tous les dépens envers lefdits Jurés Huiliers, en outre en une amende de douze livres tournois feulement. Si te mandons, qu'à la Requête defdits Jurés Huiliers & Gardes de notre Etalon, le préfent Arrêt tu mette à due & entiere exécution de point en point felon fa forme & teneur : de ce faire te donnons pouvoir. Donné à Paris en notredite Cour de Parlement, le vingt-neuvieme jour de Mai, l'an de grace mil fix cens cinquante-cinq, & de notre regne le treizieme. Par la Chambre.

Signé, DUTILLET.

ARREST de la Cour de Parlement, concernant les Vifites faites chez les Marchands Epiciers & Apoticaires-Epiciers, par les Jurés Huiliers, Gardes du Coin & de l'Etalon Royal, au fujet des Mefures à Huiles.

Du 23 Janvier 1717.

Appert par le prononcé d'icelui être ordonné ce qui fuit.

SUR les Conclufions de M. le Procureur Général, le tout joint & confidéré : NOTREDITE COUR, en conſéquence des Arrêts de disjonction des 21 Avril, 8 Août 1712, & 17 Janvier 1715; faiſant droit ſur le tout en tant que touche l'appel de la Sentence du Lieutenant Général de Police du Châtelet du 31 Décembre 1706, a mis & met l'appellation au néant; ordonne que ce dont a été appellé ſortira ſon plein & entier effet; condamne leſdits Maîtres & Gardes des Marchands Epiciers & Apoticaires-Epiciers de Paris, en l'amende de douze livres. Ordonne que conformément à notre Déclaration du 16 Mars 1706, regiſtrée en notredite Cour le 11 Mai ſuivant, leſdits Epiciers pourront vendre au poids & non à la meſure toutes ſortes d'huiles depuis quatre onces juſqu'à vingt-cinq livres & au-deſſus; & ſur le ſurplus des demandes deſdits Maîtres & Gardes des Epiciers & Apoticaires-Epiciers, tant à fin de défenſes par leſdits Chandeliers-Huiliers, de vendre aucune huile à brûler & de viſiter par le Jurés Huiliers, Gardes de l'Etalon Royal les meſures d'huiles des Epiciers, à fin de communication des Lettres de Maîtriſe, Brevets d'Apprentiſſage deſdits Huiliers, preuves de leurs Chef-d'œuvres, d'extinction du titre de Maîtres Huiliers, d'oppoſition à l'Arrêt d'enregiſtrement des Lettres-Patentes du 22 Mai 1691, que concernant la vente & le débit fait par les Huiliers des huiles à brûler, met les Parties hors de Cour, ſauf auxdits Epiciers, Apoticaires-Epiciers à ſe pourvoir pour raiſon de leurs autres demandes, ainſi & contre qui ils aviſeront bon être; défenſes réſervées au contraire: condamne leſdits Maîtres & Gardes des Marchands Epiciers & Apoticaires-Epiciers en tous les dépens des cauſes d'appel, & demandes, tant envers leſdits Jurés Huiliers, Gardes de l'Etalon Royal, que les Jurés & Communauté des Maîtres Chandeliers-Huiliers. SI TE MANDONS, mettre le préſent Arrêt à exécution ſelon ſa forme & teneur. Fait en Parlement le 23 Janvier l'an de grace mil ſept cent dix-ſept, & de notre regne le deuxieme. Par la Chambre: *Collationné*, *Signé*, DONGOIN.

ARREST de la Cour de Parlement, contenant Reglement, en faveur des Maîtres Jurés Huiliers, Gardes du Coin & de l'Etalon Royal pour les Mesures à Huiles; contre les Marchands Epiciers & Apoticaires-Epiciers de la Ville de Paris.

Du 30 Août 1741.

Extrait des Registres de Parlement.

LOUIS, par la grace de Dieu, Roi de France & de Navarre : Au premier des Huissiers de notre Cour de Parlement ou autre notre Huissier ou Sergent sur ce requis : Sçavoir faisons : QU'ENTRE les Maîtres & Gardes Epiciers & Apoticaires-Epiciers de Paris, Appellans de la Sentence rendue par le Lieutenant Général de Police du Châtelet, le premier Décembre 1724, d'une part, & les Jurés Huiliers-Chandeliers, Gardes de l'Etalon Royal des mesures d'huile à brûler de la Ville & Fauxbourgs de Paris, Intimés, d'autre part ; & entre lesdits Maîtres & Gardes des Marchands Epiciers & Apoticaires-Epiciers de Paris, Demandeurs en Requête du 10 Août 1736 d'une part, & lesdits Jurés Huiliers Gardes de l'Etalon Royal des mesures d'huile à brûler de la Ville & Fauxbourgs de Paris, Défendeurs & Demandeurs en Requête du 11 Janvier 1737 d'autre part ; & entre lesdits Jurés Huiliers Demandeurs en Requête du 22 Février 1741 d'une part, & lesdits Maîtres & Gardes Epiciers & Apoticaires - Epiciers, Défendeurs, d'autre part ; & encore entre lesdits Maîtres & Gardes Epiciers & Apoticaires-Epiciers, Demandeurs en Requête du 30 Mars dernier, d'une part, & lesdits Jurés Huiliers, Gardes de l'Etalon Royal des Mesures d'huile à brûler, Défendeurs d'autre part : Vû par la Cour ladite Sentence dont est appel dudit jour premier Décembre 1724, rendue par le Lieutenant Général de Police au Châtelet de Paris, contradictoirement entre lesdites Parties, par laquelle auroit été dit que les Epiciers & Apoticaires-Epiciers qui voudroient vendre de l'huile à brûler, seroient tenus de déclarer leurs noms, surnoms & demeures au Greffe du Châtelet pour y être enregistrés ; & les noms baillés aux Huiliers, de l'avenir à ce jour ; les Maîtres & Gardes Epiciers & lesdits Jurés Gardes Huiliers reçus Parties intervenantes : Faisant droit sur leur intervention & demandes, il a été dit que les Réglemens de Police & Arrêts seroient exécutés ; a été donné Acte auxdits Epiciers & Apoticaires-Epiciers de la déclaration par eux faite qu'ils n'entendoient point vendre de l'huile à brûler à la mesure, mais au poids seulement ; permis néanmoins aux Jurés Gardes Huiliers d'aller en visite chez les Epiciers, conformément aux Réglemens, visiter les mesures servant à l'huile à brûler, lesquelles mesures ne pourroient être que de cuivre, de jauge, flétries & étalonnées par lesdits Jurés & Gardes Huiliers, auxquels les droits de Visite seroient payés sur le pied des Réglemens : Et à l'égard des Epiciers qui voudroient vendre de l'huile à brûler à la mesure, ils seroient tenus d'en faire leurs déclarations aux termes des Réglemens ; défenses faites aux Epiciers vendeurs d'huile à brûler, de se servir d'autres mesures que celles ci-dessus ; pourroient néanmoins en avoir de ferblanc pour le débit de l'huile d'olive seulement, & seroient tenus, ainsi que les Huiliers, de mettre sur leurs cruches où seroient leurs huiles de Pavot ou d'Œillet, des écriteaux indicatifs de la qualité de ladite huile, conformément à la Sentence du Châtelet du 7 Janvier 1718, qui seroit exécutée sous les peines portées : Que les Marchands Forains qui ameneroient des huiles pour leur compte, les feroient conduire à la Halle à la Filasse, pour être vûes & visitées par les Jurés Huiliers qu'ils seroient tenus d'avertir, suivant les Réglemens, & ensuite être vendues, & auxquels Jurés Huiliers ils payeroient les droits pour ce dûs : la saisie faite sur Chesneau, auroit été déclarée valable ; les choses confisquées au profit des Maîtres & Gardes Epiciers, & condamnés en trois livres d'amende & au dépens ; lui a été fait défenses, & à tous autres Huiliers, de vendre de l'huile d'olive, les saisies faites par les Jurés

& Gardes Huiliers sur les Epiciers, des mesures de cuivre non-étalonnées, ainsi que des mesures de fer-blanc, servant à l'huile à brûler; sont pareillement déclarées valables, les choses saisies, confisquées à leur profit, & les Epiciers saisis, condamnés en trois livres d'amende & aux dépens, sur les autres demandes des Parties, auroient été mises hors de Cour, dépens compensés entre les Jurés & Gardes des Huiliers, qu'ils pourroient employer dans leur compte; ladite Sentence déclarée commune avec les défaillans: Arrêt du 19 Juillet 1729, d'appointé au Conseil; causes d'appel desdits Maîtres & Gardes Epiciers-Apoticaires du 21 Juillet 1734; réponses du premier Octobre: productions respectives des Parties; contredits par elles fournis les premier Octobre 1734 & 26 Avril 1735; salvations desdits Jurés Huiliers du premier Février 1736: production nouvelle desdits Maîtres & Gardes des Marchands Epiciers-Apoticaires, par Requête du 17 Avril 1736; contredits contre icelle du 12 Juin audit an: Requête desdits Maîtres & Gardes des Epiciers & Apoticaires-Epiciers du 11 Août 1736, tendante à ce qu'Acte leur fût donné de ce qu'ils prenoient pour trouble au droit & en la possession où ils étoient de leur qualité de Maîtres & Gardes, la qualification qui leur étoit donnée par les prétendus Jurés Huiliers dans leurs salvations du premier Février 1736 de Jurés Epiciers, ils fussent maintenus & gardés en ladite qualité de Maîtres & Gardes du Corps des Marchands Epiciers & Apoticaires-Epiciers de cette Ville de Paris, défenses fussent faites aux Chandeliers soi-disans Huiliers, de leur donner d'autre qualité que celle de Maîtres & Gardes, comme aussi Acte leur fût donné de ce qu'ils articuloient & mettoient en fait, que lesdits Chandeliers soi-disans Huiliers, n'ont jamais eu & n'ont actuellement aucun étalon des mesures d'huiles pour une quantité d'huile au-dessus du poids de quatre onces: en conséquence procédant au Jugement de l'Instance, les conclusions desdits Maîtres & Gardes leur fussent adjugées, & lesdits Chandeliers prétendus Huiliers fussent condamnés aux dépens: Requête desdits Jurés Huiliers-Chandeliers, Gardes de l'Etalon Royal des mesures d'huiles à brûler du 11 Janvier 1737, tendante à ce qu'Acte leur fût donné de ce qu'ils n'ont jamais entendu & n'entendent point contester aux Epiciers la qualité de Maîtres & Gardes, il fût ordonné qu'ils seroient tenus de qualifier lesdits Ghandeliers de Jurés Huiliers, Gardes de l'Etalon Royal, avec défenses de les appeller soi-disans Huiliers; lesdits Epiciers déboutés du surplus de leurs demandes, & ils fussent condamnés aux dépens : Arrêt du 19 Mars 1737, qui sur lesdites demandes, appointe les Parties en droit & joint : production desdits Jurés Huiliers en exécution dudit Arrêt, par Requête du 4 Mars 1741, employée pour écritures, & tendante à ce que leurs conclusions leur fussent adjugées, & la Communauté des Epiciers fût condamnée aux dépens, même en ceux réservés par ledit Arrêt du 19 Mars 1739; sur laquelle demande auroit été réservé à faire droit en jugeant, par Ordonnance étant au bas, & leur avertissement du 23 Janvier audit an, servant d'addition de Salvations aux contredits du 26 Avril 1735 : production nouvelle desdits Jurés Huiliers, Gardes du Coin & de l'Etalon Royal des mesures à huiles de Paris, par Requête du 22 Février dernier, contenant aussi leurs demandes, tendantes à ce qu'en expliquant & interprêtant, en tant que de besoin, la disposition de la Sentence du 1er Décembre 1724, par laquelle il est dit, que les Epiciers pourront avoir des mesures de fer-blanc pour le débit de l'huile d'olive, il fût ordonné que les Arrêts de Réglement des 5 Mars 1622 & 21 Août 1627, seroient exécutés selon leur forme & teneur, & suivant iceux, il ne pourra être permis aux Epiciers de vendre en mesures de fer-blanc l'huile d'olive, que pour une once ou deux onces seulement, lesquelles mesures seront sujettes à la jauge & à la visite des Jurés Huiliers; & où lesdits Epiciers voudroient vendre ladite huile d'olive à la mesure au-dessus de deux onces, qu'ils seroient tenus de la vendre en mesures de cuivre de jauge, flétries, étalonnées par les Jurés Huiliers, lesquelles mesures seroient pareillement sujettes à leur visite, & au surplus les autres fins & conclusions par eux prises, leur fussent adjugées, & lesdits Maîtres & Gardes Epiciers fussent condamnés aux dépens : au bas de laquelle Requête a été mis l'Ordonnance de notredite Cour; soient la Requête & piéces communiquées communiqués à Parties pour y fournir de contredits dans le temps de l'Ordonnance, & sur la demande en droit & joint à ladite Requête employée pour écritures & productions sur icelle : contredits desdits Maîtres & Gardes des Epiciers & Apoticaires-Epiciers du 18 Mai dernier, contre ladite production nouvelle servant d'avertissement sur les demandes portées par ladite Requête, & par celles des 11 Août 1736, 11 Janvier 1737, & des Salvations à réponses aux écritures signifiées le 23 Janvier dernier : leur Requête & demandes du 30 Mai aussi dernier, tendante à ce que faisant droit sur leur appel, l'appellation & ce dont étoit appel, fussent mis au néant : premiérement, en ce que par ladite Sentence il étoit permis indéfiniment aux Jurés & Gardes des Huiliers d'aller en visite chez les Epiciers, y visiter les mesures servant à l'huile à brûler ; & en ce qu'il est dit qu'il leur seroit payé un droit de visite : secondement, en ce qu'on avoit mis hors de Cour sur leur demande par Requête du 30 Octobre 1723, à ce que défenses fussent faites auxdits Jurés & Gardes Huiliers de visiter les Mesures servant au débit de l'huile d'olive, d'exiger aucun droit de visite ; & pour l'avoir fait, ils fussent condamnés en leurs dommages-intérêts, & même en ce que les dépens avoient été compensés ; émandant quant à ce, attendu la déclaration par eux faite, tant pour eux, que pour tout le Corps de l'Epicerie, par leur Requête du 10 Juillet 1724, que conformément à la Déclaration du Roi du 16 Mars 1706, registrée en Notredite Cour le 11 Mai suivant, ils n'entendoient point vendre l'huile à brûler, à la mesure, mais au poids seulement ; de laquelle déclaration il leur a été donné Acte par la Sentence dont est appel ; défenses fussent faites aux Jurés & Gardes des Maîtres Huiliers, de plus aller en visite ordinaire dans les maisons & boutiques des Epiciers, sous prétexte d'y visiter des mesures d'huile à brûler, dont les Epiciers ne se servent plus, sauf aux Jurés Huiliers, s'ils soupçonnent ou qu'ils soient instruits de quelques contraventions à la déclaration du Corps des Epiciers, de ne vouloir plus vendre l'huile à brûler à la mesure, mais seulement au poids, d'aller en visite extraordinaire chez les particuliers soupçonnés de ladite contravention, auquel cas de visite extraordinaire, que lesdits Jurés & Gardes Huiliers ne pourront faire chez les Epiciers, qu'en vertu de l'Ordonnance du Sieur Lieutenant Général de Police, sur une Requête qui lui sera présentée à cet effet, contenant dénonciation de la contravention prétendue, ils seront tenus de se faire assister de l'un des Gardes en Charge du Corps des Epiciers, sans pouvoir exiger aucun droit de visite ; ayant égard à leur demande portée par Requête en cause principale du 30 Octobre 1723, défenses fussent pareillement faites auxdits Jurés & Gardes Huiliers de visiter les petites mesures de fer-blanc servant au débit des huiles d'olive, sur lesquelles ils n'ont aucune inspection ; & pour l'avoir fait, & avoir exigé des prétendus droits de visite, ils fussent condamnés à la restitution desdits droits, & en leurs dommages-intérêts ; au surplus Acte leur fût donné de la déclaration faite par les Jurés Huiliers, par leur Requête du 11 Février 1737, qu'ils n'entendoient point leur contester la qualité de Maîtres & Gardes, lesdits Jurés Huiliers fussent déboutés de leurs demandes, & condamnés aux dépens des causes principales d'appel & demandes, le tout sans préjudice auxdits Maîtres & Gardes de leurs droits & actions, sauf à eux à prendre dans la suite telles autres conclusions qu'ils aviseront ; au bas de laquelle Requête employée pour avertissement, écritures & production sur ladite demande, est l'Ordonnance de notredite Cour qui l'a réglé en droit & joint, & donné Acte dudit emploi ; salvations desdits Jurés Huiliers-Chandeliers du 6 Juillet 1741, aux contredits du 18 Mai, servant de défenses à la précédente demande du 30 Mai : Mémoire imprimé pour lesdits Maîtres & Gardes des Marchands Epiciers, Apoticaires-Epiciers, intitulé : Réflexions signifiées le 29 Août présent mois : Conclusions de notre Procureur Général ; tout joint & considéré, NOTREDITE COUR faisant droit sur le tout, a mis & met l'appellation au néant, ordonne que ce dont a été appellé, sortira son plein & entier effet ; donne Acte auxdits Jurés Huiliers-Chandeliers de leur déclaration portée par Requête du 11 Janvier 1737, qu'ils n'ont jamais entendu contester aux Epiciers la qualité de Maîtres & Gardes ; en conséquence ordonne que lesdits Jurés

Huiliers feront tenus de les qualifier Maîtres & Gardes Epiciers & Apoticaires-Epiciers, & que lesdits Maîtres & Gardes Epiciers & Apoticaires-Epiciers, feront aussi tenus de qualifier lesdits Jurés Huiliers-Chandeliers, de Jurés Huiliers, Gardes de l'Etalon Royal; condamne lesdits Maîtres & Gardes des Marchands Epiciers & Apoticaires-Epiciers en l'amende de douze livres & en tous les dépens de la cause d'appel & demandes, même en ceux réservés par l'Arrêt; & ayant aucunement égard à la demande desdits Jurés Huiliers, Gardes du Coin & de l'Etalon Royal, portée par la Requête du 22 Février dernier, & faisant droit sur les Conclusions de notre Procureur Général, enjoint aux Gardes du Coin & de l'Etalon Royal des mesures d'huile, d'avoir des étalons d'une once, de deux onces, de trois onces & au-dessus, pour servir à la jauge des mesures d'huile, & de flétrir & étalonner les mesures à huile, tant celles de fer-blanc d'une once & deux onces, destinées au débit de l'huile d'olive & autres médicinales, que celles de cuivre d'une once & au-dessus, destinées au débit des autres huiles: enjoint pareillement aux Epiciers vendans l'huile à la mesure, & autres vendans l'huile à la mesure, de débiter toutes sortes d'huiles, à l'exception néanmoins desdites huiles d'olive & médicinales, en mesures de cuivre flétries & étalonnées par lesdits Gardes dudit Coin & Etalon; sans pouvoir s'aider des vaisseaux de fer-blanc: fait défenses aux Epiciers & Apoticaires de vendre l'huile d'olive, huiles médicinales autrement qu'au poids, sauf à en pouvoir débiter pour une ou deux onces en mesures de fer-blanc, flétries & étalonnées par lesdits Gardes; comme aussi enjoint aux Epiciers vendans des huiles à la mesure, ou autres vendans l'huile à la mesure, d'apporter auxdits Gardes du Coin & de l'Etalon Royal, des mesures d'huile, leurs mesures, pour être flétries & étalonnées, de souffrir avec modestie en leur maison la visite que lesdits Gardes voudront faire de leurs mesures, fournir l'eau pour l'essai, & payer les droits de marque & de visite sur le pied des Réglemens: enjoint en outre auxdits Gardes du Coin & Etalon des mesures à huiles, de veiller à l'exécution des Réglemens sur le fait des mesures à huiles: & en conséquence, de faire exactement les visites ordonnées par iceux, & de faire sur le champ leur rapport des contraventions qu'ils trouveront, par-devant le Lieutenant Général de Police, pour y être par lui pourvû, ainsi qu'il appartiendra : ordonne que le présent Arrêt sera inscrit sur les Registres des Communautés des Epiciers & des Huiliers : sur le surplus des autres demandes, fins & conclusions des Parties, les a mis hors de Cour. Mandons au premier des Huissiers de notredite Cour de Parlement, ou autre notre Huissier ou Sergent sur ce requis, de mettre le présent Arrêt à exécution, selon sa forme & teneur : de ce faire te donnons pouvoir. DONNE' en Parlement, le trente Août, l'an de grace mil sept cent quarante-un, & de notre Regne le vingt-sixieme : *Collationné, Signé*, DE LAVAUD, *avec paraphe.*

Le présent Arrêt a été inscrit sur le Registre de la Communauté des Maîtres Jurés Huiliers, Gardes du Coin & de l'Etalon Royal, le 4 Octobre 1741 ; & sur celui de la Communauté des Marchands Epiciers & Apoticaires-Epiciers, le 6 Octobre 1741.

ARREST de la Cour de Parlement, contenant Réglement, rendu entre les Jurés Huiliers, Gardes du Coin & de l'Etalon Royal des mesures à huiles de la Ville, Fauxbourgs & Banlieue de Paris; & le Corps des Marchands Epiciers & Apoticaires-Epiciers de la Ville de Paris; & plusieurs desdits Marchands Epiciers.

Qui ordonne qu'une espece de Balance composée d'un plateau de cuivre d'un côté & de l'autre, un Vaisseau de fer blanc servant au débit des Huiles, ainsi que d'autres Vaisseaux & Gobelets seront brisés sous le marteau; & enjoint à tous Epiciers & Apoticaires-Epiciers indistinctement, & à tous autres, de souffrir les Jurés Huiliers en visite, & de leur en payer le droit.

Du 16 Juin 1749.

Extrait des Registres de Parlement.

LOUIS, par la grace de Dieu, Roi de France & de Navarre : Au premier des Huissiers de notre Cour de Parlement, ou autre Huissier, ou Sergent sur ce requis. Sçavoir faisons; Qu'entre les Jurés Huiliers, Gardes du Coin & de l'Etalon Royal des mesures à huiles de la Ville, Fauxbourgs & Banlieue de Paris, appellans d'une Sentence rendue par le Lieutenant de Police au Châtelet de Paris le 15 Mai 1744, & Demandeurs en Requête du 11 Mai 1746, d'une part, & les sieurs Salais, Regnaudin, Bardin, Testard, Marchands Epiciers à Paris, & les Maîtres & Gardes du Corps & Communauté des Marchands Epiciers & Apoticaires-Epiciers de Paris, Intimés & Défendeurs, d'autre part; & entre Denis-Christophe Lucas, François Peschot & François Dagan,

Marchands Epiciers à Paris, appellans d'une Sentence rendue par le Lieutenant-Général de Police au Châtelet de Paris, le 7 Septembre 1742, & défendeurs d'une part, & les Jurés en Charge de la Communauté des Huiliers, Gardes du Coin & de l'Etalon Royal des mesures à huile de la Ville & Fauxbourgs de Paris, Intimés & Demandeurs en Requête du 29 Août 1746, d'autre part; & entre la veuve Poisson, Marchande Epiciere, aussi Appellante de la même Sentence, & Défenderesse, d'une part, & lesdits Jurés Huiliers, Intimés & Demandeurs aux fins de la même Requête du 29 Août 1746, d'autre part; & entre lesdits Jurés Huiliers, Intimés & Demandeurs aux fins de la même Requête du 29 Août 1746, d'autre part; & entre lesdits Jurés-Huiliers, Appellans de la même Sentence du 7 Septembre 1742, aux chefs qui leur font préjudice, & Demandeurs en Requête dudit jour 29 Août 1746, d'une part, & les Maîtres & Gardes du Corps & Communauté des Marchands Epiciers de Paris, Intimés & Défendeurs, d'autre part; & entre les Jurés Huiliers, Gardes du Coin & de l'Etalon Royal des mesures à huile de la Ville, Fauxbourgs & Banlieue de Paris, Demandeurs aux fins de la Requête insérée en l'Arrêt de notredite Cour du 17 Août 1744, & exploit fait en conséquence le premier Décembre 1745, d'une part, & les nommés Gatellier, Morel, Greban, Moreau, Loiseau, Thevenot, de Laporte, Castelle, Provins, Hanique, Pinel & Lucas, tous Marchands Epiciers à Paris, Défendeurs d'autre part; & entre lesdits Jurés Huiliers, Gardes du Coin & de l'Etalon Royal des mesures à huile, Demandeurs aux fins de la même Requête insérée audit Arrêt, & exploit fait en conséquence le 20 Juin 1746, d'une part, & Jean Loiseau, Albert, de Coucy, aussi Marchands Epiciers à Paris, Défendeurs d'autre part; & entre lesdits Jurés Huiliers Gardes, Demandeurs en Requête du 8 Mars 1747, d'une part, & lesdits Gatellier, Morel, Greban, Moreau, Loiseau, Thevenot, de Laporte, Castelle, Provins, Hanique, Pinel Lucas, Jean Loiseau & Coucy, Défendeurs d'autre part; & entre les Jurés Huiliers, Gardes du Coin & de l'Etalon Royal des mesures à huile de la Ville & Fauxbourgs de Paris, Demandeurs aux fins des exploits d'assignations, donnés au Châtelet de Paris, les 20 & 21 Juin 1746, & 3 Juillet 1747, évoqués en Notredite Cour, par Arrêt du 22 dudit mois de Juillet, d'une part, & Jean le Goffe, Nicolas Perfon, Nicolas de Brie & Charlemagne-Protais le Blanc, Marchands Epiciers à Paris, Défendeurs, chacun à leur égard, d'autre part; & entre les Maîtres & Gardes du Corps des Marchands Epiciers & Apoticaires de Paris, Demandeurs en deux Requêtes verbales, données audit Châtelet les 14 & 18 Juillet 1747, à fin d'intervention dans la cause d'entre lesdits Jurés Huiliers, ledit le Goffe & ledit le Blanc, lesdites Requêtes pareillement évoquées en Notredite Courpar le susdit Arrêt, d'une part, & lesdits Jurés Huiliers, lesdits le Goffe & le Blanc, Défendeurs, chacun à leur égard, d'autre part; & entre lesdits Jurés Huiliers, Gardes du Coin & de l'Etalon Royal des mesures à huile de la Ville & Fauxbourgs de Paris, Demandeurs en Requête du 11 Mars 1749, d'une part, & lesdits Maîtres & Gardes des Marchands Epiciers, Défendeurs, d'autre part; & entre Jean-Claude Frari, Jacques Dubois & le sieur Desprez, Marchands Epiciers à Paris, & les Maîtres & Gardes des Marchands Epiciers-Apoticaires, prenans le fait & cause des susdits nommés, appellans du Procès-verbal de saisie sur eux fait le 4 Mars 1749, & Demandeurs en Requête insérée en l'Arrêt de Notredite Cour du 8 du même mois de Mars, & Défendeurs d'une part, & les Jurés Chandeliers Huiliers, Gardes du Coin & de l'Etalon Royal des mesures à huile de la Ville & Fauxbourgs de Paris, Intimés, Défendeurs & Demandeurs en Requête du 11 Mars 1749, d'autre part; & entre les Jurés Huiliers, Gardes du Coin & de l'Etalon Royal des mesures à huile de la Ville & Fauxbourgs de Paris, Demandeurs en Requête du 22 Avril 1749, d'une part, & lesdits Maîtres & Marchands Epiciers, Défendeurs, d'autre part; & entre lesdits Maîtres & Gardes des Marchands Epiciers & Apoticaires-Epiciers de Paris, Appellans de la Sentence de Police du Châtelet de Paris, du 2 Septembre 1746, & Demandeurs en Requête du 10 Mai 1749, d'une part, & lesdits Jurés Huiliers, Gardes du Coin & de l'Etalon Royal des mesures à huile de la Ville & Fauxbourgs de Paris, Intimés & Défendeurs d'autre part ; & entre Jean-Claude Frari, Jacques Dubois & Dupré, tous trois Marchands Epiciers à Paris, & les Maîtres & Gardes des Marchands Apoticaires - Epiciers de la Ville & Fauxbourgs de Paris, en qualité de seuls Gardes de l'Etalon Royal des poids, balances & mesures : lesdits Maîtres & Gardes ayant pris le fait & cause desdits Frari, Dubois & Dupré, Demandeurs en Requête du 3 Juin 1749, d'une part, & lesdits Jurés Huiliers, Gardes du Coin & de l'Etalon Royal des mesures à huile de la Ville de Paris, Défendeurs, d'autre part.

VU par Notredite Cour la Sentence du Lieutenant-Général de Police au Châtelet de Paris du 15 Mai 1744, dont est appel ; icelle rendue contradictoirement sur délibéré & sur les conclusions du Substitut de notre Procureur-Général, entre les Jurés Huiliers en Charge, Gardes du Coin & de l'Etalon Royal des mesures à huiles de la Ville, Fauxbourgs & Banlieue de Paris, à eux concédée, Demandeurs aux fins des exploits du 20 Juillet 1743, Défendeurs à la Requête verbale d'intervention du premier Août audit an, & incidemment Demandeurs aux fins de leurs défenses du 7 dudit mois d'Août, d'une part, Pierre Salais, Quentin, Regnaudin, Bardin & Nicolas Testard, tous Marchands Epiciers, Apoticaires-Epiciers à Paris, Défendeurs auxdits exploits d'autre part; & les Gardes du Corps des Marchands Epiciers à Paris, intervenans, prenans le fait & cause desdits Salais, Regnaudin, Bardin & Testard, & Demandeurs suivant leur Requête verbale du premier Août 1743, & Défendeurs encore d'autre part ; par laquelle, sans que les qualités puissent nuire ni préjudicier, les Maîtres & Gardes des Epiciers, Apoticaires-Epiciers auroient été reçus Parties intervenantes, il leur auroit été donné lettres de ce qu'ils prenoient le fait & cause desdits Salais, Regnaudin, Bardin & Testard ; il auroit été ordonné que les Statuts, Arrêts & Réglemens concernans lesdites Communautés des Epiciers & des Huiliers, & la Sentence du 7 Septembre 1742, seroient exécutés, faisant droit au principal, il auroit

auroit été permis auxdits Jurés Huiliers, Gardes de l'Etalon Royal des mesures à huiles de Paris, d'aller en visite chez lesdits Epiciers, conformément aux Réglemens; il auroit été enjoint auxdits Epiciers de recevoir lesdites visites en conformité d'iceux; auroit été enjoint auxdits Jurés Huiliers de veiller à l'exécution desdits Réglemens sur le fait des mesures à huiles; il auroit été dit qu'ils ne pourroient néanmoins exiger de droits de visites des Epiciers qui ne vendroient point d'huile à la mesure, mais au poids seulement, & chez lesquels ils ne trouveroient point de mesures; sur le surplus des demandes, les Parties auroient été mises hors de Cour, tous les dépens entr'elles compensés, ce qui seroit exécuté nonobstant & sans préjudice de l'appel: requête & demande des Jutés Huiliers, Gardes du Coin & de l'Etalon Royal des mesures à huile de la Ville & Fauxbourgs de Paris, du 11 Mai 1746, à ce que l'appellation & ladite Sentence du 15 Mai 1744, aux chefs dont est appel, fussent mis au néant; émandant, lesdits Jurés Huiliers fussent déchargés des condamnations contr'eux prononcées par ladite Sentence; ce faisant, il fût ordonné que les Statuts & Réglemens de notredite Cour, & notamment celui du 30 Août 1741, seroient exécutés selon leur forme & teneur, & suivant iceux, que lesdits Jurés Huiliers continueroient de percevoir le droit de visite sur le pied des Réglemens chez tous les Epiciers qui avoient droit de vendre de l'huile, & chez lesquels lesdits Jurés Huiliers avoient droit d'aller en visite; en conséquence, lesdits Salais, Bardin, Regnaudin & Testard auroient été condamnés à payer auxdits Jurés Huiliers le droit de visite par eux dû, & dont est question, ils fussent chacun à leur égard condamnés en 10 liv. de dommages-intérêts, ou en telle autre somme qu'il plairoit à notredite Cour, & en tous les dépens, tant des causes principales, que d'appel & demandes, sauf tous les autres droits & actions desdits Jurés Huiliers, & à prendre par la suite telles autres conclusions qu'ils aviseroient bon être: Arrêt du 16 Juillet 1746, d'appointé au Conseil sur l'appel de ladite Sentence du 15 Mai 1744; & sur la demande en droit & joint; causes & moyens d'appel desdits Jurés Huiliers du 6 Septembre 1746, contre ladite Sentence du 15 Mai 1744, lesdites causes d'appel servant aussi d'avertissement en exécution dudit Arrêt; Requête des Maîtres & Gardes du Corps des Marchands Epiciers, Apoticaires - Epiciers de Paris, & desdits Salais, Quentin, Regnaudin, Nicolas Testard & Bardin, aussi Marchands Epiciers, Apoticaires - Epiciers de la même Ville, du 27 Février 1747, employée pour réponses aux causes & moyens d'appel desdits Jurés Huiliers, du 16 Septembre 1746, pour avertissement, productions des Parties, en exécution dudit Arrêt; Sentence de la Chambre de Police du Châtelet de Paris, du 7 Septembre 1742, dont est appel, contradictoirement rendue sur délibéré entre les Maîtres Jurés Huiliers en Charge, Gardes du Coin & de l'Etalon Royal des mesures à huile de la Ville, Fauxbourgs & Banlieue de Paris, saisissans les Marchands Epiciers ci-après nommés, en vertu de leurs Lettres de Jurande, & de l'Arrêt du Parlement du 30 Août 1741, en présence du Commissaire Cadot, par Procès-verbaux des 4, 5, 9, 16 & 30 Décembre 1741, & demandeurs en validité desdites saisies, suivant les Exploits portés auxdits Procès-verbaux, Défendeurs à la Requête des Gardes Epiciers, du 7 Décembre 1741, Défendeurs à la demande incidente portée aux défenses des Gardes Epiciers du 20 Février 1742; & encore aux Requêtes verbales par eux signifiées les 15, 23 & 27 dudit mois de Février, Défendeurs aux Requêtes verbales du 26 Juillet 1742, d'une part, & les Maîtres & Gardes des Epiciers Apoticaires - Epiciers à Paris, seuls Gardes de l'Etalon Royal des poids & balances de Paris, complaignans, suivant la plainte du 5 Décembre 1741, Intervenans & Demandeurs en Requête & Exploit, & en Requête de prise de fait & cause, en date des 7 & 9 Décembre 1741, 15, 21 & 27 Février 1742, & Défendeurs d'autre part; & encore le nommé Hemery, défendeur à l'une desdites saisies, les nommés Hubert, Lanvé, Claret, Fleury, Ladainte, Bertin fils, Gilles, Huguenet & Ibert, tous Marchands Epiciers, Parties saisies, & Défendeurs aussi d'autre part; les nommés Poncel, de Lanvé, Jolly, Chesnel, Berthon & Cardon,

Marchands Epiciers, aussi Parties saisies, Défendeurs, & incidemment Demandeurs d'autre part; les nommés Maurin, Dagan, la veuve le Normand, le Merle, Perigault de Coucy & Salais, tous Marchands Epiciers, Parties saisies, & Défendeurs encore d'autre part; les nommés Peschot & Cherviste, Richard, Bachereau, Parties saisies, Défendeurs & Demandeurs d'autre; les nommés Dresnel, Chauchon, de Laporte & Brouet, Marchands Epiciers, Parties saisies & Défendeurs encore d'autre part; & le nommé Lucas, Partie saisie, Défendeur d'autre; le nommé le Vasseur, Partie saisie, Défendeur & incidemment Demandeur d'autre part; & les nommés Passevin, & par défaut contre les nommés Besquet, Pasquier, Haline, Bassonville, Feuillet, Poitemut, Maurice, Caille, Delanoye, Regnaudin & de la Noue, aussi Marchands Epiciers, Parties saisies, & Défendeurs encore d'autre part; par laquelle Sentence lesdits Maîtres & Gardes du Corps des Marchands Epiciers & Apoticaires-Epiciers avoient été reçus Parties intervenantes; & faisant droit sur leur intervention & sur leurs plaintes rendues devant le Commissaire Aubert le 5 Décembre 1741, il leur auroit été donné Lettres de ce qu'ils prenoient le fait & cause de la veuve Poisson & consorts, Epiciers; il auroit été pareillement donné Lettres auxdits Jurés Huiliers de leur déclaration, qu'ils n'avoient jamais entendu & n'entendoient point troubler les Maîtres & Gardes Epiciers dans le droit qu'ils avoient de visiter les poids & balances, il auroit été ordonné que l'Arrêt du 30 Août 1741, seroit exécuté selon sa forme & teneur; en conséquence, il auroit été dit que les Epiciers vendans des huiles à la mesure, seroient tenus de recevoir avec modestie les visites des Jurés Huiliers, de les qualifier de Jurés Huiliers, Gardes de l'Etalon Royal, & de leur payer les droits de marques & de visite sur le pied des Réglemens, & aux termes dudit Arrêt; ce faisant, les nommés Claret, Maurin, la Noue, la veuve le Normand, Boival, le Vasseur, Pasquier, Denis Lucas, de Launay, le Merle, Fleury, Lanvé, Poncel, Chesnel, Jolly, Pormecel, Peschot, Perigault Regnaudin, Cherviste, Bachereau, Salais, tous Marchands

Epiciers, auroient été condamnés, Gilles & Gilbert à payer le droit de visite auxdits Jurés Huiliers, à la premiere sommation, à peine de 3 liv. d'amende, dépens compensés entre les Parties à cet égard, les saisies faites des mesures non-flétries ni étalonnées des vaisseaux de fer-blanc en forme de balances, dans lesquels s'étoit trouvé différens points ou lignes servant de marque pour distinguer les mesures d'une once, de deux onces & au-dessus, & des vaisseaux ou gobelets de verre ou de fer blanc, que l'on met & ôte à volonté, qui sont enchassés dans des cercles de fer au bout d'un fléau, à l'autre bout duquel est un plateau de cuivre, auroient été déclarées bonnes & valables; sçavoir, sur Claret de trois mesures de fer-blanc, sur Maurin de quatre mesures de fer-blanc; sur Lanvé, de trois mesures de fer-blanc, le même Lanvé en récidive de quatre mesures, dont trois fausses; sur la veuve le Normand de trois mesures de fer-blanc, & d'un vaisseau en forme de gobelet de fer-blanc, dans lequel il y a trois marques de soudure, & qui s'étoient trouvés dans un cercle suspendu par trois cordons attachés par le haut au bout d'un fléau de fer, à l'autre bout duquel étoit attaché un plateau de cuivre faisant balance; sur Nicolas Richard, de six mesures de fer-blanc coupées par le haut, & d'un pareil vaisseau de fer-blanc en forme de gobelet, & dans lequel s'étoit trouvé une ligne de fer-blanc avec des nœuds ou marques destinés à distinguer les onces; sur Boival de quatre mesures de fer-blanc, dont deux petites de poids inconnus & deux vases de fer-blanc enchassés dans un cercle de fer-blanc, dont l'un servoit pour l'huile d'olive, & l'autre pour l'huile à brûler; sur le Vasseur un pareil vaisseau de fer-blanc en forme de gobelet, soutenu par un cercle de fer; sur la veuve Poisson, un pareil gobelet dans un cercle de fer; sur Hemery, une petite mesure; sur Passevin trois mesures; sur Brouet trois mesures, sur Pasquier six mesures; sur Chaline huit mesures; sur Chauchon, trois mesures; sur de Lanoye une mesure; sur le Merle deux mesures, l'une de fer blanc, & l'autre de verre; sur Fleuri cinq mesures; sur de Laporte six mesures, dont cinq coupées par en haut; sur de Bassonville quatre meſures ; ſur Feuillet huit meſures ; ſur Charles de la Noue ſept meſures, dont deux informes ; ſur Poncel cinq meſures ; ſur Cheſnel trois meſures ; ſur Jolly trois meſures ; ſur Pomerel cinq meſures ; ſur de Launay cinq meſures, dont deux fauſſes, & deux informes ; ſur Cardon ſept meſures, dont deux fauſſes ; ſur Caille quatre meſures, dont deux fauſſes ; ſur Maurice cinq meſures ; ſur Berthon neuf meſures, dont une coupée & une fauſſe ; ſur de Coucy huit meſures, dont quatre informes ; ſur Perigault cinq meſures, dont deux fauſſes ; ſur Regnaudin une meſure fauſſe ; ſur Cherviſſe un petit gobelet de verre blanc ſans anſe d'environ une once ; ſur Bachereau, cinq meſures fauſſes ; ſur Dainte deux meſures, dont une fauſſe ; ſur Bertin fils, quatre meſures ; ſur Salais quatre meſures, dont une fauſſe & trois informes ; ſur Gilles quatre meſures, dont deux fauſſes ; ſur Ibert ſept meſures, & trois autres meſures pour la ſeconde ſaiſie, dont deux informes ; & une pareille ſur Huguenet, quatre meſures, dont une fauſſe & une percée ; ſur Dreſnel un pot de fayance ſervant de meſure, & un autre petit pot ſans anſe, & une petite meſure de fer-blanc ; le tout mentionné dans les Procès-verbaux de ſaiſies faites à la requête deſdits Jurés Huiliers, les 4, 5, 9, 16, 30 Décembre 1741, 19, 20 & 29 Février & 8 Mars 1742 : en conſéquence, il auroit été ordonné que leſdites meſures de fer-blanc & verre non-flétries ni étalonnées, & les gobelets enchaſſés dans les cercles de fer, & ceux où il y avoit des lignes & des points pour diſtinguer les différentes meſures, demeureroient confiſquées & ſeroient briſées ſous le marteau ; à l'effet de quoi les ſcellés apposés par le Commiſſaire Cadot, ſeroient par lui reconnus, levés & ôtés au Bureau deſdits Jurés Huiliers, les Epiciers ſaiſis & appellés par un ſimple Acte en la perſonne des Gardes Epiciers, ſignifié en leur Bureau ; il auroit été fait défenſes aux Epiciers de ſe ſervir à l'avenir de cette nouvelle eſpece de balance ou meſure, à peine de 50 liv. d'amende ; il auroit été enjoint aux Gardes Epiciers de tenir la main à l'exécution de ladite Sentence ; leſdits Epiciers, ſur qui les ſaiſies avoient été faites, auroient été condamnés chacun en 10 liv. de dommages - intérêts, 3 liv. d'amende, & aux dépens; les saisies faites d'une espece de balance composée d'un fléau, à l'un des bouts duquel est attaché un plateau de cuivre, & à l'autre bout un vaisseau de fer-blanc à trois cordons qui y étoit, a demeuré, auroient été déclarées nulles; il auroit été dit que lesdites especes de balances seroient rendues & restituées aux nommés Maurin, Emery, Dagan, Lucas, de Launay, le Merle, Maurice, Peschot, Aubert, de Coucy, Perigault & Dresnel, chez qui elles avoient été saisies, dépens compensés à cet égard entre les Parties, il auroit été ordonné que ladite Sentence seroit inscrite sur le Registre du Corps des Epiciers, & de la Communauté des Huiliers, sur le surplus des demandes, les Parties auroient été mises hors de Cour, les dépens à cet égard auroient été compensés: Requête & demande des Jurés Huiliers, Gardes du Coin & de l'Etalon Royal des mesures à huile de la Ville & Fauxbourgs de Paris, du 29 Août 1746, à ce que faisant droit sur l'appel par eux interjetté de ladite Sentence du 7 Septembre 1742, l'appellation & ce fussent mis au néant, en ce que ladite Sentence déclaroit nulles les saisies faites par lesdits Huiliers d'une espece de balance, composée d'un fléau, à l'un des bouts duquel est attaché un plateau de cuivre, & à l'autre bout un vaisseau de fer-blanc suspendu à trois cordons; & en ce qu'il étoit ordonné que lesdites especes de balances seroient rendues & restituées aux nommés Maurin, Hemery, Dagan, Lucas, de Launay, le Merle, Maurin, Peschot, Aubert, de Coucy, Perigault & Dresnel, chez qui elles avoient été saisies, & encore en ce que ladite Sentence avoit compensé les dépens faits au sujet desdites saisies; ensemble ceux faits sur les interventions & demandes des Maîtres & Gardes Epiciers; émendant, il fût donné Acte auxdits Jurés Huiliers des déclarations faites par les Epiciers, chez lesquels ledit prétendu genre de balance dont est question, avoit été saisi; sçavoir, par Nicolas Richard, au fol. 13 du premier Procès-verbal, des 4, 5 & 9 Décembre 1741, qu'il ne pourroit vendre d'huile dans le vaisseau de fer-blanc attaché aux nouvelles balances, qu'en faisant la tare dudit vaisseau, & que c'étoient les Gardes de fadite Communauté d'Epiciers qui lui avoient enjoint d'avoir de pareilles balances, qui avoient été inventées, pour éviter l'étalonnage du Coin dont il s'agit, & que cela étoit bien visible; par Pierre Paffevin, au fol. 11 du même Procès-verbal, que c'étoient les Gardes Epiciers qui lui avoient donné ladite efpece de balance, à l'un des bouts de laquelle étoit fufpendu un vaiffeau de fer-blanc en forme de gobelet, en lui difant de s'en fervir; mais qu'il n'avoit pas voulu le faire, ayant fait une lampe dudit gobelet qui étoit dans fa chambre; par Jacques Chauchon, au fol. 29 du même Procès-verbal, que les Gardes vouloient qu'on fe fervît d'un plaifant gobelet attaché à une nouvelle balance, & que pour débiter de l'huile à vingt perfonnes pour une once ou deux, il n'y avoit pas moyen de s'en fervir, & qu'il offroit de faire marquer & étalonner fes mefures par lefdits Jurés Huiliers; par le nommé le Merle, au fol. 2 *recto*, & *verso* du fecond Procès-verbal du 16 Décembre 1741, qu'il fe fervoit de clous & de morceaux de plomb & de fauffets de bois pour faire la tare de ladite nouvelle forme de balance; par le nommé Baffonville au fol. 7 *verso* du même Procès-verbal, que les Gardes Epiciers lui avoient enjoint de fe fervir d'un gobelet de fer-blanc fufpendu à une balance, ce qu'il n'auroit pas voulu faire à caufe de l'incommodité de la nouvelle forme de balance, ne voulant point d'ailleurs contribuer à payer davantage des frais de l'Inftance & de Procès que lefdits Gardes lui avoient déja fait coûter; par Nicolas Maurice, au fol. 7 *recto* du quatrieme Procès-verbal des 19 & 20 Février 1742, que lefdites nouvelles formes de balances lui avoient été fournies par les Gardes Epiciers, mais qu'il n'avoit pas voulu s'en fervir, parce qu'elles n'étoient point juftes, & qu'il ne vouloit pas tromper le Public, les cordons de ladite balance du côté du vaiffeau de fer-blanc s'imbibant d'huile, & empêchant par conféquent la jufteffe du poids, ajoutant ledit Maurice que le Public vouloit être fervi pour le débit des huiles avec des mefures, & non avec des balances; par le nommé Perigault, au fol. 14 du même Procès-verbal, que c'étoient les Gardes Epiciers qui lui avoient indiqué de fe servir desdites especes de balances, mais qu'elles ne pouvoient être justes, & qu'il en faisoit la tare pour ne pas tromper le Public ; par le nommé Hubert, au fol. 5 *recto* & *verso* du Procès-verbal du 8 Mars 1742, qu'il n'étoit pas possible de débiter l'huile sans mesures, & qu'il enverroit plutôt le métier au Diable, que de la peser ; enfin par le nommé Robert Leduc & autres Epiciers au nombre de quinze, que si lesdits Maîtres & Gardes leur avoient donné connoissance de l'Arrêt de Réglement du 30 Août 1741, ils n'auroient pas manqué de s'y conformer, & de se servir des mesures flétries & étalonnées par les Jurés Huiliers, pour le débit des huiles dans le même détail, mais qu'au contraire lesdits Maîtres & Gardes Epiciers leur ayant dit de se servir pour le débit des huiles d'un nouveau genre de balance qu'ils avoient fait faire, composé d'un fléau, auquel étoient suspendus d'un côté un plateau de cuivre, & de l'autre un gobelet de fer blanc, ils l'auroient exécuté, quoique ce nouveau genre de balance fût impraticable, étant obligé d'en faire la tare, attendu que ledit vaisseau de fer-blanc & les cordons auxquels il étoit suspendu, étant une fois imbibés d'huile, ledit nouveau genre de balance ne pourroit plus conserver son équilibre, ce qui faisoit qu'ils ne pourroient s'en servir sans s'exposer à une perte évidente ; pour quoi ils déclatent qu'ils entendoient se conformer à l'Arrêt de notredite Cour, & suivant icelui, vendre l'huile dans le même détail dans des mesures flétries & étalonnées par les Jurés Huiliers, n'entendant plus se servir du nouveau genre de balance, & regardant comme impossible à l'usage de la vente des huiles, soit à la mesure, soit au poids : en conséquence desquelles déclarations, en infirmant la Sentence du 7 Septembre 1742, aux chefs ci-dessus expliqués, les saisies faites par lesdits Jurés Huiliers, sur les nommés Morin, Hemery, Dagan, Lucas, de Launay, le Merle, Maurice, Peschot, Aubert, de Coucy, Perigault & Dresnel, dudit prétendu genre de balance, composé d'un fléau, à l'un des bouts duquel est un plateau de cuivre, & à l'autre bout un vaisseau ou gobelet de fer-blanc attaché par trois cordons, fussent déclarées bonnes & valables ; ce faisant,

ſant, il fût ordonné que ledit prétendu nouveau genre de balance ſeroit briſé ſous le marteau, tout ainſi que l'auroit été l'autre genre de balance qui auroit été proſcrit par la même Sentence, à l'effet de quoi les ſcellés apposés par le Commiſſaire Cadot ſur ledit prétendu genre de balances, lors des ſaiſies que leſdits Jurés Huiliers avoient fait faire, ſeroient par lui reconnus, levés & ôtés au Bureau deſdits Jurés Huiliers, les Epiciers ſaiſis appellés par un ſimple Acte en la perſonne des Maîtres & Gardes Epiciers, ſignifié en leur Bureau; il fût fait défenſes aux Epiciers de ſe ſervir dudit prétendu genre de balances, ni d'aucun autre qui pourroit être inventé par leſdits Maîtres & Gardes Epiciers pour ſe ſouſtraire à l'exécution dudit Arrêt de Réglement du 30 Août 1741, à peine de 50 liv. d'amende contre chacun des contrevenans, leſdits Maîtres & Gardes Epiciers fuſſent condamnés en 1000 liv. d'amende, reſultante de leur dériſion & contravention audit Arrêt & Réglement, ils fuſſent en outre condamnés en tels dommages-intérêts qu'il plairoit à notredite Cour arbitrer, & en tous les dépens, tant des cauſes principales, que d'appel, même en ceux faits par leſdits Jurés Huiliers, contre leſdits Morin, Hemery, Dagan, Lucas, de Launay, le Merle, Maurice, Peſchot, de Coucy, Perigault & Dreſnel, dont leſdits Maîtres & Gardes auroient pris le fait & cauſe; il fût ordonné que l'Arrêt qui interviendroit ſeroit imprimé, lû, publié & affiché par-tout où beſoin ſeroit & inſcrit ſur les Regiſtres de la Communauté des Epiciers, pour qu'aucun n'en pût ignorer; le tout aux frais deſdits Maîtres & Gardes Epiciers, ſauf à notre Procureur Général à prendre telles concluſions qu'il aviſeroit bon être, pour contenir leſdits Maîtres & Gardes Epiciers dans la ſoumiſſion & le reſpect qu'ils doivent aux Arrêts de notredite Cour: Requête & demande deſdits Jurés-Huiliers de la Ville & Fauxbourg de Paris, Gardes de l'Etalon Royal des meſures à huiles, du 29 Août 1746, à ce que faiſant droit ſur l'appel interjetté par Denis-Chriſtophe Lucas, François Peſchot, François Dagan, & la veuve Poiſſon, de ladite Sentence de Police du 7 Septembre 1742, leſdits Lucas, Peſchot, Dagan & la veuve Poiſſon fuſſent déclarés non-recevables dans leurdit appel, ou en tout cas l'appellation fût mise au néant, il fût ordonné que ce dont est appel sortiroit son plein & entier effet, lesdits Lucas, Peschot, Dagan & la veuve Poisson, fussent condamnés en l'amende & aux dépens des causes d'appel & de ladite demande. Arrêt du 30 Août 1746, par lequel notredite Cour, sur lesdits appels respectifs de la Sentence du 7 Septembre 1742, auroit appointé les Parties au Conseil, & sur les demandes en droit, & le tout joint à ladite Instance, causes & moyens d'appel desdits Jurés Huiliers du 6 Septembre 1746, contre ladite Sentence du 7 Septembre 1742; Requête desdits Lucas, Peschot, Dagan & de la veuve Poisson, du 16 Juin 1749, employée pour causes & moyens d'appels, fins de non recevoir, & défenses, avertissement, écritures & production, en exécution des Arrêts des 16 Juillet & 30 Août 1746; sommation faite auxdits Lucas, Peschot, Dagan & à la veuve Poisson, Epiciers, & aux Maîtres & Gardes Epiciers de Paris de fournir de réponses aux causes d'appel desdits Jurés Huiliers; productions des Parties; Requête de Denis-Christophe Lucas, François Peschot & François Dagan, Marchands Epiciers à Paris, & de la veuve Poisson, Epiciere, du 16 Juin présent mois, employée pour contredits contre les productions faites par les Jurés Huiliers, esdits noms, en exécution desdits Arrêts des 16 Juillet & 30 Août 1746; Requête des Jurés Huiliers, Gardes du Coin & de l'Etalon Royal des mesures à huile de la Ville & Fauxbourgs de Paris, insérée en l'Arrêt du 17 Août 1744, contenant entr'autres choses leur appel de la Sentence de Police du Châtelet de Paris, du 15 Mai 1744, & demande à ce qu'il fût ordonné que les Arrêts & Réglemens de notredite Cour, & notamment celui du 30 Août 1741 seroient exécutés, & en conséquence, que par provision lesdits Jurés Huiliers continueroient de percevoir le droit de visite sur le pied des Réglemens, chez tous les Epiciers qui avoient droit de vendre des huiles, & chez lesquels ils avoient droit d'aller en visite: Arrêt dudit jour 17 Août 1744, qui auroit reçu lesdits Jurés Huiliers Appellans de ladite Sentence, auroit ordonné que les Arrêts

& Réglemens de notredite Cour, & notamment celui du 30 Août 1741, feroient exécutés, & en conféquence, que par provifion lefdits Jurés Huiliers continueroient de percevoir le droit de vifite fur le pied des Réglemens chez tous les Epiciers qui avoient droit de vendre de l'huile, & chez lefquels ils avoient droit d'aller en vifite; Exploits des premier Décembre 1745 & 20 Juin 1746, d'affignations données en conféquence dudit Arrêt, aux nommés Gatellier, Morelle, Greban, Loifeau, Moreau, Thevenot, Delelot, Caftel, Provins, Hanique, Pinel & Lucas, Jean Loifeau & Aubert de Coucy, tous Marchands Epiciers à Paris, à comparoir en notredite Cour, pour répondre & procéder fur & aux fins dudit Arrêt, circonftances & dépendances, & en outre, comme de raifon & à fin de dépens; défenfes des 5, 10 Décembre 1746 & premier Mars 1747, fournies par lefdits Delelot, Gatellier, Lucas, Provins, Thevenot, Morelle, Caftel, Moreau, Hanique, Pinel, Loifeau, Greban & de Coucy; Requête & demande defdits Jurés Huiliers du 8 Mars 1747, à ce qu'il fût ordonné que les Arrêts & Réglemens de notredite Cour, & notamment celui du 30 Août 1741, feroient exécutés felon leur forme & teneur, en conféquence que lefdits Jurés Huiliers continueroient d'aller en vifite chez tous les Epiciers indiftinctement, & de percevoir le droit de vifite fur le pied des Réglemens, foit qu'ils trouvent chez eux ou non des mefures à huiles, afin de prévenir les abus & les fraudes des fauffes mefures, & de veiller à l'exécution dudit Arrêt du 30 Août 1741; ce faifant, lefdits Gatellier, Morelle, Greban, Moreau, Loifeau, Delelot, Thevenot, Caftel, Provins, Hanique, Pinel, Lucas, Jean Loifeau & Aubert de Coucy fuffent condamnés à payer auxdits Jurés Huiliers le droit de vifite fur le pied des Réglemens, & pour l'avoir refufé lors de la vifite faite chez eux le premier Décembre 1745, & 20 Juin 1746, ils fuffent condamnés chacun en dix livres d'amende, & ils fuffent en outre chacun à leur égard condamnés aux dépens, même en ceux réfervés par l'Arrêt du 7 Septembre 1746, fauf d'autres conclufions: Arrêt du 11 Mars 1747, par lequel notredite

Cour, ſur leſdites demandes, auroit appointé les Parties en droit à écrire, produire & contredire, & le tout joint à ladite inſtance, avertiſſement deſdits Jurés Huiliers du 14 Avril 1747, ſur les demandes portées par leur Requête inſérée en l'Arrêt de notredite Cour du 17 Août 1744, & Exploits des premier Décembre 1745 & 20 Juin 1746, & par la Requête du 8 Mars 1747 : Requête deſdits Gatellier, Greban & conſorts, employée en exécution dudit Arrêt, pour fins de non-recevoir, & défenſes contre leſdites demandes des Jurés Huiliers, enſemble pour avertiſſement ; productions reſpectives des Parties en exécution dudit Arrêt : Requête deſdits Gatellier, Greban & conſorts, Epiciers, du 16 Juin 1749, employée pour contredits contre la production faite par les Jurés Huiliers en exécution dudit Arrêt : production nouvelle deſdits Jurés Huiliers, par Requête du 17 Juin 1747 : additions de réponſes du 19 Juillet 1747, fournies par leſdits Maîtres & Gardes du Corps des Marchands Epiciers, aux cauſes & moyens d'appels deſdits Jurés Huiliers du 6 Septembre 1746, leſdites additions de réponſes à cauſes d'appel ſervant de contredits contre la production faite par les Jurés Huiliers, en exécution des Arrêts des 16 Juillet & 30 Août 1746, & de contredits contre leur production nouvelle du 17 Juin 1747 : contredits deſdits Jurés Huiliers du 12 Juillet 1748, contre la production deſdits Maîtres & Gardes Epiciers, en exécution des 16 Juillet & 30 Août 1746, leſdits contredits de production ſervans de réponſes aux additions de réponſes à cauſes d'appel & de ſalvations aux contredits de production nouvelle, ſignifiés le 19 Juillet 1747 : production nouvelle deſdits Jurés Huiliers, Gardes du Coin & de l'Etalon Royal des meſures à huiles de la Ville & Fauxbourgs de Paris, par Requête du 20 Juin 1747 : ſommation faite aux Maîtres & Gardes Epiciers de la contredire : production nouvelle des Maîtres & Gardes du Corps des Marchands Epiciers, Apoticaires-Epiciers de la Ville, Fauxbourgs & Banlieue de Paris, ayant pris le fait & cauſe des nommés Salais, Quentin, Bardin, Regnaudin & Teſtard, Marchands Epiciers en la même Ville, par Requête du 4 Août 1747 ;

les contredits entre icelle desdits Jurés Huiliers du 7 Septembre 1748 : Procès-verbal du 20 Juin 1746, fait à la Requête desdits Jurés Huiliers, contenant saisie sur le nommé le Goffe, Epicier à Paris, & dans sa boutique sur un comptoir au fond d'icelle, d'un vaisseau de fer-blanc en forme de gobelet, servant au débit de l'huile d'olive informe, lequel vaisseau auroit pû avoir été fait pour être attaché avec trois cordons à un fléau, & qui s'étoit cependant trouvé sans fléau ni corde, icelui vaisseau non marqué ni étalonné ; ledit Procès-verbal contenant aussi assignation audit le Goffe, à comparoir devant le Lieutenant-Général de Police du Châtelet, pour voir déclarer ladite saisie bonne & valable, voir ordonner que ledit le Goffe seroit tenu d'observer les Réglemens, avec défenses à lui de faire à l'avenir de pareilles contraventions, & que pour y être contrevenu, il seroit condamné aux dommages-intérêts & dépens : autre Procès-verbal du 21 Juin 1746 fait à la Requête desdits Jurés Huiliers, contenant saisie sur Nicolas Person, Epicier, d'un vaisseau de fer-blanc en forme de gobelet, avec un anse trouvé dans sa boutique, ledit vaisseau, servant au débit de l'huile d'olive, n'étant marqué ni étalonné; avec assignation pardevant le Lieutenant de Police dudit Châtelet, pour voir déclarer ladite saisie bonne & valable, & voir ordonner qu'il seroit tenu d'observer les Réglemens, avec défenses audit Person de faire à l'avenir de pareilles contraventions sous telle peine qu'il appartiendroit, & que pour y avoir contrevenu, il seroit condamné aux dommages-intérêts desdits Jurés Huiliers, avec confiscation desdites choses saisies, amendes & dépens, & procéder en outre comme de raison & à fin de dépens : autre Procès-verbal du 3 Juillet 1747, fait à la requête desdits Jurés Huiliers, contenant saisie sur Charlemagne-Protais le Blanc, Epicier, d'un vaisseau de fer-blanc, contenant environ six à sept onces sur un comptoir de ladite boutique, lequel vaisseau avoit paru servir à des cordons d'une balance, ayant encore les deux oreillons persés, & icelui vaisseau n'étant ni marqué ni étalonné, avec assignation en la Chambre de Police du Châtelet de Paris, pour voir déclarer ladite saisie bonne & valable, voir dire & ordonner que ledit le Blanc seroit tenu de garder & observer les Réglemens; que défenses lui seroient faites de faire à l'avenir pareilles contraventions sous telles peines qu'il appartiendroit, & que pour y avoir contrevenu, il seroit condamné aux dommages-intérêts desdits Jurés Huiliers, avec confiscation desdites choses saisies, amende & dépens, & procéder en outre comme de raison & à fin de dépens: autre Procès-verbal du 3 Juillet 1747, fait à la requête des Jurés Huiliers, contenant saisie sur Nicolas de Brie, Epicier, & dans sa boutique d'une petite mesure de fer-blanc, ayant une queue aussi de fer blanc imbibée d'huile, tenante environ une demi-once informe & sans jauge, non marquée ni étalonnée; avec assignation en la Chambre de Police dudit Châtelet de Paris, pour voir déclarer ladite saisie bonne & valable, voir dire & ordonner que ledit Nicolas de Brie seroit tenu de garder & observer les Réglemens, que défenses lui seroient faites de faire à l'avenir pareille contravention sur telle peine qu'il appartiendroit, & que pour y avoir contrevenu, il seroit condamné aux dommages-intérêts desdits Jurés Huiliers, avec confiscation desdites choses saisies, amende & dépens, & procéder en outre comme de raison & à fin de dépens: défenses du 26 Juin 1746; défenses dudit de Brie du 11 Juillet 1747, contre la demande desdits Jurés Huiliers du 3 du même mois; défenses de Charlemagne-Protais le Blanc du 15 Juillet 1747, contre la demande desdits Jurés Huiliers du 3 du même mois; Requête verbale du 14 Juillet 1747, donnée au Châtelet de Paris, par les Maîtres & Gardes Epiciers, contenant leur intervention dans les contestations pendantes audit Châtelet entre lesdits Jurés Huiliers & ledit le Goffe, & demande à ce que la saisie faite sur ledit le Goffe d'un vaisseau en forme de gobelet, servant d'un côté de balance autorisée par le Lieutenant de Police, & d'usage immémorial aux Epiciers, fût déclarée nulle, avec défenses aux Jurés Huiliers de faire à l'avenir de pareilles saisies, & qu'ils fussent condamnés en cinq cent livres de dommages & intérêts, & que la Sentence qui interviendra, seroit lûe, publiée & affichée par-tout où besoin seroit, & inscrite dans les Registres de la Communauté des Huiliers : autre Requête verbale du 18 Juillet 1747, donnée audit Châtelet de Paris par lesdits Maîtres & Gardes Epiciers, contenant leur intervention dans la contestation d'entre lesdits Jurés Huiliers & ledit le Blanc, & demande à ce que la saisie faite sur ledit le Blanc d'un vaisseau en forme de gobelet de fer-blanc, servant d'un côté de balance pour la vente de l'huile au poids, fût déclarée nulle, il fût fait défenses aux Jurés Huiliers de faire à l'avenir de pareilles saisies, qu'ils fussent condamnés en cinq cens livres de dommages-intérêts, & que la Sentence qui interviendroit seroit imprimée, lûe, publiée & affichée aux frais desdits Jurés Huiliers, & inscrite sur le Registre de leur Communauté, avec dépens : Arrêt du 22 Juillet 1747, par lequel notredite Cour, sur lesdites demandes formées au Châtelet de Paris, circonstances & dépendances, auroit ordonné que les Parties procéderoient en notredite Cour suivant les derniers erremens ; il auroit été fait défenses respectives aux Parties de faire poursuites & procédures ailleurs qu'en notredite Cour, à peine de nullité, mille livres d'amende, dépens, dommages, intérêts ; Exploit du 27 Juillet 1747, d'assignations données en conséquence dudit Arrêt auxdits Jean le Goffe, Nicolas Person, Charlemagne - Protais le Blanc & à Nicolas de Brie, Marchands Epiciers, à comparoir en notredite Cour, procéder sur & aux fins dudit Arrêt, circonstances & dépendances, & en outre comme de raison & à fin de dépens : Arrêt du 6 Avril 1748, par lequel notredite Cour auroit reçu lesdits Maîtres & Gardes Epiciers, Parties intervenantes, leur auroit donné acte de l'emploi du contenu en leurs Requêtes pour moyens d'intervention, & pour faire droit sur lesdites demandes des Parties, les auroit appointé en droit & joint à ladite Instance, dépens réservés ; avertissement des Jurés Huiliers du 23 Janvier 1749, sur les demandes par eux formées au Châtelet de Paris, les 20 & 21 Juin 1746, & 3 Juillet 1747, évoquées en notredite Cour par Arrêt du vingt-deux dudit mois de Juillet : Requête de Jean le Goffe, Nicolas Person, Nicolas de Brie & Charlemagne - Protais le Blanc, Marchands Epiciers, & des Maîtres & Gardes de la Communauté des Marchands Epiciers & Apoticaires-Epiciers, du 16 Juin 1749, employée en exécution dudit Arrêt du 6 Avril 1748, pour fins de non-recevoir, & défenses contre lesdites demandes, ensemble pour avertissement; productions des Parties en exécution dudit Arrêt; Requête dudit le Goffe & consorts, Marchands Epiciers, du 16 Juin 1749, employée pour contredits contre la production faite par les Jurés Huiliers en exécution dudit Arrêt: production nouvelle desdits Jurés Huiliers par Requête du 27 Janvier 1749; les contredits, outre icelle, desdits Maîtres & Gardes des Marchands Epiciers, par Requête du 16 Juin 1749; production nouvelle desdits Jurés Huiliers, Gardes du Coin & de l'Etalon Royal des mesures à huile de la Ville & Fauxbourgs de Paris, par Requête du 11 Mars 1749, contenant demande à ce qu'en procédant au Jugement de ladite Instance, en ce qui touchoit l'appel interjetté par lesdits Jurés Huiliers du chef de la Sentence du 7 Septembre 1742, qui déclaroit nulles les saisies par eux faites du prétendu genre de balances à l'un des côtés duquel est un plateau de cuivre & à l'autre côté un gobelet de fer-blanc suspendu par trois cordons, & auroit ordonné que le prétendu genre de balance seroit rendu aux Epiciers chez lesquels il avoit été saisi, l'appellation & ce dont est appel fussent mis au néant; émandant, les saisies faites sur lesdits Epiciers dudit genre de balances, fussent déclarées bonnes & valables, il fût ordonné qu'il seroit brisé sous le marteau dans le Bureau desdits Jurés Huiliers, & au surplus la Sentence rendue par le Lieutenant-Général de Police le 2 Septembre 1746, produite en l'Instance, derniere piéce de la cotte B, de la production nouvelle desdits Jurés Huiliers du 17 Juin 1747, qui avoit été signifiée auxdits Maîtres & Gardes Epiciers, fût, autant que besoin étoit ou seroit, déclarée commune avec eux, en conséquence que ladite Sentence qui faisoit des défenses expresses de plus se servir dudit prétendu genre de balance, seroit exécuté selon sa forme & teneur; ce faisant, qu'il seroit fait défenses aux Epiciers de se servir dudit prétendu genre de balance pour le débit des huiles, à peine de cinquante livres d'amende d'amende contre chacun des contrevenans. & en ce qui regardoit l'appel interjetté par Denis-Christophe Lucas, François Peschot, François Dagan & la veuve Poisson, du chef de la Sentence du 7 Septembre 1742, qui auroit condamné lesdits Lucas & Peschot à payer auxdits Jurés Huiliers le droit de visite, nonobstant qu'il ne se soit point trouvé de mesures à huile dans leurs boutiques, l'appellation fût mise au néant: il fût ordonné que ce dont étoit appel, sortiroit son plein & entier effet, lesdits Lucas, Peschot, Dagan & la veuve Poisson fussent condamnés en l'amende & aux dépens, & en ce qui touchoit l'appel interjetté par lesdits Jurés Huiliers de la Sentence du 15 Mai 1744, l'appellation & ce dont étoit appel fussent mis au néant, en ce que par icelle il étoit ordonné que lesdits Jurés Huiliers ne pourroient exiger le droit de visite des Epiciers, chez lesquels ils ne trouveroient pas de mesure, & en ce que sur la demande desdits Jurés Huiliers contre Salais, Quentin, Regnaudin, le nommé Bardin & Nicolas Testard, en condamnation dudit droit de visite, les Parties auroient été mises hors de Cour, & que les dépens auroient été compensés; émendant, il fût ordonné que les Arrêts & Réglemens, notamment celui du 30 Août 1741, & la Sentence du 7 Septembre 1742, qui auroit expressément condamné lesdits Lucas & Peschot à payer auxdits Jurés Huiliers le droit de visite, quoiqu'il ne se soit point trouvé chez eux de mesures à huiles, seroient exécutés selon leur forme & teneur, il fût en outre ordonné que l'Arrêt de notredite Cour, de 1744, qui ordonnoit que par provision lesdits Jurés Huiliers continueroient de percevoir le droit de visite chez tous les Epiciers qui avoient droit de vendre de l'huile, & chez lesquels ils avoient droit d'aller en visite, seroit définitivement exécuté; ce faisant, il fût ordonné que lesdits Jurés Huiliers continueroient d'aller en visite chez tous les Epiciers qui avoient droit de vendre des huiles & de percevoir le droit de visite, sur le pied des Réglemens; ce faisant, sans s'arrêter à la demande des Epiciers ni à leur prise de fait & cause desdits Lucas, Regnaudin, Bardin & Testard, lesdits Lucas, Regnaudin, Bardin & Testard fussent condamnés à payer auxdits Jurés Huiliers le droit de visite ; & pour l'avoir refusé ils fussent condamnés chacun en dix livres d'amende ; ils fussent en outre condamnés ainsi que les Maîtres & Gardes Epiciers aux dépens, tant de cause principale que d'appel & demandes ; il fût ordonné que l'Arrêt qui interviendroit seroit imprimé, lû, publié & affiché partout où besoin seroit & inscrit sur le Registre de la Communauté des Epiciers, le tout aux frais desdits Maîtres & Gardes, sauf au Procureur-Général du Roi à prendre telles conclusions qu'il aviseroit ; au bas de laquelle Requête est l'Ordonnance de notredite Cour qui auroit réglé ladite demande en droit & joint, & auroit donné acte de l'emploi, contredits desdits Maîtres & Gardes Epiciers, Apoticaires-Epiciers du 14 Juin présent mois, employée pour contredits contre la production nouvelle desdits Jurés Huiliers, portée par leur Requête du 11 Mars dernier : Requête des Maîtres & Gardes Epiciers, Apoticaires-Epiciers du 16 Juin 1749, employée pour défenses contre la demande desdits Jurés Huiliers portée par leur Requête du 11 Mars dernier ; quatre Procès-verbaux de saisies du 4 Mars 1749, dont est appel, fait par le Commissaire Cadot, à la Requête & en présence des Jurés Huiliers sur les nommés Frary, Dubois, Despré & Duclos, des balances formées d'un plateau de cuivre d'un côté, & d'un gobelet de fer-blanc de l'autre, dont les Epiciers avoient déclaré se servir pour vendre l'huile d'olive, par ordre des Maîtres & Gardes Epiciers qui leur avoient défendu de se servir des mesures, desquelles balances le plateau de cuivre s'étoit trouvé plus léger que le gobelet de fer-blanc suspendu de l'autre côté, lesdits Procès-verbaux contenant assignations auxdits Frary, Dubois, Despré & Duclos en la Chambre de Police du Châtelet de Paris, pour voir déclarer lesdites saisies bonnes & valables & voir ordonner la confiscation desdites balances avec amende & dépens ; Requête & demande de Jean-Claude Frary, Jacques Dubois & Despré, & des Maîtres & Gardes du Corps des Marchands Epiciers, Apoticaires-Epiciers, insérées en l'Arrêt de notredite Cour du 8 Mars dernier, à ce qu'entr'autres choses, il leur fût fait par provision main-levée desdites saisies, il fût ordonné que les effets saisis leur seroient rendus, à ce faire le gardien contraint par corps comme dépositaire de biens de Justice; quoi faisant, déchargés, sauf les dommages & dépens desdits Epiciers, comme aussi il fût fait défenses auxdits Jurés Huiliers de faire à l'avenir de pareilles saisies : Arrêt dudit jour 8 Mars dernier, par lequel notredite Cour sur ladite demande auroit ordonné que les Parties en viendroient à l'Audience au Mercredi lors prochain; Requête & demande desdits Jurés Huiliers du 11 Mars 1749, à ce que lesdits Maîtres & Gardes Epiciers & lesdits Frari, Dubois & Despré, fussent déclarés non-recevables dans leurs demandes à fin de main-levée provisoire du prétendu genre de balance saisi à la requête desdits Jurés Huiliers sur lesdits Frari, Dubois & Despré le 4 dudit mois de Mars, ou en tout cas ladite demande fût jointe à l'appel par eux interjetté desdits Procès-verbaux de saisie dudit jour 4 Mars dernier, & pour faire droit sur ledit appel, les Parties fussent appointées au Conseil, & joint à ladite Instance, en laquelle ledit prétendu genre de balance saisi étoit produit, & lesdits Maîtres & Gardes Epiciers, Frary, Dubois & Despré fussent condamnés aux dépens : Arrêt du 17 Mars 1749, par lequel notredite Cour sur lesdits appel & demande auroit appointé les Parties au Conseil & joint à ladite Instance, dépens réservés; productions des Parties en exécution dudit Arrêt, celle desdits Jurés Huiliers par Requête du 22 Avril dernier, tendante à ce que sans s'arrêter à la demande desdits Maîtres & Gardes Epiciers, Frari, Dubois & Despré, à fin de main-levée desdites saisies dont ils seroient déboutés, faisant droit sur l'appel interjetté par lesdits Maîtres & Gardes Epiciers, Frari, Dubois & Despré desdites saisies, l'appellation fût mise au néant; ce faisant, lesdites saisies fussent déclarées bonnes & valables; il fût ordonné que lesdits prétendus genres de balances saisis sur lesdits Frari, Dubois & Duclos, seroient brisés sous le marteau au Bureau desdits Jurés Huiliers; au surplus il fût fait défenses auxdits Frari, Dubois, Despré & Duclos, & à tous autres Epiciers de se servir dudit prétendu genre de balance, à peine de faux, & fussent condamnés en tels dommages-intérêts qu'il plairoit à notredite Cour arbitrer & aux dépens tant des causes principales que d'appel & demandes, il fût ordonné que l'Arrêt qui interviendroit seroit imprimé, lû, publié & affiché, & inscrit sur le Registre de la Communauté des Marchands Epiciers; au bas de laquelle Requête aussi employée pour écritures & productions, sur ladite demande est l'Ordonnance de notredite Cour qui l'auroit réglée en droit & joint, & donné acte des emplois; Requête & demande desdits Jurés Huiliers du 23 Avril 1749, à ce qu'en procédant au Jugement de ladite Instance, & en adjugeant auxdits Jurés Huiliers toutes les fins & conclusions qu'ils y avoient prises, lesdits Frari, Dubois, Despré & les Maîtres & Gardes des Marchands Epiciers & Apoticaires-Epiciers de Paris, fussent condamnés en tous les dépens, même en ceux reservés par l'Arrêt du 17 Mars dernier, ensemble en ceux faits en exécution dudit Arrêt sur le provisoire, sauf d'autres conclusions; au bas de laquelle Requête est l'Ordonnance de notredite Cour, qui auroit reservé à faire droit sur ladite demande en jugeant: Sentence de la Chambre de Police du Châtelet de Paris du 2 Septembre 1746, dont est appel incident, contradictoirement rendue entre lesdits Jurés Huiliers en Charge, Gardes du Coin & de l'Etalon Royal des mesures à huile de la Ville, Fauxbourgs & Banlieue de Paris, Demandeurs aux fins de l'Exploit du 20 Juin 1746, & en Requête du 30 Juillet audit an, d'une part, Pierre-Olivier Passavant, Denis Gant, Jean-Baptiste Gant, Jean Baudonnat, Julien Cherrier, Simon Thorisé, Jean Crouet, Alexandre-Theodore Thuillier, Charles de la Voipierre, Henri Tribouleau, Pierre-Barthelemi Boisseau, Jacques Monard, la veuve Claude Bachereau & les nommés Leduc & Thierry, tous Marchands Epiciers, défendeurs d'autre part; par laquelle, sans que les qualités pussent nuire ni préjudicier, il auroit été donné acte auxdits Jurés Huiliers des déclarations faites par ledit Pierre-Olivier Passavant & consorts, èsdits noms, par leurs défenses signifiées le 19 Juillet 1746 ; en conséquence, il auroit été fait défenses auxdits Paſſavant & conſorts, Epiciers, de ne plus ſe ſervir du nouveau genre de balance en queſtion, & leur auroit été enjoint de ſe ſervir pour le débit des huiles, de meſures flétries & étalonnées par leſdits Jurés Huiliers, Gardes du Coin & de l'Etalon Royal des meſures à huiles, les ſaiſies faites par leſdits Jurés Huiliers, ſur leſdits Paſſavant & autres Epiciers des meſures à huiles, non flétries ni étalonnées auroient été déclarées bonnes & valables, il auroit été ordonné que leſdites meſures ſeroient briſées ſous le marteau, leſdits Paſſavant & conſorts auroient été condamnés aux dépens ; Requête & demande des Maîtres & Gardes des Marchands Epiciers & Apoticaires Epiciers de la Ville de Paris, du 10 Mai 1749, à ce qu'ils fuſſent reçus Appellans de la Sentence rendue entre les Jurés Chandeliers Huiliers & leſdits Pierre-Olivier Paſſavant, & autres Marchands Epiciers au nombre de ſeize par le Lieutenant-Général de Police, le 2 Septembre 1746, à l'inſçu deſdits Maîtres & Gardes Epiciers, & ſans qu'ils y ſoient Parties, ladite Sentence produite par leſdits Jurés Chandeliers, en ladite Inſtance, ledit appel fût tenu pour bien relevé ; ce faiſant, procédant au Jugement de ladite Inſtance, & en confirmant les Sentences de Police des 7 Septembre 1742 & 15 Mai 1744, dont les Jurés Chandeliers étoient appellans, faiſant droit ſur leur appel de ladite Sentence du 2 Septembre 1746, l'appellation & ce dont eſt appel fuſſent mis au néant, au chef qui donnoit Lettres aux Jurés Chandeliers-Huiliers des déclarations faites par leſdits ſeize Marchands Epiciers par leurs défenſes ſignifiées le 19 Juillet 1746, & qui en conſéquence faiſoit défenſes auxdits ſeize Marchands Epiciers de ne plus ſe ſervir du nouveau genre de balance, émendant quant à ce, il fût ordonné que la Sentence de Police du 7 Septembre 1742, qui permettoit aux Epiciers de ſe ſervir de la balance, ſeroit exécutée ſelon ſa forme & teneur, & leſdits Jurés Chandeliers fuſſent condamnés aux dépens ; au bas de laquelle Requête auſſi employée pour cauſes & moyens d'appel contre ladite Sentence de Police du 2 Septembre 1746, ensemble pour avertissement, écritures & production, sur ladite demande est l'Ordonnance de notredite Cour, qui sur ledit appel auroit appointé les Parties au Conseil, & sur la demande en droit & joint, & donné acte de l'emploi; Requête desdits Jurés Huiliers du 9 Juin présent mois, employée pour production en exécution de ladite Ordonnance, & contenant demande, à ce que sans s'arrêter ni avoir égard aux appels & demandes desdits Maîtres & Gardes Epiciers portés par leur Requête du 10 Mai 1749, dans lesquelles ils seroient déclarés non-recevables, ou dont en tout cas ils seroient déboutés, l'appellation fût mise au néant, il fût ordonné que ladite Sentence du Châtelet de Paris du 2 Septembre 1746, dont est appel, sortiroit son plein & entier effet, lesdits Maîtres & Gardes Epiciers fussent condamnés en l'amende & aux dépens, sauf & sans préjudice des autres droits, noms, raisons, actions & prétentions desdits Jurés Huiliers, & à former par la suite telles autres demandes qu'ils aviseroient; au bas de laquelle Requête est l'Ordonnance de notredite Cour, qui auroit donné acte de l'emploi, & reservé à faire droit sur ladite demande en jugeant; réponses du 9 Juin présent mois, fournies par lesdits Jurés Huiliers aux causes & moyens d'appel desdits Maîtres & Gardes Epiciers portés par leur Requête du 10 Mai dernier, lesdites réponses à causes d'appel, servant aussi d'avertissement & de contredits contre la production desdits Marchands Epiciers, en exécution de l'Ordonnance apposée au bas de ladite Requête du 10 Mai dernier: production nouvelle desdits Maîtres & Gardes Epiciers, Apoticaires-Epiciers, par Requête du 3 Juin 1749; sommation faite auxdits Jurés Huiliers de la contredire; Requête de Jean-Claude Frary, Jacques Dubois & Despré, tous trois Marchands Epiciers, & lesdits Maîtres & Gardes des Marchands & Apoticaires-Epiciers, comme ayant pris le fait & cause desdits Frary, Dubois & Despré du 3 Juin 1749, employée en exécution de l'Arrêt du 17 Mars précédent, pour causes & moyens d'appel contre trois Procès-verbaux de saisies faites à la requête des

Jurés Huiliers sur lesdits Frary, Dubois & Despré le 4 Mars dernier, & contenant demande à ce que ladite appellation & ce dont étoit appel, fussent mis au néant; émendant lesdits trois Procès-verbaux de saisie dudit jour 4 Mars dernier, fussent déclarés nuls, injurieux, tortionnaires & déraisonnables, il fût fait main-levée définitive auxdits Frary & consorts desdites balances sur eux saisies par lesdits Procès-verbaux, il fût ordonné que lesdites balances leur seroient rendues & restituées, à ce faire le gardien contraint par toutes voies dûes & raisonnables, même par corps, comme dépositaire de biens de Justice; quoi faisant, il en seroit & demeureroit bien & valablement quitte & déchargé; il fût fait défenses de faire à l'avenir de semblables saisies, à peine de 1000 liv. d'amende & de tous dépens, dommages & intérêts, & pour l'avoir fait, ils fussent condamnés en 500 liv. de dommages-intérêts envers lesdits Frary, Dubois & Despré, & en tous les dépens, tant des causes principales, que d'appel & demandes, sauf d'autres conclusions : au bas de laquelle Requête aussi employée pour avertissement, écritures & production, sur ladite demande, est apposée l'Ordonnance de notredite Cour, qui l'auroit réglée en droit & joint, & donné acte des emplois; sommation faite auxdits Jurés Huiliers d'écrire, produire & satisfaire de leur part à ladite Ordonnance; Mémoires imprimés des Parties respectivement signifiés, sommations générales de satisfaire à tous les Réglemens de l'Instance. Conclusions de notre Ptocureur-Général : tout joint & considéré : NOTREDITE COUR faisant droit sur le tout, en tant que touche les appels interjettés par les Jurés Huiliers, Gardes du Coin & de l'Etalon Royal des mesures à huiles, des Sentences du Lieutenant de Police des 7 Septembre 1742 & 15 Mai 1744, ayant aucunement égard à leurs demandes, a mis & met les appellations & ce dont a été par eux appellé au néant; émendant, sans s'arrêter aux Requêtes & demandes des Maîtres & Gardes du Corps des Marchands Epiciers & Apoticaires-Epiciers, dont ils sont déboutés; ordonne que les Arrêts & Réglemens de notredire Cour, seront exécutés selon leur forme & teneur; en conséquence, condamne les Epiciers & Apoticaires-Epiciers vendant huiles à la mesure, ou non indistinctement, à souffrir la visite desdits Jurés Huiliers, Gardes de l'Etalon Royal des mesures à huile, & de leur en payer le droit sur le pied des Réglemens; déclare bonnes & valables les saisies que lesdits Jurés Huiliers ont fait faire sur les nommés Morin, Hemery, Dagan, Lucas, de Launay, le Merle, Maurice, Peschot, Aubert de Coucy, Perigault & Dresnel, Marchands Epiciers, du prétendu genre de balance composé d'un fléau, à l'un des bouts duquel est un plateau de cuivre, & à l'autre bout un vaisseau ou gobelet de fer-blanc attaché par trois cordons; déclare pareillement bonnes & valables les saisies faites à la Requête desdits Jurés Huiliers sur les nommés le Goffe, Person, le Blanc & de Brie, des vaisseaux & gobelets de fer-blanc non marqués, ni étalonnés; déclare aussi bonnes & valables les saisies qu'ils ont fait faire dudit prétendu genre de balances sur les nommés Frary, Dubois & Despré; ordonne que lesdits genres de balances, vaisseaux & gobelets saisis dont est question, seront brisés sous le marteau au Bureau desdits Jurés Huiliers, en présence des Epiciers saisis, ou eux dûement appellés en la personne des Maîtres & Gardes Epiciers & Apoticaires-Epiciers, par un simple acte en leur Bureau; fait défenses auxdits Epiciers & Apoticaires-Epiciers, & à tous autres de se servir de pareils genres de balances, vaisseaux & gobelets pour le débit des huiles à mesures: leur enjoint de se servir des mesures flétries & étalonnées par lesdits Jurés Huiliers, Gardes de l'Etalon Royal des mesures à huiles, conformément à l'Arrêt du 30 Août 1741, & de leur payer le droit de marque sur le pied des Réglemens, le tout à peine de 20 livres d'amende, qui demeurera encourue à la premiere contravention, contre chacun des contrevenans; en conséquence sur les appels interjettés par Denis-Christophe Lucas, François Peschot, François Dagan & la veuve Poisson, de ladite Sentence du 7 Septembre 1742, par lesdits Maîtres & Gardes Epiciers & Apoticaires-

Apoticaires-Epiciers ; de la Sentence du 2 Septembre 1746, par Jean-Claude Frary, Jacques Dubois & Després, & encore par lesdits Maîtres & Gardes Epiciers & Apoticaires-Epiciers, comme ayant pris leur fait & cause des Procès-verbaux de saisies du 4 Mars 1749, sans s'arrêter aussi à leurs demandes, dont ils sont pareillement déboutés, a mis & met lesdites appellations au néant, ordonne que ce dont a été appellé à cet égard sortira son plein & entier effet, les condamne ès amendes de 12 liv. condamne lesdits Salais, Bardin, Testard, Regnaudin, Gatellier, Morel, Greban, Moreau, Loiseau, Thevenot, de Lanoye, Castel, Provins, Hanique, Pinel, Lucas, Jean Loiseau & Aubert de Coucy, de payer auxdits Jurés Huiliers, Gardes de l'Etalon Royal des mesures à huile, le droit de visite à eux dû sur le pied des Réglemens; enjoint auxdits Jurés Huiliers de veiller à l'exécution des Réglemens sur le fait des mesures à huile ; ordonne que le présent Arrêt sera imprimé, lû, publié & affiché par tout où besoin sera, & transcrit sur les Registres des deux Communautés aux frais & dépens du Corps desdits Marchands Epiciers & Apoticaires-Epiciers, jusqu'à concurrence seulement d'un cent d'affiches ; sur le surplus de toutes les autres demandes, fins & conclusions, met les Parties hors de Cour & de Procès ; condamne lesdits Salais, Regnaudin, Bardin, Testard, Lucas, Peschot, Dagan, veuve Poisson, Gatellier, Morel, Greban, Moreau, Loiseau, Thevenot, Delanoye, Castel, Provins, Hanique, Pinel, Jean Loiseau, de Coucy, le Goffe, Person, de Brie, le Blanc, Frary, Dubois & Després, & lesdits Maîtres & Gardes du Corps des Marchands Epiciers & Apoticaires-Epiciers, chacun à leur égard en tous les dépens tant des causes principales que d'appel & demandes envers lesdits Jurés Huiliers, même en ceux réservés par les précédens Arrêts : Mandons mettre le présent Arrêt à dûe, pleine & entiere exécution ; de ce faire te donnons tout pouvoir. DONNÉ en notredite Cour de Parlement le 16 Juin, l'an de grace mil sept cent quarante-neuf, & de notre Regne le trente-quatrieme. *Collationné*, *Signé*, LE SEIGNEUR. Par la Chambre, *Signé*, DUFRANC.

ARREST de la Cour de Parlement, &c.

Du 5 Septembre 1752.

Extrait des Regiſtres de Parlement.

LOUIS, par la grâce de Dieu, Roi de France & de Navarre, au premier Huiſſier de notre Cour de Parlement, ou autre notre Huiſſier ou Sergent ſur ce requis; Sçavoir, faiſons: Qu'entre Claude-François Ducornet, Maître Chandelier-Huilier à Paris, Appellant d'une Sentence rendue en la Chambre de Police du Châtelet de Paris, le 29 Janvier 1751 d'une part, & Nicolas Laforeſt & Jacques Lecerf, Maîtres Chandeliers-Huiliers à Paris, & Jurés Huiliers, Gardes en Charge du Coin de notre Etalon des Meſures à huile de la Ville, Fauxbourgs & Banlieue de Paris, les Jurés en Charge de la Communauté des Maîtres Chandeliers-Huiliers de ladite Ville, Fauxbourgs & Baulieue, & les Jurés Huiliers comptables, ayant pris le fait & cauſe deſdits Laforeſt & Lecerf, intimés d'autre part; & entre leſdits Laforeſt & Lecerf, Maîtres Chandeliers-Huiliers, Gardes du Coin de notre Etalon des meſures à huile de la Ville, Fauxbourgs & Banlieue de Paris, les Jurés en Charge de la Communauté des Maîtres Chandeliers-Huiliers de cette Ville, Fauxbourgs & Banlieue de Paris, les Jurés Huiliers comptables, ayant pris le fait & cauſe deſdits Laforeſt & Lecerf, Demandeurs aux fins des Lettres de Commiſſion obtenues en Chancellerie, le 27 Février 1751, & de l'exploit du 2 Mars audit an, d'une part, & Nicolas Hebert, Charles-Nicolas Sorin, Guillaume Porcher, Coſme Damien Fournier, Geoffroy Labatit, Jacques-Louis Pilverdier, Charles Famin, Jean-Baptiſte Goſſet, Jean Gobillard, Pierre Letourneur, Jacques Bourou l'aîné, Pierre-François Martincourt, Jerôme Granjon, François-Pierre Rigouſt, Louis-Florent Lefebvre, François-Edme Gallet, Nicolas Marianval, Henri Lebreton, François Theot, Pierre-Joſeph Paulard, & Louis-Charles Pilverdier, tous Maîtres Chandeliers à Paris, Défendeurs, d'autre part; & entre lesdits Laforest, Lecerf & consorts, Demandeurs en Requête du 29 Mai 1752, d'une part, & ledit Ducornet & lesdits Hebert, Sorin & consorts Défendeurs, d'autre part; & entre *lesdits Hebert, Sorin & consorts*, incidemment Appellans de la Sentence de Police dudit jour 26 Janvier 1751, aux chefs expliqués par leur Requête du 20 Juillet 1752, & Demandeurs aux fins de ladite Requête, d'une part, & lesdits Laforest & Lecerf, Jurés Huiliers, Gardes en Charge du Coin de notre Etalon des mesures à huile, & les Jurés en Charge de la Communauté des Maîtres Chandeliers-Huiliers & Jurés Huiliers comptables, Intimés & Défendeurs, d'autre part. Vû par notredite Cour la Sentence dont est appel, contradictoirement rendue entre lesdites Parties en la Chambre de Police du Châtelet de Paris, ledit jour 29 Janvier 1741, par laquelle l'avis de nos Gens auroit été homologué, en conséquence faisant droit sur les demandes & contestations des Parties, les Jurés Chandeliers-Huiliers ont été reçûs Parties intervenantes, faisant droit sur leur intervention, il leur est donné Lettres de leur prise de fait & cause desdits Laforest & Lecerf, en conséquence sans avoir égard aux interventions desdits Hebert & consorts, & autres, dans lesquelles ils sont déclarés non-recevables, il est dit que les Edits, Déclarations, Arrêts de Réglement & Statuts de ladite Communauté desdits Chandeliers-Huiliers, seront exécutés selon leur forme & teneur, ledit Ducornet est déclaré non-recevable en ses demandes; il lui est enjoint d'être plus circonspect à l'avenir; il est ordonné que les termes injurieux inserés dans ses écritures, seronr rayés & biffés, défenses lui sont faites de se servir à l'avenir de pareils termes; il lui est enjoint, ainsi qu'auxdits Hebert & consorts, de porter honneur & respect à leurs Jurés, sur le surplus des demandes & contestations desdites Parties, elles sont mises hors de Cour; ledit Ducornet & lesd. Hebert & consorts, sont condamnés solidairement en tous les dépens; il est dit que lad. Sentence sera inscrite sur les Registres de la Communauté des Maîtres Chandeliers-Huiliers, Gardes de notre Etalon, même imprimée, publiée & affiché par-tout où besoin sera, solidairement aux frais & dépens dudit Ducornet & desdits Hebert & consorts. Arrêt de notredite Cour du 26 Juin 1751, par lequel sur l'appel desdites Parties ont été appointées au Conseil; causes & moyens d'appel servant d'avertissement dudit Ducornet, du 31 Juillet dernier; productions des Parties en exécution dudit Arrêt; réponses desdits Laforest & Lecerf, & Jurés de ladite Communauté desdits Maîtres Chandeliers-Huiliers, & des Gardes de notre Etalon des mesures à huile, du 5 Août dernier, aux causes & moyens d'appel dudit Ducornet : commission obtenue en Chancellerie par lesdits Laforest, Lecerf & consorts, le 27 Février 1751, aux fins de faire assigner en notredite Cour tous ceux qui étoient intervenus en la cause jugée par ladite Sentence de la Chambre de Police, du 29 Janvier 1751, & n'ont point acquiescé à icelle, pour voir déclarer commun avec eux l'Arrêt qui interviendra sur l'appel de ladite Sentence interjetté par ledit Ducornet, pour être exécuté avec eux selon sa forme & teneur, avec dépens; exploit d'assignation donnée à la Requête desdits Laforest & Lecerf, auxdits Nicolas Hebert, Sorin, Porcher, Fournier, Labatit, Pilverdier, Famin, Gosset, Gobillard, Letourneur, Bourou l'aîné, Martincourt, Granjon, Rigoust, Lefebvre, Gallet, Marianval, Lebreton, Theot, Paulard & Louis-Charles Pilverdier, tous Maîtres Chandeliers, le 2 Mars 1751, pour procéder en notredite Cour, aux fins de ladite commission; fins de non-recevoir, & défenses desdits Rigoust, Gosset & autres du 27 Avril 1751, contre ladite demande; autres fins de non-recevoir & défenses desdits Sorin, Fournier & autres du 27 Mai 1751, contre la même demande. Arrêt de notredite Cour du 3 Août 1751, par lequel sur lesdites demandes & défenses, les Parties ont été appointées en droit & joint à ladite Instance. Productions desdites Parties en exécution dudit Arrêt. Avertissement desdits Laforest & Lecerf, & desdits Jurés du 19 Avril dernier. Requête desdits Theot & consorts, du 13 Juin dernier, employée pour avertissement, écritures & production en exécution dudit précédent Arrêt. Requête & demande desdits Lecerf, Laforest & consorts, du 29 Mai dernier, tendante en ce qui concerne ledit Ducornet, faisant droit sur l'appel par lui interjetté de la Sentence de Police dudit Châtelet, du 29 Janvier 1751, l'appellation soit mise au néant, il soit ordonné que ce dont est appel sortira effet, ledit Ducornet soit condamné en l'amende & aux dépens, & en ce qui concerne lesdits Sorin, Fournier, Labatit, Hebert, Porcher, Famin, Pilverdier, Granjon, Regoust, Lebreton & Paulard, l'Arrêt qui interviendra sur ledit appel, soit déclaré commun avec eux, ce faisant il soit ordonné que ladite Sentence sera exécutée contr'eux, ainsi que contre ledit Ducornet, selon sa forme & teneur, & ils soient condamnés aux dépens, & en ce qui regarde lesdits François Theot, Jean-Baptiste Gosset, Pierre-François Martincourt, Jean Gobillard, François-Edme Gallet, Louis-Florent Lefebvre, Pierre Letourneur, Jacques Bourou l'aîné, Nicolas Marianval, & Louis-Charles Pilverdier, l'Arrêt qui interviendra soit pareillement déclaré commun avec eux, il soit donné Acte auxdits Laforest & Lecerf & auxdits Jurés & Gardes du désistement que lesdits Theot, Gosset, Martincourt, Gobillard, Gallet, Lefebvre, Letourneur, Bourou l'aîné, Marianval & Louis-Charles Pilverdier ont fait par Acte passé devant Me Andrieu & son confrere, Notaires au Châtelet de Paris, le 16 Mars 1751, de l'appel par eux interjetté de ladite Sentence du 29 Janvier de la même année, & sans s'arrêter à la condition par eux apposée audit Acte de désistement, que les Jurés Chandeliers & les Gardes Huiliers comptables ne pourront exiger ni prétendre contr'eux les dépens auxquels ils ont été condamnés par ladite Sentence, il soit ordonné que ladite Sentence sera pareillement exécutée contr'eux selon sa forme & teneur, & ils soient condamnés aux dépens; au bas de laquelle Requête aussi employée pour écritures & production sur ladite demande, & contenant production nouvelle, est l'Ordonnance de notredite Cour, qui auroit reçû ladite production nouvelle, sur la demande appointé les Parties en droit & joint à ladite instance, & donné Acte de l'emploi, les sommations de satisfaire à ladite Ordonnance, & contredire ladite production nouvelle. Requête dudit Ducornet du 18 Août dernier, employée pour contredits contre ladite production nouvelle. Contredits desdits Hebert & consorts du 29 Juillet dernier, contre ladite production du 29 Mai dernier, servant d'avertissement. Production nouvelle desdits Laforest, Lecerf & consorts, par Requête du 2 Juin dernier. Contredits desdits Hebert & consorts, contre icelle du 24 dudit mois. Requête dudit Ducornet du 17 Août dernier, employée pour contredits contre ladite production nouvelle. Avertissement desdits Hebert, Sorin & consorts, du 21 Juillet 1752, servant de causes & moyens d'appel. Réponses desdits Laforest & Lecerf du 28 Juillet 1752, aux causes & moyens d'appel desdits Hebert & consorts, servant de contredits contre leur production & de salvations. Requête & demande desdits Nicolas Hebert, Charles-Nicolas Sorin & consorts, du 20 Juillet 1752, tendante à ce qu'il soit donné Acte auxdits François Theot, Louis Pilverdier, Jean Gobillard, Pierre Letourneur, Pierre-François Martincourt, & Nicolas Marianval, du nombre desdits Hebert & consorts, de ce qu'ils révoquent le désistement par eux fait pardevant Mᵉ Andrieu & son confrere, Notaires audit Châtelet de Paris, par Acte du 16 Mars 1751, de l'appel qu'ils avoient interjetté de la Sentence rendue par le Lieutenant Général de Police au Châtelet de Paris, le 29 Janvier 1751, attendu qu'il a été fait conditionnellement, & que lesdits Laforest & Lecerf n'ont point accepté la condition sans laquelle il n'eut point été fait; en conséquence lesdits Theot, Louis-Charles Pilverdier, Jean Gobillard, Pierre Letourneur, Pierre-François Martincourt, Nicolas Marianval, Nicolas Hebert, Charles-Nicolas Sorin, Charles Famin, Cosme-Damien Fournier, Jacques-Louis Pilverdier, Geoffroy Labatit, Jerôme Granjon, soient reçûs incidemment Appellans de ladite Sentence rendue par le Lieutenant Général de Police au Châtelet de Paris, ledit jour 29 Janvier 1751. 1°. En ce que ladite Sentence a homologué l'avis de nos Gens du Châtelet, pardevant lesquels les Parties avoient été renvoyées. 2°. En ce que la Sentence n'a point eu d'égard à l'intervention donnée par lesdits Hebert & consorts, ni à leur demande portée par leur Requête du 26 Janvier 1750, dans lesquelles ils ont été déclarés non-recevables. 3°. En ce qu'en même temps que ladite Sentence a dit que lesdites Déclarations, Réglemens & Statuts de la Communauté des Maîtres Chandeliers seroient exécutés selon leur forme & teneur, elle n'a pas déclaré nulle l'élection qui avoit été faite de la personne de Jacques Lecerf, pour l'un des Gardes Jurés Huiliers, avant le temps marqué par les Réglemens, & enfin en ce que lesdits Hebert & consorts, ont été condamnés aux dépens, faisant droit sur ledit appel, que l'appellation & ce dont est appel, soient mis au néant, émendant quant à ce, il soit ordonné que les Arrêts & Réglemens faits pour la Communauté, & notamment l'Arrêt de notredite Cour du 13 Décembre 1672, notre Déclaration du 6 Mai 1710, & la Sentence de Police du premier Décembre 1747 homologative d'une délibération générale de ladite Communauté du 11 Octobre précédent, seront exécutés selon leur forme & teneur, en conséquence l'élection qui a été faite le 9 Décembre 1749, de la personne de Jacques Lecerf, pour Juré Huilier, soit déclarée nulle; défenses lui fussent faites de prendre la qualité d'ancien Juré Huilier, Garde du Coin de notre Etalon des Mesures à Huile de la Ville & Fauxbourgs de Paris; défenses soient faites aux Maîtres de ladite Communauté, de plus à l'avenir nommer pour Jurés Huiliers, des Maîtres qui n'auront pas dix années d'ouverture de Boutique, sous telle peine qu'il plaira à notredite Cour, & lesdits Laforest & Lecerf, & les Jurés en Charge de ladite Communauté des Maîtres Chandeliers, & les Jurés Huiliers soient condamnés en tous les dépens envers lesdits Hebert & consorts, tant des causes principales que d'appel & demandes, au bas de laquelle Requête aussi employée pour écritures & production sur lesdits appel & demandes, est l'Ordonnance de notredite Cour, qui sur l'appel auroit appointé les Parties au Conseil, & sur la demande en droit & joint, & le tout joint à ladite instance, & donné Acte de l'emploi, sommation de satisfaire à ladite Ordonnance. Production nouvelle desdits Laforest, Lecerf & consorts, par Requête du premier Août 1752. Contredits dudit Ducornet, contre icelle du 5 dudit mois. Requête dudit Ducornet du 4 Août 1752, tendante à ce que faisant droit sur l'appel par lui interjetté de la Sentence de la Chambre de Police du Châtelet du 29 Janvier 1751, l'appellation & ce dont est appel soient mis au néant, émendant ledit Ducornet, soit déchargé des condamnations & des injonctions contre lui prononcées par ladite Sentence, il soit ordonné que lesdits Arrêts, Réglemens & Sentences de Police, concernant la Communauté des Maîtres Chandeliers-Huiliers de la Ville & Fauxbourgs de Paris, & notamment l'Arrêt de notredite Cour du 13 Décembre 1672, les délibérations faites dans l'assemblée générale des Maîtres Chandeliers-Huiliers, le 11 Octobre 1747, & la Sentence dudit Lieutenant de Police du premier Décembre, suivant que les a ordonné & en a ordonné l'exécution, ensemble les Réglemens des autres Communautés qui ont rapport à la contestation, seront exécutés selon leur forme & teneur; en conséquence, défenses soient faites auxdits Laforest & Lecerf, de ne plus à l'avenir caballer, faire aucune assemblée ni brigue, donner aucuns repas, & mandier les suffrages des Maîtres de la Communauté, lorsqu'il sera question des élections des Jurés Gardes de notre Etalon, sous les peines portées par les Edits, Déclarations, Arrêts de Réglement & Sentences de Police; & pour l'avoir fait lors de leur élection, ils soient condamnés en l'amende, & tels dommages-intérêts qu'il plaira à notredite Cour fixer envers ladite Communauté, & sans s'arrêter à l'intervention donnée par quelques Membres de ladite Communauté, sous la fausse qualité & dénomination des Jurés de la Communauté des Maîtres Chandeliers-Huiliers, & des deux Jurés Huiliers comptables, dans lesquelles ils seront déclarés non-recevables, ou dont en tous cas ils seront déboutés, l'élection faite des personnes desdits Laforest & Lecerf, en la Jurande & Garde de notre Etalon le 9 Décembre 1749, & singulierement celle dudit Jacques Lecerf, comme n'ayant pas alors les dix années d'ouverture de Boutique requises par les Arrêts, Réglemens & Sentences, & délibérations de ladite Communauté, en conséquence il soit déclaré déchû du rang, privilége & prérogative d'Ancien, & incapable de pouvoir parvenir à la Jurande, en conséquence qu'ils seront remis sur la

Liste

Liste de Communauté, chacun au rang seulement de leur réception, lesdits Laforest & Lecerf, & les Jurés Huiliers comptables soient condamnés chacun à leur égard, & solidairement en tous les dépens, tant des causes principales, que d'appel & demandes, qu'ils ne pourront employer en dépenses, ni porter en frais de compte; il soit ordonné que l'Arrêt qui interviendra, sera inscrit sur les Registres de la Communauté des Maîtres Chandeliers-Huiliers & Gardes de l'Etalon, même imprimé, lû, publié & affiché par-tout où besoin sera, aux frais & dépens desdits Laforest & Lecerf; au bas de laquelle Requête est l'Ordonnance de notredite Cour, qui auroit réservé à y faire droit en jugeant. Production nouvelle dudit Ducornet, par Requête du 9 Août dernier. Contredits desdits Laforest & Lecerf, & desdits Jurés & consorts contre icelle du 14 dudit mois. Salvations dudit Ducornet du 17 Août dernier. Production nouvelle dudit Ducornet, par Requête du 22 Août dernier, contenant demande, tendante à ce que les conclusions qu'il a prises lui soient adjugées, & où notredite Cour y feroit difficulté, en ce cas seulement il lui soit donné Acte de ce qu'il articule & met en fait; 1°. que dans l'assemblée qui se fit entre ledit Ducornet & les autres Jurés en Charge & Anciens, trois jours avant l'élection, Laforest & Lecerf s'y introduisirent avec plusieurs Maîtres, sans y avoir été invités; 2°. que l'esprit de caballe qui les y avoit amenés, se déclara par l'organe de Charles-Gabriel-François Duval, en annonçant Laforest & Lecerf pour nouveaux Jurés, & que les autres Maîtres qui étoient venus avec eux, ouvrirent aussi leurs opinions sur leur choix; 3°. qu'ils bûrent aussi-tôt à la santé desdits Laforest & Lecerf, en qualité de Jurés futurs; 4°. qu'en conséquence, par une marque de gratitude, voyant que leur caballe réussissoit, Laforest & Lecerf firent venir à leurs frais une profusion de vins de liqueurs & de biscuits; 5°. qu'ils inviterent en même temps tous les Maîtres qui venoient de se déclarer en leur faveur à un repas pour le 8 Décembre veille de l'élection, & qu'ils allerent le 7 chez plusieurs autres, pour leur faire une pareille invitation; 6°. que François Pochet qui étoit de ce repas, ayant été obligé de sortir pour ses affaires, & ledit Ducornet étant venu pendant son absence avec les deux Huissiers, qui dresserent le Procès-verbal du repas où il y avoit cinquante couverts; au retour de Pochet, Charles Caron l'insulta vivement, le traita de traître, & lui reprocha d'avoir été les vendre & découvrir audit Ducornet, dont ledit Ducornet rendit plainte; 7°. que pour couvrir leur jeu & leur caballe, & tâcher de parer l'effet de la plainte que ledit Ducornet alloit rendre, & qu'il rendit en effet, lesdits Laforest & Lecerf obligerent quelques Maîtres de consigner leur écot, & qu'ils ont néanmoins fait tous les frais du repas : en cas d'aveu de ces faits, de la majeure partie desquels lesdits Laforest & Lecerf sont même convenus au Châtelet, les conclusions prises par ledit Ducornet lui soient adjugées; & en cas de déni, il soit permis audit Ducornet d'en faire preuve en notredite Cour par témoins, sauf auxdits Laforest & Lecerf à faire la preuve contraire si bon leur semble, pour les enquêtes faites & rapportées, & communiquées à notre Procureur Général, être par ledit Ducornet pris telles conclusions qu'il avisera, & par notredite Cour ordonné ce qu'il appartiendra, & dans tous les cas lesdits Laforest & Lecerf soient condamnés aux dépens : au bas de laquelle Requête est l'Ordonnance de notredite Cour qui auroit reçû ladite production nouvelle, & au surplus réservé à y faire droit en jugeant. Contredits desdits Laforest, Lecerf & consorts, contre icelle du 29 Août dernier. Production nouvelle desdits Laforest & Lecerf, par Requête dudit jour 29 Août 1752. Sommations de la contredire. Salvations desdits Laforest, Lecerf & consorts, du 2 Septembre présent mois 1752. Requête desdits Laforest, Lecerf & consorts, des 7 Juin, 16 dudit mois, 22, 26, 28 Août, 2 & 5 Septembre présent mois 1752, employées pour défenses, écritures, productions & contredits en exécution des précédentes Ordonnances. Mémoire imprimé pour lesdits Hebert, Sorin & consorts, signifié le 8 Août 1752. Autre Mémoire imprimé pour lesdits Laforest & Lecerf, & lesdits Jurés Chandeliers & Communauté des Maîtres Chandeliers & Gardes du Coin de notre Etalon, signifié le premier Septembre présent mois 1752. Sommations générales de satisfaire à tous les

Arrêts & Réglemens intervenus en l'instance. Conclusions de notre Procureur Général. Tout joint & considéré : NOTREDITE COUR faisant droit sur le tout, sans avoir égard aux Requêtes & demandes dudit Ducornet & desdits Hebert, Sorin, Theot, Gosset & consorts, dont ils sont déboutés, a mis & met les appellations au néant, ordonne que ce dont a été appellé, sortira son plein & entier effet, déclare le présent Arrêt commun avec lesdits Hebert, Sorin, Fournier & consorts, condamne ledit Ducornet & lesdits Theot, Pilverdier & consorts, Appellans, en l'amende de douze livres, & chacun à leur égard en tous les dépens des causes d'appels & demandes ; sur le surplus des autres demandes, fins & conclusions, met les Parties hors de Cour. Si mandons mettre le présent Arrêt à dûe, pleine & entiere exécution de point en point selon sa forme & teneur ; de ce faire donnons tout plein pouvoir. Donné en notredite Cour de Parlement, le cinq Septembre l'an de grace mil sept cent cinquante-deux, & de notre Regne le trente-huitieme.

Par la Chambre, YSABEAU.

CHASTELET.

SENTENCE rendue entre les Jurés Huiliers & les Maîtres & Gardes Epiciers de la Ville & Fauxbourgs de Paris, qui ordonne que les Huiles saisies sur un Forain par lesdits Maîtres & Gardes, seront portées aux Halles, pour y être vendues en la maniere ordinaire, & que dorénavant les Marchandises d'Huile de Navette & à brûler, seront descendues droit aux Halles, & vûes & visitées par les Jurés Huiliers, &c.

Du 12 Mai 1671.

A TOUS ceux qui ces présentes Lettres verront, Achiles de Harlay, Chevalier, Conseiller du Roi, en ses Conseils d'Etat & Privé, son Procureur Général & Garde de la Ville, Prévôté & Vicomté de Paris, le Siége vacant; Salut. Sçavoir faisons, que sur la Requête faite en Jugement devant nous en la Chambre de Police de l'ancien Châtelet de Paris, par Me Isaac Lorton, Procureur de Pierre Garlot, Marchand Forain, demeurant à Langres, Demandeur aux fins de l'Exploit du 23 Avril dernier, contrôlé à Paris ledit jour, assisté de Me Denis Maurice, son Avocat, contre Me Ponce Beaudet, Procureur des Maîtres & Gardes de la Marchandise d'Epiceries & Apoticaireries de cette Ville de Paris, Demandeurs, suivant le Procès-verbal du Commissaire Guinet, & Défendeurs audit Exploit, assisté de Me Charles Gallyot leur Avocat; & contre Me Pierre Hargenvilliers Procureur des Jurés Huiliers & Gardes de l'Etalon Royal des mesures à huiles de cette Ville de Paris, aussi Défendeurs audit Exploit ; & Demandeurs suivant les moyens qu'ils ont fait signifier par Bonnoüard, Audiencier, le 4 du présent mois, aussi assisté de Me Tripot, leur Avocat : Parties ouies en leurs plaidoyers & remontrances, lecture faite des Statuts, Sentences, Arrêts & Réglemens desdits Jurés Huiliers & Gardes de l'Etalon Royal, des années 1376, 1464, 1594, Arrêt du 23 Décembre 1594, autres Arrêts confirmatifs de 1627 & 1655, le Procès-verbal de saisie que lesdits Maîtres & Gardes d'Epicerie ont fait faire de cinquante piéces d'huile de navette, sur ledit Garlot, par le Commissaire Guinet, ledit jour vingt-deux Avril dernier, de l'Exploit susdaté, de l'Acte comme lesdits Jurés Huiliers déclarent qu'ils ont mis les Statuts, Sentences, Arrêts & Réglemens dont ils entendent leur servir en l'instance, ès mains de Dauvergne, Commis-Greffier en cette Cour, signifié le 25 dudit mois, l'Acte délivré par ledit Dauvergne Commis, comme lesdites piéces lui ont été mises ès mains, pour être communiquées au Procureur desdits Maîtres & Gardes Epiciers, du 28 dudit mois, de leursdits moyens, contenant demande, aussi susdatés, & autres piéces : Nous ordonnons que les Marchandises d'huiles de navette dont est question, qui a été saisie à la requête desdits Maîtres & Gardes Epiciers & Apoticaires, sur ledit Garlot, seront portées aux Halles de cette Ville de Paris, lieu ordinaire, pour là être vendues en la maniere accoutumée ; & dorénavant toutes les marchandises de navette & autres huiles à brûler, seront descendues droit aux Halles, & vûes & visitées par lesdits Jurés Huiliers & Gardes l'Etalon Royal, ce qui sera exécuté nonobstant oppositions ou appellations quelconques faites ou à faire, & sans préjudice d'icelles, pour lesquelles ne sera différé : En témoin de ce, nous avons fait scéller ces Présentes. Ce fut fait & donné par Me Gabriel-Nicolas de la Reynie, Conseiller du Roi en ses Conseils, Lieutenant Général de Police de la Ville, Prévôté & Vicomté de Paris, le douzieme jour de Mai mil six cent soixante-onze.

Signé par Collation, COUDRAY, *Greffier*.

SENTENCE, qui ordonne que les Réglemens & Arrêts des 19 Août 1627 & 29 Mai 1655 & autres seront exécutés, & déclare bonnes & valables les saisies faites sur différens Marchands Epiciers à Paris, de plusieurs cruches d'Huile, &c.

Du 2 Juillet 1675.

A TOUS ceux qui ces présentes Lettres verront, Achiles de Harlay, Conseiller du Roi en tous ses Conseils d'Etat & Privé, & son Procureur Général en sa Cour de Parlement, & Garde da la Prévôté & Vicomté de Paris, le Siége vacant, SALUT. Savoir faisons, que sur la Requête faite en Jugement devant nous, en la Chambre de Police de l'ancien Châtelet de Paris, par Me Nicolas Aulmont, Procureur de Jean Condet, George Lignon, Nicolas Gasse, & Michel Busson, Jurés Huiliers & Gardes de l'Etalon Royal des mesures à huiles de la Ville, Prévôté & Vicomté de Paris, Demandeurs en confirmation des avis du Procureur du Roi, suivant leur Requête verbale, assistés de Me Charles Galliot, leur Avocat, contre Me Michel Cholois l'aîné, Procureur de Jean Despy, Me Louis Villeneufve, Procureur de Nicolas Angot, Jean de la Lucaziere, Etienne le Viel, la veuve Chevillard, Me Ponce Baudet, Procureur d'André Oursel, tous Marchands Epiciers à Paris, Défendeurs, assistés de Me Denis Maurice, leur Avocat; Parties ouies en leurs plaidoyers, & remontrances, lecture faite des Statuts & Réglemens desdits Jurés Huiliers, de notre Sentence du 19 Mars 1655, par laquelle les mesures de fer-blanc saisies sur les Marchands Epiciers, seront rompues & brisées, avec défenses à eux & à tous autres Marchands Epiciers de plus vendre huiles avec telles mesures, & à eux enjoint d'avoir des mesures de cuivre de jauge, flétries & étalonnées de l'Etalon Royal desdits Jurés Huiliers, & de souffrir la visite desdits Jurés Huiliers, & de leur porter honneur & respect: Arrêt de la Cour, du 29

Mai audit an, confirmatif d'icelle Sentence, ledit Arrêt rendu avec lesdits Maîtres & Gardes de l'Epicerie & Apoticairerie, qui avoient été déboutés de la Requête civile par eux prise, par lequel défenses ont été faites à tous les Marchands Epiciers & Apoticaires de vendre huiles à brûler en détail, au poids au-dessous de vingt-cinq livres: ordonnons qu'elles seront vendues en mesure de cuivre de jauge, flétries & étalonnées par lesdits Jurés Huiliers dudit Etalon Royal: enjoint auxdits Epiciers & Apoticaires de recevoir lesdits Jurés Huiliers & Gardes avec modestie, lorsqu'ils feront leurs visites, & leur fournir l'eau nécessaire pour faire l'essai de leursdites mesures, à peine d'amende arbitraire, & lesdits Epiciers, Maîtres & Gardes aux dépens, des Exploits des saisies faites sur lesdits Défendeurs & des moyens par lesquels lesdits Demandeurs ont fait bailler copies desdites Sentences & Arrêts, d'un autre Arrêt du vingt-neuvieme jour d'Août 1627, portant défenses à tous Marchands Epiciers de vendre aucunes huiles à brûler au poids au-dessous de vingt-cinq livres, sinon des huiles médicinales & huile d'olive, des avis susdatés, portant les saisies déclarées bonnes & valables, de la Requête verbale à fin de confirmation, & autres piéces: après avoir oui noble homme, Me Pierre Brigallier, ancien Avocat du Roi en ses conclusions; NOUS ordonnons que les Réglemens & Arrêts desdits jours 19 Août 1627 & 29 Mai 1655 & autres, seront exécutés, ce faisant, les saisies que lesdits Jurés Huiliers ont fait faire sur ledit Despy, d'une cruche d'huile de noix, pesant dix-sept livres; sur ledit le Viel, d'une cruche de douze livres; sur ledit la Lucaziere d'une cruche d'huile pesant dix-sept livres; sur ledit Angot d'une cruche d'huile pesant dix-huit livres; sur ladite veuve Chevillard d'une cruche d'huile pesant dix-huit livres, & sur ledit Oursel d'une cruche d'huile pesant dix-sept livres & demi, déclarées bonnes & valables, & icelles confisquées au profit des Jurés Huiliers; à la représentation seront les nommés Jacques de la Motte, Louis Guillaume, Sebastien Drouet, Jean Lefebvre, Charles le Chevrier, gardiens, contraints, quoi faisant, demeureront bien & valablement déchargés, & condamne ledit Despy en l'amende de trois livres, & autres dépens; ce qui sera exécuté, nonobstant oppositions ou appellations quelconques faites ou à faire, & sans préjudice d'icelles, pour lesquelles ne sera différé : en témoin de ce, nous avons fait sceller ces Présentes. Ce fut fait & donné par Messire Gabriel-Nicolas de la Reynie, Chevalier, Conseiller du Roi en ses Conseils, Maître des Requêtes ordinaire de son Hôtel, & Lieutenant Général de Police de la Ville, Prévôté & Vicomté de Paris, tenant le Siége, le mardi deuxiéme jour de Juillet mil six cent soixante-quinze.

Signé par Collation, GAUDION, *Greffier.*

SENTENCE de M. le Lieutenant Général de Police, qui fait défenses aux Jurés Chandeliers de faire aucunes Assemblées sans y appeller les Jurés Chandeliers-Huiliers, Gardes de l'Etalon Royal.

Du 14 Juillet 1702.

A TOUS ceux qui ces présentes Lettres verront, Charles-Denis de Bullion, Chevalier, Marquis de Gallardon, & autres lieux, Prévôt de Paris, Salut; sçavoir faisons, que sur la Requête faite en Jugement devant nous en la Chambre de Police, par Me Nicolas Billenar, Procureur de Louis Goddet, Blaise Bontemps, Michel Lucas & Julien Phelippon, tous Maîtres Chandeliers & Jurés Huiliers en Charge & Gardes de l'Etalon Royal, Demandeurs aux fins de leur Requête à nous présentée le vingt-six Juin dernier, fait en conséquence par de la Gardelle, Huissier à cheval en cette Cour le vingt-sept, contrôlée à Paris ledit jour par Camus, & présentée, tendante à fin d'être mandés & leurs Bacheliers aux Assemblées des Jurés Chandeliers, & de percevoir tous les droits qu'ils perçoivent aux Réceptions des Maîtres, assistés de Me Pillon leur Avocat, contre Me Louis Meny, Procureur des Jurés en Charge de la Communauté des Maîtres Chandeliers, Défendeurs, & par vertu du défaut de nous donné contre lesdits

Jurés

Jurés Chandeliers non comparans dûement appellés, lecture faite des piéces des Parties, Déclaration du Roi & de l'avenir à ce jour, NOUS, faisant droit sur la Requête des Jurés Huiliers, ordonnons que dans toutes les Assemblées de la Communauté des Jurés Chandeliers, les Jurés Huiliers y seront appellés, auxquels leur sera donné un droit pareil à celui des Jurés Chandeliers; & lors de la réception des aspirans à la Maîtrise, quatre Bacheliers Huiliers y seront appellés aussibien que les huit Bacheliers Chandeliers, auxquels leur sera donné pareillement le droit accoutumé, les défaillans condamnés aux dépens; ce qui sera exécuté sans préjudice de l'appel, & notre Sentence publiée & registrée dans les Registres desdites Communautés: en témoin de ce, nous avons fait sceller ces Présentes. Ce fut fait & donné par Messire Marc-René de Voyer de Paulmy d'Argenson, Conseiller du Roi en ses Conseils, Lieutenant Général de Police, tenant le Siége, le Vendredi quatorze Juillet mil sept cent deux.

Collationné, Signé, TARDIVEAU.

SENTENCE, *qui enjoint aux Maîtres Chandeliers d'accepter la Jurande de l'Huile, sous peine de demeurer déchus de leur Maîtrise; autre Sentence de confirmation, & Arrêt du Parlement, qui confirme les deux Sentences.*

Du 30 Janvier 1703.

Extrait des Registres du Greffe de la Chambre de M. le Procureur du Roi au Châtelet de Paris.

ENTRE Michel Lucas, Julien Phelippon & Nicolas Regnier, Jurés Huiliers & Gardes de l'Etalon Royal, Demandeurs aux fins de l'Exploit de Marchand, Sergent à Verge & de Police du 26 du présent mois, contrôlé à Paris le 29 par Bernard, & présenté à ce que le Défendeur soit tenu d'accepter la charge de Jurande & prêter serment, assistés de Me Billoüart leur Procureur, d'une part, & Jacques Vaultrain, Maître Chandelier à Paris, d'autre part, comparant par Me Damonville son Procureur. Parties ouies, Nous disons que la Partie de Damonville sera tenue d'accepter la Jurande en question, sinon demeurera déchue de sa Maîtrise, dépens compensés. Ce fut fait & donné par Messire Claude Robert, Conseiller du Roi, Procureur de Sa Majesté au Châtelet de Paris, tenant le Siége, les jour & an que dessus. CHAILLOU.

Du 23 Février 1703.

A TOUS ceux qui ces présentes Lettres verront, Charles-Denis de Bullion, Chevalier, Marquis de Gallardon, Seigneur de Bonnelles & autres lieux, Conseiller du Roi en ses Conseils, Prévôt de Paris; Salut, Sçavoir faisons, que sur la Requête faite en Jugement devant nous en la Chambre de Police du Châtelet de Paris, par Me Nicolas Billoüart, Procureur de Julien Phelippon, Michel Lucas, Nicolas Regnier, Jurés Huiliers & Gardes de l'Etalon Royal, Demandeurs à fin de confirmation de l'avis du Procureur du Roi du 30 Janvier dernier, suivant la Requête verbale signifiée le premier du présent mois, contre Me Damonville, Procureur de Jacques Vaultrain, Maître Chandelier à Paris, Défendeur, assisté de Me Papillon son Avocat. Parties ouies, lecture faite de l'avis susdaté, portant que le Demandeur sera tenu d'accepter la Jurande en question, sinon demeurera déchû de sa Maîtrise, & autres piéces des Parties; Nous avons, de l'avis du Procureur du Roi, confirmé pour être exécuté selon sa forme & teneur, & la Partie de Damonville condamnée aux dépens. Ce qui sera exécuté nonobstant & sans préjudice de l'appel : en témoin de ce, nous avons fait sceller ces Présentes. Ce fut fait & donné au Châtelet de Paris, par Messire Marc-René de Voyer, d'Argenson, Conseiller ordinaire du Roi en ses Conseils, Maître des Requêtes, Lieutenant Général de Police, tenant le Siége, le Vendredi vingt-trois Février mil sept cent trois. *Collationné*, *Signé*, TARDIVEAU.

EXTRAIT des Registres du Parlement.

Du 9 Juin 1703.

ENTRE Jacques Vaultrain, Maître Chandelier à Paris, Appellant d'une Sentence rendue en la Chambre de Police du Châtelet de Paris, le 23 Février dernier, & Demandeur en Requête présentée à la Cour, le 11 Mai dernier, à fin d'être reçu opposant à l'Arrêt par defaut du 24 Avril, signifié le 5 dudit mois de Mai, d'une part, & Julien Phelippon, Michel Lucas, & Nicolas Regnier, Jurés Huiliers & Gardes de l'Etalon Royal, Intimés & Défendeurs d'autre : après que de Lombreüil, Avocat pour l'Appellant, & de la Barre le jeune, Avocat pour les Intimés, ont été ouis, ensemble Portail pour le Procureur Général du Roi; la Cour a mis & met l'appellation au néant, ordonne que ce dont a été appellé sortira effet, condamne l'Appellant en l'amende & aux dépens. Fait en Parlement, le neuf Juin mil sept cent trois.

Collationné, Signé, DUTILLET.

SENTENCE, *qui ordonne que les Marchands Epiciers seront tenus de souffrir la visite des Jurés, Gardes de l'Etalon Royal, & de leur représenter leurs Mesures à Huile.*

Du 31 Décembre 1706.

A TOUS ceux qui ces présentes Lettres verront, Charles-Denis de Bullion, Marquis de Gallardon, Conseiller du Roi en ses Conseils, Prévôt de Paris; SALUT. Sçavoir faisons, que sur la Requête faite en Jugement devant nous en la Chambre de Police du Châtelet de Paris, par Me Aubouin, Procureur des Jurés Huiliers & Gardes de l'Etalon Royal des mesures à Huiles de la Ville & Fauxbourgs de Paris, Demandeurs en exécution des Arrêts & Réglemens de Police, à ce que faute par les ci-après nommés d'avoir souffert la visite des mesures avec lesquelles ils mesurent & vendent au Public les huiles à brûler pour connoître si elles sont étalonnées, suivant lesdits Arrêts & Réglemens, qu'ils seront condamnés en telle amende que de raison, en leurs dommages-intérêts, & qu'outre à l'avenir ils seront tenus de souffrir ladite visite & payer ledit droit, avec défenses à lui & à tous autres de ne plus à l'avenir récidiver, & de faire pareils refus, sur les peines susdites, & aux dépens, suivant les exploits faits par Derigny, Huissier à Verge, le même jour 23 Novembre dernier, contrôlé à Paris, le 24 par Hugon, & Défendeurs à la Requête verbale d'intervention des Marchands Epiciers & Apoticaires à Paris, signifié le 2 du présent mois, assisté, de Me Perichon leur Avocat, contre Me Edme-Michel Rigault, Procureur des Maîtres & Gardes des Marchands Epiciers & Apoticaires à Paris, intervenans & prenans le fait & cause de Denis Vassal, Pierre Goujon, Pierre Godard & Jean Rideau, tous Marchands Epiciers à Paris, assignés par ledit Exploit aux fins ci-dessus, suivant ladite Requête, assistés de Me Pillon leur Avocat. Parties ouies, lecture faite des Arrêts & Réglemens, ensemble de la Déclaration du Roi, du 16 Mars dernier & autres piéces; Nous ordonnons que les Réglemens seront exécutés, & en conséquence ordonnons, sans avoir égard à l'intervention des Maîtres & Gardes Epiciers, que les Parties de Pillon seront tenues de souffrir la visite & représenter leurs mesures, lesdites Parties de Pillon condamnées aux dépens: ce qui sera exécuté sans préjudice de l'appel. En témoin de quoi, nous avons fait sceller ces Présentes. Fait & donné par Me Marc-René de Voyer de Paulmy d'Argenson, Chevalier, Conseiller du Roi en ses Conseils, Lieutenant Général de Police, tenant le Siége, le Vendredi trente-un Décembre mil sept cent six.

Collationné, Signé, TARDIVEAU.

SENTENCE de Police, qui ordonne que les Réglemens de Police & Arrêts seront exécutés, & qui permet aux Jurés Gardes Huiliers d'aller en visite chez les Epiciers, conformément aux Réglemens, y visiter les Mesures servant à l'huile à brûler, lesquelles Mesures ne pourront être que de cuivre de jauge, flétries & étalonnées par lesdits Jurés Gardes Huiliers, auxquels les droits de visite seront payés sur le pied des Réglemens, &c.

Du premier Décembre 1724.

Par le prononcé d'icelle Sentence, appert ce qui suit.

LECTURE faite de toutes les Saisies, Exploits, Requêtes, Procès-verbaux susdatés, des Statuts des Marchands Epiciers; Sentences, Arrêts & Réglemens de Police, notamment de l'Arrêt du 5 Mars 1622, Déclaration de 1706, Arrêt de 1717, Lettres-patentes, Sentences, Arrêts & Réglemens de Police des Huiliers & de la Sentence rendue contre Liverlot Frotteur de profession, & sa femme, le 7 Janvier 1718, la Sentence du 10 Juillet 1593, Arrêt du 23 Décembre 1594; ordonnons que les Epiciers & Apoticaires-Epiciers qui voudront vendre en détail de l'huile à brûler, seront tenus de déclarer leurs noms, surnoms & demeures au Greffe du Châtelet, pour y être enregistrés, & les noms baillés aux Huiliers de l'avenir à ce jour & autres piéces: & oui noble homme Monsieur Me Chauvelin, Avocat du Roi, en ses Conclusions, sans que les qualités puissent nuire ni préjudicier; Nous avons les Maîtres & Gardes Epiciers, & les Jurés & Gardes Huiliers, reçues Parties intervenantes, faisant droit sur leurs interventions & demandes, disons que les Réglemens de Police & Arrêts seront exécutés, donnons Acte à Sandrier de la déclaration faite par ses Parties, qu'ils n'entendent point vendre de l'huile à brûler à la mesure, mais au poids seulement; permis néanmoins aux Jurés Gardes Huiliers d'aller en visite chez les Epiciers, conformément aux Réglemens, y visiter les mesures servant à l'huile à brûler, lesquelles mesures ne pourront être que de cuivre de jauge flétries & étalonnées par lesdits Jurés & Gardes Huiliers, auxquels les droits de visite seront payés sur le pied des Réglemens; & à l'égard des Epiciers qui voudront vendre de l'huile à brûler à la mesure, ils seront tenus d'en faire leur déclaration aux termes des Réglemens; faisons défenses aux Epiciers vendans l'huile à brûler, de se servir d'autres mesures,que celles ci-dessus; pourront néanmoins en avoir de fer-blanc pour le débit de l'huile d'olive seulement, & seront tenus, ainsi que les Huiliers, de mettre sur les cruches où seront leurs huiles de pavot dit d'œillet, des écriteaux indicatifs de la qualité de ladite huile, conformément à la Sentence du 7 Janvier 1718, laquelle sera exécutée sous les peines y portées: disons que les Marchands Forains qui ameneront des huiles pour leur compte, les feront conduire à la Halle à la Filasse, pour être vûes & visitées par les Jurés Huiliers, qu'ils seront tenus d'avertir suivant les Réglemens, & ensuite être vendues, & auxquels Jurés Huiliers ils payeront les droits pour ce dûs: déclarons la saisie faite sur Chesneau bonne & valable, les choses saisies confisquées au profit des Maîtres & Gardes Epiciers; le condamnons en trois livres d'amende & aux dépens, lui faisons défenses & à tous autres Huiliers de vendre de l'huile d'olive ni de l'huile de pavot dit d'œillet pour huile d'olive, déclarons pareillement valables les saisies faites par les Jurés & Gardes Huiliers sur les Epiciers des mesures de cuivre non étalonnées, ainsi que des mesures de fer-blanc servans à l'huile à brûler, lesdites choses saisies confisquées au profit des Huiliers: condamnons les Epiciers saisis en 3 liv. d'amende & aux dépens; sur les autres demandes des Parties, les avons mises hors de Cour, dépens compensés entre les Jurés & Gardes Epiciers, & les Jurés & Gardes Huiliers qu'ils pourront employer dans leurs comptes; notre présent Jugement déclaré commun avec les défaillans; ce qui sera exécuté nonobstant & sans préjudice de l'appel, & soit signifié : en témoin de ce, nous avons fait sceller ces Présentes, qui furent faites & données par Me Nicolas-Jean-Baptiste Ravot, Chevalier, Seigneur d'Ombreval, Conseiller du Roi en ses Conseils, Lieutenant Général de Police au Châtelet de Paris, tenant le Siége le Vendredi premier Décembre mil sept cent vingt-quatre. *Collationné, Signé*, TARDIVEAU.

SENTENCE de Police, rendue en faveur des Maîtres Jurés Huiliers, Gardes du Coin & de l'Etalon Royal pour les Mesures à huile; contre les Marchands Epiciers & Apoticaires-Epiciers de la Ville de Paris.

Du 7 Septembre 1742.

Par le prononcé d'icelle Sentence, appert ce qui suit.

PARTIES ouies entre lesdits Mes Hardy, Belissen, Formentin le jeune, Ragoulleau, Desmarquets, Denys, Begin, Leprestre, Regnard & Trahan, & par vertu du défaut de nous donné contre les autres susnommés, qui n'ont point mis de Procureurs ni produit; lecture faite des piéces, ensemble de nos Sentences de délibéré susdatées, & sans que les qualités puissent nuire ni préjudicier : NOUS, après qu'il a été délibéré sur les piéces & dossiers des Parties de Hardi, de Desmarquets, de Ragoulleau, de Formentin, de Leprestre, de Denys, de Begin, de Trahan & de Belissen, & que les nommés Passevin & Vasseur n'ont produit, ni Mes Trahan & Regnard leurs Procureurs, dont ils demeurent forclos, ainsi que les nommés Pasquier, Haline, Bassonville, Feuillette, Poimul, Caille, Maurice & Regnaudin, avons reçû les Parties de Belissen, Parties intervenantes : faisant droit sur leur intervention & sur leur plainte rendue devant le Commissaire Aubert, le 5 Décembre 1741, leur donnons Lettres de ce qu'ils prennent le fait & cause des Parties de Ragoulleau & consorts; donnons pareillement Lettres auxdites Parties de Hardi de leur déclaration, qu'elles n'ont jamais entendu & n'entendent point troubler les Maîtres & Gardes Epiciers dans le droit qu'ils ont de visiter les poids & balances.

Ordonnons que l'Arrêt du 30 Août 1741 sera exécuté selon sa forme & teneur; en conséquence, disons, que les Epiciers vendant des huiles à la mesure, seront tenus de recevoir avec modestie les visites des Jurés Huiliers, de les qualifier de Jurés Huiliers Gardes de l'Etalon Royal, & de leur payer les droits de marque & de visite, sur le pied des Réglemens, & aux termes dudit Arrêt; ce faisant, condamnons les nommés Claret, Maurin, Lanoue, la veuve le Normand, Boival, Vasseur, Pasquier, Denys, Lucas, Delaunay, le Merle, Fleury, de Lanoye, Poncel, Chesnel, Joly, Poimul, Peschot, Perigault, Regnaudin, Chervisse, Bachereau, Salais, Gilles & Ibert, à payer le droit de visite auxdites Parties de Hardi, à lapremiere sommation, à peine de trois livres d'amende, dépens compensés entre les Parties, à cet égard : déclarons bonnes & valables les saisies faites des mesures non-flétries ni étalonnées, des vaisseaux de fer-blanc en forme de balances, dans lesquels se sont trouvés différens points ou lignes servant de marque pour distinguer les mesures d'une once, de deux onces & au-dessus, & des vaisseaux ou gobelets de verre, ou de fer-blanc, que l'on met & ôte à volonté, qui sont enchassés dans des cercles de fer attachés au bout d'un fléau, à l'autre bout duquel est un plateau de cuivre : sçavoir, sur Claret, de trois mesures de fer-blanc, dont deux petites sont fausses; sur Becquet, de trois mesures de fer-blanc; sur Maurin, de quatre mesures de fer-blanc; sur de Lanoye, de trois mesures de fer blanc; le même de Lanoye en récidive, de quatre mesures, dont trois fausses; sur la veuve le Normand, de trois mesures de fer-blanc, & d'un vaisseau en forme de gobelet de fer-blanc, dans lequel il y a trois marques de soudure, & qui s'est trouvé dans un cercle suspendu à trois cordes attachées par le haut au bout d'un fléau de fer, à l'autre bout duquel étoit attaché un plateau de cuivre faisant balances; sur Nicolas Richard, de six mesures de fer-blanc

blanc coupées par le haut & d'un pareil vaisseau de fer-blanc en forme de gobelet, & dans lequel s'est trouvé une ligne de fer-blanc avec des nœuds ou marques destinées à distinguer les onces : sur Boival, de quatre mesures de fer-blanc, dont deux petites de poids inconnu, & deux vases de fer-blanc enchâssées dans un cercle de fer-blanc, dont l'un servoit pour l'huile d'olive, & l'autre pour l'huile à brûler ; sur le Vasseur, un pareil vaisseau de fer-blanc en forme de gobelet soutenu par un cercle de fer ; sur la veuve Poisson, un pareil gobelet dans un cercle de fer ; sur Hemery, une petite mesure ; sur Passevin, trois mesures ; sur Brouet, trois mesures ; sur Pasquier, six mesures ; sur Haline, huit mesures ; sur Chauchon, trois mesures ; sur Delanoye, une mesure ; sur le Merle, deux mesures, l'une de fer-blanc & l'autre de verre ; sur Fleury, cinq mesures ; sur de Laporte, six mesures, dont cinq coupées par en haut ; sur de Bassonville, quatre mesures ; sur Feuillette, huit mesures ; sur Charles Lanoue, sept mesures, dont deux informes ; sur Poncel, cinq mesures ; sur Chesnel trois mesures ; sur Joly, trois mesures ; sur Poimul cinq mesures ; sur Delaunay, cinq mesures, dont deux fausses & deux informes ; sur Cardon, sept mesures, dont deux fausses ; sur Caille, quatre mesures, dont deux fausses ; sur Maurice, cinq mesures ; sur le Breton, neuf mesures, dont une coupée & une fausse ; sur de Coucy, huit mesures, dont quatre informes ; sur Perigault, cinq mesures, dont deux fausses ; sur Regnaudin, une mesure fausse ; sur Chervisse, un petit gobelet de verre-blanc sans ance, d'environ une once ; sur Bachereau, cinq mesures fausses ; sur Dainte, deux mesures, dont une fausse ; sur Bertin, fils, quatre mesures ; sur Salais, quatre mesures, dont une fausse & trois informes ; sur Gilles, quatre mesures, dont deux fausses ; sur Ibert, sept mesures, & trois autres mesures pour la seconde saisie, dont deux informes, & une pareille ; sur Huguenet, quatre mesures, dont une fausse & une percée ; sur Dresnel, un pot de fayance servant de mesure, & un autre petit pot sans ance & une petite mesure de fer-blanc, le tout mentionné dans les Procès-verbaux de saisie faits à la Requête desdites Parties d'Hardi, les 4, 5, 9, 16, 30 Décembre 1741, 19, 20 &

27 Février & huit Mars 1742 : en conséquence, ordonnons que lesdites mesures de fer-blanc & de verre non flétries ni étalonnées, & les gobelets enchâssés dans les cercles de fer, & ceux où il y a des lignes & des points pour distinguer les différentes mesures, demeureront confisquées & seront brisées sous le marteau ; à l'effet de quoi, les scellés apposés par le Commissaire Cadot seront par lui reconnus, levés & ôtés au Bureau des Parties d'Hardi, les Epiciers saisis appellés par un simple Acte en la personne des Gardes-Epiciers, signifié en leur Bureau : FAISONS défenses aux Epiciers de se servir à l'avenir de cette nouvelle espece de balance ou mesure, à peine de cinquante livres d'amende : enjoignons aux Gardes-Epiciers de tenir la main à l'exécution du présent Réglement : condamnons les ci-dessus dénommés chez qui les saisies ont été faites, chacun en 10 liv. de dommages & intérêts, 3 liv. d'amende & aux dépens ; déclarons nulles les saisies faites d'une espece de balance composée d'un fléau, à l'un des bouts duquel est attaché un plateau de cuivre, & à l'autre bout, un vaisseau de fer-blanc avec trois cordons qui est à demeure : DISONS que lesdites especes de balances seront rendues & restituées aux nommés Maurin, Hemery, Dagan, Lucas, de Launay, le Merle, Maurice, Peschot, Aubert, de Coucy, Perigault & Dresnel, chez qui elles ont été saisies, dépens compensés à cet égard entre les Parties : ordonnons que la présente Sentence sera inscrite sur le Registre du Corps des Epiciers, & de la Communauté des Huiliers : sur le surplus des demandes, avons mis les Parties hors de Cour, dépens à cet égard compensés ; & sur la demande en intervention des Parties de Belissen, avons les dépens compensés ; ce qui sera exécuté nonobstant & sans préjudice de l'appel : en témoin de ce, nous avons fait sceller ces Présentes faites & données par Messire Claude-Henri Feydeaude Marville, Chevalier, Seigneur de Marville & autres lieux, Conseiller du Roi en ses Conseils, Maître des Requêtes Honoraire de son Hôtel, Lieutenant Général de Police de la Ville, Prévôté & Viçomté de Paris, y tenant le Siége le sept Séptembre mil sept cent quarante-deux. *Signé*, DE BEAUVAIS.

La présente Sentence a été inscrite sur le Registre de la Communauté des Marchands Epiciers, Apoticaires-Epiciers à Paris, le 10 Novembre 1742; & le 12 dudit mois, ladite Sentence a été inscrite sur le Registre de la Communauté des Maîtres Jurés Huiliers, Gardes du Coin & de l'Etalon Royal des Mesures à Huiles.

MODELE *du Livre dont on se sert pour la Réception des Huiliers.*

EXTRAIT *des Statuts, Arrêts & Réglemens de Police, pour les Jurés Huiliers, Gardes du Coin & de l'Etalon Royal des Mesures à Huile de notre bonne Ville, Fauxbourgs & Banlieue de Paris, renouvellés par Charles VI. le 16 Octobre 1396, & par Louis XI. le 11 Avril 1464.*

Pour servir aux Réceptions des Aspirans à la Maîtrise d'Huilier.

ARTICLE PREMIER.

QUE les Jurés Huiliers & Gardes du Coin & de l'Etalon Royal de ladite Ville de Paris, peuvent empêcher à tous Marchands, tant Forains qu'Etrangers, de vendre des Huiles, qu'elles n'ayent été visitées & mesurées par les mesures desdits Jurés en Charge, qui obligeront d'avoir des mesures flétries, fleurdelisées & étalonnées de leur poinçon de la main de l'un desdits Jurés & Gardes; sçavoir une quarte, une demi-quarte, la chopine, le demi septier, poisson & le demi-poisson, livre, demi livre, quarteron, demi quarteron, once & demi-once, tous de jauge propres à mesurer l'Huile.

I I.

Tout homme qui voudra être Maître Huilier, sera tenu de prêter serment sur l'Evangile de Dieu devant lesdits Jurés & Gardes & en présence de huit anciens Huiliers aux Réceptions des Aspirans à la Maîtrise de Huilier, & nul Maître ne pourra être reçu, qu'il n'ait la connoissance de fabriquer les Huiles, & des graines propres pour en faire de toutes sortes, & de la maniere qu'elles se doivent fabriquer pour l'utilité publique. Qui est Maître Huilier à Paris, peut faire de l'Huile d'Olive, Huile de Noix, Huile de Chenevi, Huile de Navette, d'Amande, de Pavot & généralement toutes sortes d'Huiles.

I I I.

Tous les Huiliers qui seront Maîtres ou Marchands à Paris, vendans Huiles, doivent porter l'honneur & le respect à leurs Jurés & Gardes, principalement dans le temps de leur visite, & de leur fournir eux-mêmes de l'eau nécessaire pour faire les essais de leurs mesures à Huile, s'il en est besoin, & de leur fournir aussi une serviette propre pour leur essuyer les mains après avoir fait les essais de leurs mesures.

I V.

Nous défendons à tous Maîtres Huiliers & Marchands Epiciers de vendre Huile à brûler avec des mesures de fer-blanc, & de ne peser l'Huile au-dessous de vingt-cinq livres, à peine de confiscation, suivant les Sentences de Police & Arrêts du Parlement, & d'être condamnés à des amendes rigoureuses.

FIN.

www.ingramcontent.com/pod-product-compliance
Lightning Source LLC
Chambersburg PA
CBHW032328210326
41518CB00041B/1593

* 9 7 8 2 0 1 4 4 9 2 9 1 0 *